汉斯·克里斯蒂安·安徒生：
一部传记

[英]罗伯特·尼斯特·贝恩 著　赵晓囡 译

HANS CHRISTIAN ANDERSAN
A BIOGRAPHY

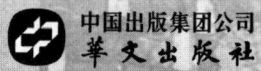

中国出版集团公司
华文出版社

图书在版编目（CIP）数据

汉斯·克里斯蒂安·安徒生：一部传记 /（英）罗伯特·尼斯贝特·贝恩著；赵晓囡译. -- 北京：华文出版社，2019.7
（华文全球史）
ISBN 978-7-5075-5133-4

Ⅰ.①汉… Ⅱ.①罗…②赵… Ⅲ.①安徒生(Andersen, Hans Christian 1805–1875)—传记 Ⅳ.①K835.345.6

中国版本图书馆CIP数据核字(2019)第117074号

汉斯·克里斯蒂安·安徒生：一部传记

作　　者：	[英]罗伯特·尼斯贝特·贝恩
译　　者：	赵晓囡
选题策划：	盛世华章
插图供应：	029—85504182
责任编辑：	毛娟
出版发行：	华文出版社
社　　址：	北京市西城区广外大街305号8区2号楼
邮政编码：	100055
网　　址：	http：//www.hwcbs.com.cn
电　　话：	总编室010—58336239
	发行部010—58336212
经　　销：	新华书店
印　　刷：	三河市国英印务有限公司
开　　本：	710×1000　1/16
印　　张：	28.5
字　　数：	293千字
版　　次：	2019年7月第1版
印　　次：	2019年7月第1次印刷
标准书号：	ISBN 978-7-5075-5133-4
定　　价：	110.00元

版权所有　侵权必究

1835年的汉斯·克里斯蒂安·安徒生

序 言

凡是英国人都会对汉斯·克里斯汀·安徒生的一生充满好奇。安徒生是我们非常熟知的外国作家。长期以来，我们熟悉他、了解他，把他当作一位老朋友。安徒生的童话陪伴了好几代孩子。时间在推移，但我们对安徒生童话的喜爱程度只增不减。《安徒生童话故事》几乎每年都会有新的版本或译本发行。

安徒生即使不创作童话故事，也会成为一个有魅力的作家。在现实生活中，安徒生有一双敏锐的眼睛，比普通人更善于观察，对生活有更多的见解。安徒生一生的半数光阴，都是在游历欧洲中度过的。他与当时多数文学家保持着密切的联系。他的文学作品被译成六种不同的语言。无论身居华堂，还是社宿草屋，他都能怡然自得，泰然处之。安徒生如此不同凡响，他的故事一定能带给我们很多启发，值得我们阅读。

罗伯特·尼斯贝特·贝恩
于大英博物馆

目 录

001 **第 1 章**
欧登塞

025 **第 2 章**
哥本哈根的丑小鸭

051 **第 3 章**
"暴君"西蒙·梅斯林

067 **第 4 章**
早期作品

097 **第 5 章**
《埃格内特和美人鱼》——意大利——《即兴诗人》

139 **第 6 章**
第一本童话故事——更多小说

179 **第 7 章**
《黑白混血儿》和《摩尔人的女孩》——安徒生在东方

219	**第 8 章**
	童话故事逐渐风靡——喜与悲——安徒生成为欧洲名流

249	**第 9 章**
	英国之行

291	**第 10 章**
	《亚哈随鲁》——战争爆发——安徒生的瑞典之行

321	**第 11 章**
	安徒生的宗教哲学——《生存还是毁灭》——霍乱

339	**第 12 章**
	《故事全集》——朋友离世

353	**第 13 章**
	《西班牙纪行》

373	**第 14 章**
	黑暗的日子——哥本哈根——晚年岁月

399	**第 15 章**
	"善良老诗人"的最后时光

419	**附录 1**

420	**附录 2**

422	**附录 3**

427	**专有名词英汉对照**

第1章

欧登塞

精彩看点

欧登塞——古老的城市——圣克努德教堂——安徒生诞生——一间小屋——安徒生的母亲——母亲的性格——爱沉思的鞋匠父亲——魔鬼的印记——舞鞋——年迈的祖母——可怕的疯子——纺织屋——疯癫的祖父——童年生活——1811年见到彗星——圣母学校——市侩小人——父亲离世——安徒生古怪的癖好——少年岁月——白日梦——十四岁的安徒生——当地乡绅的青睐——安徒生的骄傲与懒惰——慈善学校——坚信礼——一双新靴子——母亲的溺爱——剧院的推荐信——远走他乡

欧登塞历史悠久，堪称斯堪的纳维亚半岛上最古老的城市。当地很多居民认为欧登塞最初由奥丁神亲自掌管，其实不然。1086年，丹麦国王克努特四世为了躲避异教徒的追赶，一路逃亡至欧登塞的圣阿尔班教堂时不幸遇刺。欧登塞因此声名鹊起。这座伟大的中世纪城市以丹麦国王克努特四世遇刺身亡的教堂为中心，迅速崛起。据历史记载，哥本哈根还是一个不为人知的小渔村时，欧登塞的富人们就乐于宴请王公贵族，其奢华程度连贵族都自叹不如。富人们甚至以肉桂为柴来点燃壁炉，以此炫耀他们对财富的不屑一顾。欧登塞的古老传说不胜枚举。很久以前，一座钟从圣克努德教堂塔顶掉进了一处离河岸不远的漩涡里。这个深不可测的漩涡因此被人们称为"钟洞"。如今，每当城里的富人弥留之际，水底的丧钟就会发出轰轰的响声。圣克努德教堂也有不少传奇故事。譬如，教堂圣坛旁的圆柱上有座双臂交叉、脸色苍白的女子雕像。传说这位女子一晚上接连跟十二名乡绅跳舞。等到第十三个舞伴上场时，该舞伴发觉这位女子不太对劲，便一边跳舞，一边瞅准时机巧妙地松开了她的腰。这位女子瞬间倒地，香消玉殒。欧登塞这个充满古老传说的城市孕育了无数丹麦传奇，造就了安徒生这位伟大的童话家。安徒生出生于1805年4月2日。他打开了善良纯真的孩子们的心灵之窗，为他们营造了一个精彩纷呈、神秘有趣的童话世界。在他之前，孩子们对童话的了解非常有限。

这位未来的童话国王出生在一个贫困的家庭，幼年的生活环境并不优越。安徒生一家人的全部生活场所只有一间小屋，他们在里面吃饭、劳作、接待朋友。屋子中央是一张大床，几乎占据了屋子的大半面积。这张床充满了传奇色彩，据说是安徒生的父亲突发奇想，用停放过贵族棺材的木架巧妙改造而成的。屋子的墙上贴满了图画。春天，鲜绿的桦树枝叶带着几许清香从屋檐裂缝中伸展、垂落下来，簇拥着擦得光亮的炉子。空空如也的柜子上摆着几个干净的茶杯和玻璃瓶，以及一些小玩意儿。窗台上摆放着装着硬币的罐子，旁边就是父亲工作的地方。架子上摆着几本书和民谣。屋子的门板上是一幅粗糙的风景画，在幼小的安徒生眼里，这幅画跟画廊里展出的作品一样漂亮。安徒生在这间小屋里慢慢长大。他喜欢去田野或路边采来鲜花，装扮屋子。这成了他生活的乐趣。由于屋子太小，放不下两张床，安徒生只好睡在狭窄的沙发床上。他一天中最开心的时光就是临睡前在父母的大床上嬉戏。夜幕低垂，安徒生躺在沙发床上，透过印花窗帘凝望着烛光，静静地听着父母劳作时传来的声响，并时不时地沉浸在自己的奇思妙想里。这种时候他总能听到母亲感叹道："多乖巧、安静的孩子啊！"从厨房搭梯子可以上到屋顶。安徒生家屋顶和邻居房屋之间的檐槽上放着一个盛满泥土的大箱子，里面种满了香葱和芹菜——在《冰雪皇后》的故事里，这个大箱子里开满了鲜花。

  我们对安徒生的母亲安娜·玛丽[①]了解甚少。安徒生自传中对母亲的描绘并不是母亲真实的样子，更像是孝子理想中的母亲形象。安徒生深爱母亲是情理之中的事。不管怎么说，母亲就是母亲，终究是爱他的。作为好儿子，安徒生自然不愿提起母亲悲惨的晚年时光。从其他资料中得知，安徒生的母亲是个可怜的女人，她虽然脾气不错，却傻乎乎的、没什么作为，又盲目乐观。在安徒生母亲看来，人活着就是忙于生计，只要居有定所，一周能吃上一顿饱饭，就很知足了。安徒生是家中唯一的孩子，从小并没有得到母亲足够的关爱。长大后，当安徒生生活拮据、靠慈善机构资助过

---

① 爱德华·科林：《汉斯·克里斯蒂安·安徒生与科林一家》，第510页。对比比勒和比约夫所著《致安徒生》第1卷第6页到第14页。——原注

活时，母亲还不断向他伸手要钱，毫无羞愧感。由于拿不出钱满足母亲的欲望，安徒生经常遭受母亲的责骂。光阴荏苒，安徒生母亲的命运越发凄惨。她养成了酗酒的陋习，迫不得已开始靠洗瓶子赚钱，过着朝不保夕的生活。后来，安徒生有了钱，把母亲送进了一家舒适的养老院。

安徒生的父亲虽然也不怎么称职，但不至于没有可说道的地方。祖父家原本家境还算殷实，却因遭遇变故，家道败落，搬到了欧登塞。到欧登塞后，安徒生祖父变得疯疯癫癫。尽管安徒生父亲一直梦想去拉丁语学校读书，但身无分文的祖母能为儿子所做的最好安排就是送他到鞋匠那里做学徒。朋友们曾劝安徒生父亲去追求自己的理想，但无论他内心有多大的痛苦，最终还是找了份鞋匠的工作安定下来。书籍成了安徒生父亲唯一的慰藉，他只有读书时才会微笑。安徒生父亲喜爱路德维希·霍尔伯格[①]、让·德·拉封丹[②]这些作家的作品，也喜欢《天方夜谭》。安徒生父亲格外崇拜路德维希·霍尔伯格，对路德维希·霍尔伯格的所有剧目都熟记于心。安徒生继承了父亲对文学的喜爱，父子俩性格十分相似。每天晚上，安徒生父亲——这位年轻的鞋匠——都会大声为家人朗读。他的妻子崇拜却茫然地听着——她似乎永远都不懂这个男人，但安徒生却听得津津有味。安徒生渐渐长大，和父亲成了最亲密的知己。安徒生父亲把所有空闲时间都倾注在儿子身上，给他买玩具、画本。夏天，父亲带安徒生到森林里散步。父亲会坐在一旁陷入沉思，往往一待就是好几个小时；安徒生便在一旁摘草莓、编花环。安徒生父亲不怎么合群，被许多人视为另类。他更喜欢安静地在家研究书本，有时候会大声宣告自己的研究成果，让身边的朋友们大吃一惊。在他的小社交圈里，他也算是个具有独创精神的思想家。有一次，安徒生父亲突然合上手里的《圣经》感叹道："耶稣虽然不同凡响，但也

---

① 路德维希·霍尔伯格（Ludvig Holberg, 1684—1754），丹麦作家、哲学家、历史学家和剧作家，现代丹麦文学和挪威文学的创始人。他于1722年至1723年创作了一系列喜剧作品，为他赢得了极大的知名度。他撰写的有关自然和法律的著作一直是丹麦法律系学生的经典读本。（本书中除原注外，均为译者注，不再另行说明）

② 让·德·拉封丹（Jean de La Fontaine, 1621—1695），法兰西寓言家，17世纪最受欢迎的法兰西诗人之一。他创作的寓言故事为后来的欧洲寓言家提供了写作范本。

丹麦国王克努特四世在欧登塞的圣阿班教堂不幸遇刺

《冰雪皇后》中的插图

路德维希·霍尔伯格

让·德·拉封丹

和我们一样是个普通人！"安徒生母亲被这句话吓坏了，大哭起来。安徒生惊慌地向上帝祷告，祈祷上帝原谅父亲的不敬。还有一次，安徒生听见父亲说，世界上唯一的恶魔便是每个人的心魔。几天后的一个清晨，安徒生父亲醒来后，发现胳膊上有几道伤痕。虽然只是被床上的一个钉子刮伤的，但安徒生越发担心父亲的灵魂。周围的邻居们开始闲言碎语，认为安徒生父亲胳膊上的伤痕是撒旦①为了向安徒生父亲宣告他的存在而留下的。

即使撒旦没有来找过鞋匠，鞋匠的生意也一天不如一天。除整天沉浸在书本里，幻想建造自己的城堡外，安徒生父亲似乎忘了一点——当我们忽视身边的危险，黑暗的世界就会惩罚我们。而接下来发生的事情恰好表明，由于鞋匠的手艺大不如前，一家人在欧登塞的生活每况愈下。

安徒生父亲最想做的事是搬到乡村去生活。说来也巧，菲英岛附近的一个村庄正好招鞋匠。村里有一套空房可以免费居住。房子带有一个小花园和一片饲养奶牛的牧场。要是能得到这份稳定的工作，安徒生一家就可以安居乐业了。当地乡绅要考验一下安徒生父亲的手艺，便挑了一块丝绸，让安徒生父亲配上皮革，用这些原料给自己太太做一双舞鞋。接下来的两天，全家人把所有的心思都用在了这双鞋子上。安徒生诚挚地向上帝祈祷，希望鞋子能顺利做成，实现全家人的愿望。最后鞋子终于做好了。看到这双漂亮的鞋子，全家人充满了敬畏和期待。这双鞋子可是寄托了全家人的命运啊！鞋匠把鞋子包在围裙里，兴冲冲地去乡绅家交差，留下满心欢喜的妻儿在家等待。过了一会儿，鞋匠却脸色苍白、怒气冲冲地回家了。他说乡绅的太太压根儿瞧不上他，只看了皮鞋一眼，试都没试便认定丝绸被糟蹋了，还说笨手笨脚的鞋匠根本做不了这活计。穷鞋匠一气之下拿出刀，把鞋子剁成了碎片。一家人希望在乡村安定下来的美梦破灭了，开始抱头痛哭。后来，安徒生想上帝一定是了解他的内心的。如果当时上帝满足了他们家的愿望，那么他这辈子就只能当个农民了。

如同我们在读童话故事时读到的完美的祖母形象，安徒生全家最智慧

---

① 撒旦是《圣经》记载的恶魔，被认为是主要的邪恶力量和上帝的对手。

的人要数安徒生的祖母了。安徒生笔下的祖母乐观、安静、慈祥,有着瘦弱的身躯和一双温柔的蓝眼睛。为了看看自己的孙子,祖母几乎每天都要去安徒生父母家。安徒生让我们明白,他是祖母的心肝宝贝。祖母喜欢谈她自己的母亲——一位来自卡塞尔的淑女,据她说后来嫁给了一个喜剧演员。安徒生祖父住的精神病院旁边有一个小花园,一直由祖母悉心照料。每逢星期六,祖母从花园里摘一些花带给安徒生。安徒生最喜欢做的事就是把花束插进柜子上的花瓶里。祖母每年会去精神病院里的一个大火场两次,烧掉花园里的垃圾。每逢这时,她便会奖励小孙子一起去。安徒生会在堆起来的白菜叶和豆秆堆上打滚,吃上一些在家里吃不到的好东西。安徒生也常常跟在那些精神病人身后,在医院的场地里走来走去,带着好奇又害怕的心情看他们又唱又跳、胡言乱语,偶尔还会鼓起勇气走进重度精神病房里。有一次,好奇心害他经历了一次可怕的遭遇。当时是在精神病房的走廊里,安徒生俯下身来偷偷通过门缝朝里看。房间里有一个裸体女人躺在一堆稻草上,用优美的嗓音唱着歌,她的头发一直垂到肩膀。她突然蹦起来,冲向门口。而此时,看护人员刚走,只有安徒生一个人趴在门外。疯女人使劲地拍打着门板,安徒生就躲在门板下面。门板上有个洞口是平时送饭用的,疯女人扒着洞口往外看,看到了安徒生,便伸出一只手去抓他。安徒生吓得大声尖叫,缩成一团往地上躲。他感觉疯女人的指尖都要碰到他的衣服了,还没逃跑就吓得半死。

  贫民院里的纺织屋也是安徒生爱去的地方。在那儿,他讨得了大家的欢心。安徒生常常把从父亲那里听到的奇闻逸事拼凑起来,讲给纺织屋里的老太太们听,让她们长长见识。他在门上用粉笔画出心脏、肺、肝等各类人体器官,向大家一一展示。老太太们通常崇拜地听着,夸安徒生是个聪明的孩子,对他极尽溢美之词。有时,为了奖励安徒生的能说会道,她们也会给他讲童话故事。于是,他第一次接触到《打火匣》《旅伴》《香肠栓熬的汤》等童话故事。

  小时候,安徒生很怕精神不正常的祖父。祖父只跟安徒生说过一次话,还是用的第三人称复数来称呼他。调皮的小安徒生并不习惯这种对话方式①。安徒生的祖父在雕刻方面天赋异禀。祖父可以用木头雕出各种奇特的形状——兽头人身像、带翅膀的怪物、形态奇特的小鸟。安徒生会把这些东西装进一个篮子里,带到乡下去。农妇们经常用香肠和蔬菜换取这些雕刻的小玩意儿,给自己和孩子当玩具。

和同龄的孩子们在一起时,小安徒生一点儿都不合群。即使学校有更多同龄的小伙伴,他也只是一个人坐在教室里,从来不加入同学们的游戏。安徒生的父亲在家里给他做了一大堆玩具,譬如用绳子一拉就能改变形状的图卡、一启动就能让磨坊工跳舞的磨坊、西洋镜、滑稽的布娃娃。安徒生特别喜欢给玩具娃娃做衣服。他还喜欢在一片灌木丛和一堵墙之间撑起一根棍子,拉开母亲的一条围裙晾在棍子上。无论晴天还是雨天,他都喜欢躲在围裙下面观察红醋栗叶子一天天生长——从绿色的小芽长成秋日里蓬松的黄色大叶。

安徒生回忆起,他第一次见到彗星是在1811年。母亲告诉他这颗彗星将毁灭地球,或预示一些恐怖的事件发生。对于这些迷信的故事,安徒生听得很专注,而且信以为真。安徒生和母亲及邻近的妇女们一起站在圣克努德教堂的院子里,望着那可怕的大火球拖着发光的大尾巴,听她们讲述可怕的征兆和世界末日。父亲也加入了讨论。这个有学问的鞋匠完全不同意别人的观点,还给大家做出了正确合理的解释,但母亲和邻居们都只是唉声叹气地摇着头。安徒生再次意识到父亲那与众不同的信仰,感到既伤心又害怕。

父母对安徒生的溺爱严重影响了他的学业。最初,父母把安徒生送进一所小学堂。母亲事先和老师明确约定,不能用专门惩罚学生的桦树条打安徒生。有一天女老师忘了这条禁令,用桦树条打了安徒生一下。安徒生立马站起来,拿起书夹在胳膊下,一言不发地回了家。他告诉母亲在学校发生的事,请求母亲给自己转学,得到了母亲的同意。

紧接着,母亲又送安徒生到卡斯滕斯先生办的男校念书——那儿也招女

---

① 安徒生和父母在家习惯用第二人称单数的称呼方式。——原注

生。在那里，有个小女孩和安徒生成了要好的朋友。小女孩梦想成为大户人家的挤奶工——她曾自信满满地告诉安徒生。为了成为真正的挤奶工，小女孩学了不少算术。"等我有钱了，你就可以在我的城堡里当挤奶工啦。"安徒生开玩笑地回应道。有一天安徒生给小女孩看了他在石头上画的画——那就是他所谓的城堡。安徒生又以他独特的方式，编造了一个关于自己的故事。他向小女孩保证，他原本出生于贵族之家，只是天使在他出生时改变了他的命运。安徒生想让小女孩大吃一惊，正如他在医院里对付那些农妇们一样。但让他失望的是，小女孩不吃他那一套，用奇怪的眼光盯着他，跟身旁一个小男孩说道："他跟他的祖父一样是个疯子！"安徒生不禁打了个寒战，再也没跟小女孩提起过这类事情。据安徒生自己坦言，他在赫尔·卡尔斯登男校时总是四处闲逛，沉迷于幻想；他的样子让老师生厌；他曾尝试采摘野花送给老师，以此来讨老师欢心，但好像不怎么奏效。

  1816年，安徒生年仅十一岁，他的父亲就去世了。可怜的鞋匠似乎一辈子都没摆脱舞鞋事件的悲剧。舞鞋事件后不久，他就参军了——可能是源于对心中的英雄人物拿破仑·波拿巴的崇拜，也可能想要通过战争建功立业。然而，安徒生父亲参加的那个团还没有越过荷尔斯泰因[①]，战争就结束了。由于行军艰苦，本就羸弱的父亲健康状况每况愈下，回家不久后便去世了。随后，母亲改嫁给一个叫尤根森的年轻鞋匠。尤根森有着一双炯炯有神的褐色眼睛，脾气也很温和。父亲死后，安徒生缺乏管束，越来越随心所欲。起初，有人劝母亲送安徒生到附近的服装厂里做工。安徒生的确在服装厂干了一阵，但被工友低俗的恶作剧吓回了家。母亲很快就遂了他的心愿，答应不再送他去做工了。于是，安徒生继续在家玩弄西洋镜和小舞台，给洋娃娃做衣服，或者沉浸在书本的海洋里。大约在这时，安徒生家附近一位牧师的遗孀邦克弗洛德夫人和她的妹妹开始对安徒生产生了兴趣，向他敞开了好客的大门。这是安徒生第一次认识如此体面的家庭。他常常在邦克弗洛德夫人家度过一天中最美好的时光。也正是在

[①] 荷尔斯泰因位于普鲁士北部，北邻丹麦。

邦克弗洛德夫人家，安徒生首次接触到莎士比亚的作品。这些作品尽管翻译得很拗口，但给安徒生留下了深刻的印象。那些"血腥的情节"、鬼魂和女巫的片段，正合安徒生的口味。安徒生已经很熟悉丹麦剧作家路德维希·霍尔伯格的剧本。我们也知道，安徒生很小的时候就对喜剧有着强烈的好奇心。安徒生的朋友爱德华·科林收藏了安徒生父亲留下的军事记事本的最后一页，上面是安徒生草草记下的至少二十五部剧本的题目。安徒生打算长大后要创作这些剧本故事，其中有些剧目十分有趣[①]。安徒生自己说，他曾在玩偶剧院里上演莎士比亚戏剧，将很多人物的命运设计成死亡的结局。安徒生的第一个剧本，是血腥版的皮拉穆斯和西斯比传说。他以完美的大屠杀结局结束了剧中人的命运，包括想要和西斯比谈情说爱的隐士和他的儿子。安徒生的野心很大，他想写一部有关国王和王后角色的剧本，但问题是要在剧中使用足够高贵的语言。从莎士比亚的戏剧中，安徒生观察到君主们和普通人说话的方式非常相似。他觉得这并不妥当，为此他请教了自己的母亲和其他几个有才能的女人。遗憾的是，她们没能给安徒生提供多少有用的信息。她们说曾有国王来过欧登塞，不过那都是很多年前的事了，但她们猜想那位国王肯定会讲外语。为此安徒生设法弄到了一本词典，里面包含德文、法文和英文，对应着丹麦文的解释。在这本词典的帮助下，他将这些外来语插入剧本里国王和王后的台词中去，譬如，"早上好，朋友们！你们昨晚睡得如何？"安徒生认为这种语言才与剧本里高贵人物的身份相符。

我们不能再叫安徒生"小安徒生"了，因为他已经长成一个身材瘦长、滑稽丑陋的小伙子。接下来的几年里，少年安徒生依然会给娃娃穿上自己缝制的衣服，在小巷和草地上练习唱歌，坚信他能靠唱歌发财。安徒生的大脑里充斥着各种戏剧、诗歌和浪漫主义。他生活在一个奇幻病态的世界里，完全脱离身边真实的世界。十四岁的时候，安徒生这个怪物——他的

[①] 爱德华·科林：《汉斯·克里斯蒂安·安徒生与科林一家》，第3页。当然，其中有些剧目的名字拼写十分奇怪，比如"西莉亚和菲斯科"。——原注

同伴也这么叫他——已经成了邻居们眼中的奇葩和笑柄。他本能地躲开同龄人和同一阶层的人，渴望进入上流社会，这不禁让人联想到丑小鸭与高贵的天鹅之间微妙的关系。因此，欧登塞淘气的孩子们自然把安徒生当作"怪胎"。每次遇见他，他们都会不怀好意地嘲笑道："写剧本儿的来了！"可怜的安徒生惊慌失措地跑回家，躲在角落里，哭着向上帝祈祷。只有上帝知道他是多么痛苦。除此之外，当地的贵族乡绅们带着半嘲笑、半同情的态度开始关注这个可怜的鞋匠儿子。他可以根据记忆背诵整出戏，虽然还没学会基本的语法，却已经开始尝试写诗。安徒生隐约能察觉到自己的才能，只是尚不知这些才能的真正用处和价值。他的远大理想就连当时欣赏他的人看来都是极其荒唐的。接下来，不少好心人给这个年轻人提供了很多帮助，但结果都是徒劳的。弗雷德里克·霍格·古德伯格上校整个家族对年轻的安徒生颇感兴趣，还试图借助当时住在欧登塞城堡的克里斯蒂安王子①的影响力，让安徒生去当地的拉丁语学校学习。然而，克里斯蒂安王子对这种想法不屑一顾，只是承诺如果安徒生愿意和他做一些公平交易，譬如当个车床工，他就答应帮助安徒生。安徒生听都没听完，便怒气冲冲地离开了城堡。后来安徒生被好心人送到慈善学校上学，学习《圣经》、历史、写作和算术。尽管他能读懂路德维希·霍尔伯格和莎士比亚，但他坦率承认，他几乎一个单词都拼不出来。安徒生那爱好幻想、荒谬、不切实际的处世之道与其说是源于懒惰不如说是源于自负——他自己说除了上学和放学的路上，其他时间从来不做作业，这自然激怒了老师。最后，安徒生离开了慈善学校，走的时候和来的时候一样无知。不久，安徒生迎来了人生中最重要的事件，那就是1819年复活节后的第一个星期天，在圣克努德教堂为他举行的坚信礼②。为了庆祝这一时刻，全家人竭力做了各种准备。他们叫来了裁缝，把安徒生父亲的旧大衣改造成了一套正式的坚信礼西装。有生以来，安徒生第一次穿上了皮靴。安徒生非常喜爱这双新

---

① 即后来的克里斯蒂安八世（Christian VIII，1786—1848），丹麦国王，1839年至1848年在位。
② 坚信礼或称坚振礼、按手礼，是基督教一种宗教仪式。基督教教义规定孩子十三岁时受坚信礼后才能正式成为基督教教徒。

安徒生的父亲崇拜的英雄——拿破仑·波拿巴

皮拉穆斯和西斯比

青年时期的安徒生

克里斯蒂安王子

靴子。他担心人们注意不到这双新靴子,便把靴子套在裤腿外面,在教堂的走道里踱来踱去。新靴子踩在地上嘎吱作响,他心里别提有多高兴了。但同时,想到这样庄严的时刻,为了一双靴子而忽略了上帝的存在,安徒生感到良心不安[1]。正是这件事为他多年后创作《红鞋》提供了灵感。

安徒生的家人现在开始为他担忧了。他总是在母亲的眼皮底下给洋娃娃做衣服。母亲还以为他是给裁缝做活计,因为他的针线活儿的确做得很出色,甚至他的朋友爱德华·科林也认为针线活儿是安徒生的拿手好戏。我们还从爱德华·科林口中得知,直到生命的最后一刻,安徒生的生活里也从未离开过顶针、针头和线;他走到哪儿都带着这些东西,总是自己缝裤带纽扣、补袜子。然而,安徒生的祖母见识更广,并且更明智。她更愿意让安徒生当会计。但安徒生不愿意当会计,还是过着跟以前一样游手好闲的日子。直到晚年,安徒生才意识到这样虚度年华极其可悲,觉得母亲应该对此负主要责任。如上所述,安徒生母亲绝不是一个称职的母亲,她最大的过错就是对安徒生疏于管教。她似乎从来没有认真为安徒生考虑过,更没有尝试将安徒生从闲散的幻想中拯救出来。在慈善学校上学的时候,安徒生不用功学习,她丝毫不予责备,反而放任他怒气冲冲地退学。她甚至在人前炫耀儿子的浪漫和喜剧天赋,说他在学校从来不认真读书,但仍能取得好成绩。

现在,小伙子决定把命运掌握在自己的手中。1818年,也就是受坚信礼的前一年,安徒生萌生了去哥本哈根寻找发展机会的想法。当时,丹麦皇家剧院的一个剧团访问了欧登塞,并演出了一系列歌剧和悲剧,给欧登塞的居民们留下了深刻的印象。年轻的安徒生和节目宣传员关系不错,不仅可以躲在后台观看演出,而且有机会在舞台上扮演小听差、羊倌等角色,甚至说过几句台词。有一次,他还在《灰姑娘》这部剧中扮演了一个小角色。安徒生天真和热情洋溢的劲头儿逗得演员们发笑。演员们对安徒生很友好,

---

[1] 爱德华·科林:《汉斯·克里斯蒂安·安徒生与科林一家》,第3页。教堂登记册里有一段话,记录了当时的场景:"他(安徒生)有善良的一面,对宗教也有很好的认识,即使他的日常言行不值得表扬,也绝不该被批评。"——原注

安徒生则把他们当作上帝一样尊敬。有了这些舞台表演经验，安徒生甚至断言，自己天生就是个演员，他过去长期不懈的努力就是为了有一天能登上哥本哈根皇家剧院的舞台。安徒生天真地告诉我们，他还听到演员们谈论一种叫"芭蕾舞"的东西。据演员们说，芭蕾舞甚至比戏剧和歌剧更高级。安徒生还听他们说有一位叫沙尔夫人的舞蹈家，她是首屈一指的芭蕾舞演员。瞬间，安徒生脑海中浮现出沙尔夫人的形象，幻想她是童话里的女王，无私地守护着他，帮助他实现名利双收的梦想。安徒生脑海中充斥着这些想法，找到了印刷商艾弗森。艾弗森是他们小镇的名人，经常招待来欧登塞表演的演员。据此，安徒生推断艾弗森肯定认识沙尔夫人这位伟大的舞蹈家，并请求他给沙尔夫人写一封介绍信。这位老人——艾弗森——第一次和安徒生见面，很有礼貌地倾听了安徒生的诉求，却诚恳地劝阻安徒生不要拿自己的前途冒险，应该学一门手艺。安徒生喊道："这可是极大的罪过啊！"艾弗森听了这些话，大吃一惊。少年表现出来的自信令他非常震撼。他虽然并不认识沙尔夫人，但还是帮安徒生给这位伟大的舞蹈家写了一封推荐信。安徒生兴高采烈地走了，憧憬着命运之门为自己敞开。

寄出推荐信后的三个月里，安徒生跟母亲一起生活，但其间他并没有遇到多少困难。母亲问他打算去哥本哈根做什么。安徒生回答道，自己要像那些书中读到的出身贫寒的伟人一样，在哥本哈根出人头地。安徒生解释道，"成名之前你必须历尽磨难"。安徒生的话深深地打动了母亲。为保万无一失，安徒生母亲咨询了医院里的一个"神婆"，让她用咖啡渣和纸牌预测安徒生未来的命运。神婆预测安徒生将会成为一个了不起的人物，欧登塞会因他而大放异彩。母亲听完后心满意足，一边流着喜悦的眼泪，一边为安徒生打包行李。她和运送邮件的车夫商量好，给他一些便宜的路费让安徒生搭顺风车去哥本哈根。就这样安徒生口袋里揣着仅有的十五利克斯①银币，怀揣着无限的梦想踏上了旅程。任何头脑清醒的正常人都会认为这是一次疯狂的旅程。安徒生到达小贝尔特海峡的

---

① 利克斯银元是欧洲大陆国家曾使用过的银币，17世纪常见于普鲁士王国。十五利克斯银元相当于一英镑七十五先令。

丹麦皇家剧院

《灰姑娘》中的插图:灰姑娘与白鸽

尼堡港后，乘船离开了出生的岛屿，前往哥本哈根。他第一次感到自己是多么孤单、凄凉。但周围新奇的风景让他萎靡不振的情绪得以缓解，带着实现梦想的急切心情继续赶路。

第 2 章

哥本哈根的丑小鸭

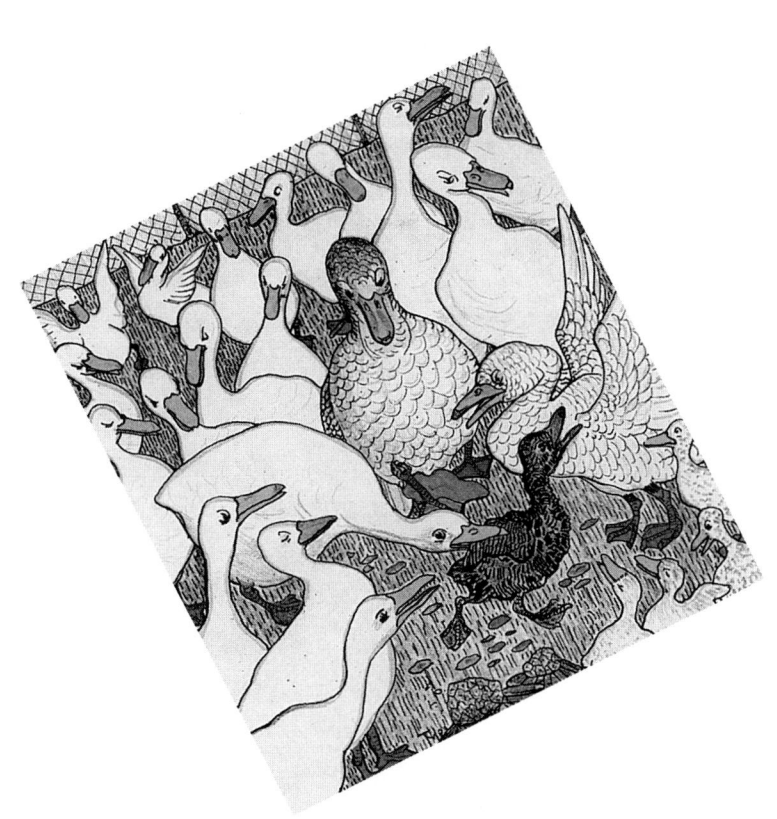

精彩看点

到达哥本哈根——卖票员——将安徒生当作流浪汉的舞蹈家——被皇家剧院拒绝——《保罗和弗吉尼亚》——穷途末路——结识弗雷德里克·霍格·古德伯格——弗雷德里克·霍格·古德伯格帮助支持安徒生上学——贪婪的女房东——成为皇家剧院的舞蹈学生——首次登台——一位残忍的演员——"我的首部悲剧"——痛苦的遭遇——安徒生的迷信——被皇家剧院合唱团录取——恶霸布兰迪——写剧本——与阿德迈勒·伍尔夫的戏剧性会面——个人描述——"巴克胡思"的客人——漂亮的蓝色大衣和演出海报——尝试写剧本——乔纳斯·科林向国王引荐安徒生——去斯劳厄尔瑟上学

1819年9月6日是个星期一。这天一大早,安徒生抵达了哥本哈根。到哥本哈根后,安徒生做的第一件事就是去哥本哈根皇家剧院看看。他绕着剧院走了好几圈,仰视着剧院的墙壁,将剧院看作尚未真正为自己敞开大门的家[①]。一个每天在剧院附近兜售歌剧票的人注意到了安徒生,走上前来递给他一张票。安徒生单纯地以为卖票人愿意免费送他一张,便热情洋溢地大声言谢。卖票人觉得自己被眼前这个乡巴佬戏弄了,变得勃然大怒。可怜的安徒生吓破了胆,撒腿就跑。1819年9月7日,安徒生穿上坚信礼礼服和那双小心翼翼珍藏着想要穿出去炫耀的靴子,戴着一顶显然有些宽大的帽子,来到沙尔夫人的门前,将他的介绍信呈递给这位伟大的舞蹈家。这位芭蕾舞后静静地听着安徒生说话,表情惊讶地看着他——她对给自己写信的老艾弗森和眼前这个奇怪的访客一无所知。毫不夸张地说,安徒生的整个打扮和言行都显得十分滑稽。安徒生向沙尔夫人表达了想要登台的热切渴望后,沙尔夫人问他能参演些什么剧目。安徒生回答道:"灰姑娘。"他曾在欧登塞看过这段表演。为了向沙尔夫人展示自己的才能,安徒生脱下靴子,即兴把帽子当作手鼓,又唱又跳地演了起来。沙尔夫人被安徒生那奇特笨拙的

[①] 汉斯·克里斯蒂安·安徒生:《我的童话人生》。——原注

动作惹得哭笑不得，毫不迟疑地打发他走了。多年后，沙尔夫人跟安徒生提起这事，说她当时还以为安徒生是从疯人院里跑出来的精神病人。

接下来，安徒生找到哥本哈根皇家剧院的经理张伯伦·荷尔斯泰因，厚着脸皮向他讨份工作。张伯伦·荷尔斯泰因看了安徒生一眼，觉得眼前这个年轻人身材过于瘦弱，不适合演话剧。安徒生叹息道："哎呀！您要是能给我一份每月一百利克斯①的稳定工作，我倒是很快就能长胖了。"随后经理同意让安徒生展示一下才能②，但看过之后，便板着脸叫安徒生走人，并且说他们只雇用训练有素的人③。

安徒生遭遇了沉重的打击，甚至想过自杀。但大哭一场并向神圣的上帝虔诚地祷告后，安徒生买了一张《保罗和弗吉尼亚》的演出票来安慰自己。安徒生被剧中情侣的分离深深触动，突然号啕大哭起来。坐在他旁边的几位商人太太一个劲儿地安慰他说，这不过是场演出，并没有任何意义。其中一位太太还给了他黄油、面包和一些肉罐头。安徒生立即向她们坦白，他并不是为剧中的保罗和弗吉尼亚而哭，而是因为他把自己比作保罗，把将他拒之门外的剧院比作弗吉尼亚，离开剧院的他就像保罗一样伤心不已。高贵的太太们迷惑不解。安徒生便又向她们讲述了自己孤身一人来哥本哈根的原因。太太们便给了他更多的黄油和面包，以及一些水果和蛋糕④。

1819年9月8日清晨，在小客栈结完账后，安徒生发现身上仅剩一利克斯银元了。现在，他要么赶最早的船回家，要么留在哥本哈根学一门手艺。他选择了后者，因为一想到回欧登塞被人嘲笑、捉弄，他的自尊心根本就无法承受。于是，安徒生给一个木匠当起了学徒。由于同伴们跟他开的玩笑很粗俗，女孩般害羞的安徒生被吓跑了。从进门算起，这份工作只做了几个小时。一时之间，在大街上徘徊的安徒生感觉自己被抛弃了。他突然想起曾在欧登

---

① 即十一英镑十三先令四便士。——原注
② 呈递给国王的正式报告中，剧院导演称这个申请人既没有天赋，身材也不适合登台表演。——原注
③ 汉斯·克里斯蒂安·安徒生：《我的童话人生》。——原注
④ 汉斯·克里斯蒂安·安徒生：《我的童话人生》。——原注

塞的报纸上看到一个叫朱塞佩·西博尼①的意大利人——哥本哈根皇家音乐学院的校长。也许这个好心人会让他学唱歌。安徒生随即去找朱塞佩·西博尼。恰巧朱塞佩·西博尼正在举办一场晚宴。出席晚宴的有著名诗人延斯·巴格森②、作曲家克里斯托夫·恩斯特·弗里德里希·韦斯③教授及一些社会名流。朱塞佩·西博尼的女管家开了门。安徒生一想到自己悲惨的经历，就一股脑地向女管家讲述了自己来这儿的初衷，还讲了他过去所有的遭遇。女管家非常同情安徒生，随后走进了屋里。再回来时，她将所有的客人都带来了，他们都好奇地看着眼前这个不请自来的怪人。朱塞佩·西博尼把安徒生领进隔壁的琴房，让安徒生试唱音阶，他在一旁专注地聆听。接着安徒生表演了路德维希·霍尔伯格剧作中的一些情节，还背诵了几首诗。最后，朱塞佩·西博尼为安徒生的悲惨遭遇情不自禁地流下眼泪，所有人一齐大声为安徒生精彩的表演喝彩，当场为安徒生筹集了七十利克斯银元的捐款。克里斯托夫·恩斯特·弗里德里希·韦斯教授还让安徒生第二天就开始跟着他学音乐。安徒生喜笑颜开，立即给母亲写了信报喜，说自己胜券在握。

接下来的九个月里，慷慨的朱塞佩·西博尼、克里斯托夫·恩斯特·弗里德里希·韦斯及其他一些"贵人们"——安徒生心怀感激地这样称呼他们——一直资助安徒生。克里斯托夫·恩斯特·弗里德里希·韦斯担任安徒生的出纳，每个月给安徒生发放十利克斯银元；朱塞佩·西博尼为安徒生敞开了自家大门，供他一日三餐，还供他上音乐课的学费。从清晨到傍晚，安徒生待在富丽堂皇的意式房子里，晚上便尽量找个地方借宿。每个月从克里

---

① 朱塞佩·西博尼（Giuseppe Siboni，1780—1839），意大利歌剧男高音歌手、歌剧导演、声乐教师。1797年，他在意大利开始歌剧演艺事业。1806年至1809年，他在伦敦成功演出歌剧。1810年至1814年，他在维也纳演出，结识了贝多芬。1819年他以歌手身份加入了丹麦皇家剧院，后来成为剧院的导演。1827年，他成立了哥本哈根皇家音乐学院。
② 延斯·巴格森（Jens Baggesen，1764—1826），丹麦诗人、文学家、评论家、喜剧作家。1764年他生于一个贫穷的家庭，通过不懈努力于1782年考入哥本哈根大学。他的首部作品《喜剧故事集》（Comical Tales）大获成功后，他开始尝试诗歌写作，先后用丹麦语和德语创作了多部诗集。
③ 克里斯托夫·恩斯特·弗里德里希·韦斯（Christoph Ernst Friedrich Weyse，1774—1842），丹麦著名的作曲家和风琴手。1789年，十五岁的克里斯托夫·恩斯特·弗里德里希·韦斯前往哥本哈根和叔叔生活在一起，开始学习音乐。他最著名的作品有普鲁士轻歌剧、圣诞颂歌。他还创作了七部交响曲和众多钢琴独奏曲。

保罗和弗吉尼亚生离死别

哥本哈根

延斯·巴格森

克里斯托夫·恩斯特·弗里德里希·韦斯坐在钢琴旁

斯托夫·恩斯特·弗里德里希·韦斯那里拿到的十利克斯银元是安徒生仅有的收入。由于这笔钱不足以支付旅馆的费用,所以安徒生只能找一些便宜的住处。他既不熟悉也不了解这座城市,便来到了哥本哈根最臭名昭著的乌克盖尔街区,住进了一位脾气暴躁的老妇人家里。很快我们就会知道,这位老妇人昧着良心欺骗了安徒生。好景不长,新的灾难降临了——安徒生突然失了声。朱塞佩·西博尼说安徒生想当歌手的愿望实现不了,不如回欧登塞去学一门手艺。与其回到家乡遭受嘲笑——加之已经寄出那封报喜信,可怜的小伙子更愿意留在哥本哈根再拼一拼。在人生的又一个十字路口,安徒生苦思冥想日后该如何是好,现在该去求助谁。他想起曾在欧登塞帮助过自己的陆军上校。这位陆军上校的兄弟是诗人弗雷德里克·霍格·古德伯格,现居哥本哈根。安徒生找到弗雷德里克·霍格·古德伯格的住址,并给他写了封信约他见面。见到弗雷德里克·霍格·古德伯格时,安徒生发现"他的身边摆满了书籍和烟斗"。弗雷德里克·霍格·古德伯格看到安徒生的信上错误百出,便考了一下安徒生的德语——安徒生只从朱塞佩·西博尼那儿学了一点基础的德语,结果发现安徒生的德语比丹麦语更糟糕,只好答应教安徒生丹麦语。其实,弗雷德里克·霍格·古德伯格的善举远不止这些。他坚信安徒生"天赋异禀值得培养",而且"为人正直"[①]。弗雷德里克·霍格·古德伯格自发为安徒生组织了一次募捐,还从自己最近发表的作品收入中拿出一部分资助安徒生。他不仅在自己家中给安徒生上课,还每个月给他十六利克斯银元的生活费。要不是为了应对贪婪的女房东,安徒生本可以靠这些补贴勉强度日。贪婪的泼妇知道安徒生每个月可以从弗雷德里克·霍格·古德伯格和克里斯托夫·恩斯特·弗里德里希·韦斯那儿拿到钱,便把房租提到了每月二十利克斯银元。如果每月支付的房租少于这个数,安徒生就得滚蛋。而当时安徒生所有的身家加起来也不超过十六利克斯银元。除此以外,他还要维持吃穿,实在是穷得揭不开锅了。短暂的租房期间,这个无助的小伙子为了巴结女房东,对她像对待自己的母亲一般好,在这个狗窝一样的出租房

[①] 爱德华·科林:《汉斯·克里斯蒂安·安徒生与科林一家》,第7页到第8页。——原注

里假装像在家里一样自在。安徒生已经无处可去,还有谁愿意收留他呢? 无情无义的女房东摔门而出,要求安徒生好好考虑,要么每月付给她二十利克斯银元,要么卷铺盖走人。安徒生完全还是个孩子,看着挂在沙发上方墙上女房东丈夫的遗像,他的眼泪从脸上滚落下来。他站起来把泪水抹在遗像上女房东丈夫的眼睛周围,想让故者体会他是多么悲伤。或许此举可以感化女房东的心,让她变得仁慈些,将每月房租降到十六利克斯银元。女房东必定看透了从安徒生身上再也榨不出什么油水,所以再回到房间时,她说愿意以十六利克斯银元的月租让安徒生继续住下去。安徒生便继续住了下去。他说:"我太开心了! 感谢上帝,感谢那个死去的灵魂!"和女房东谈判后第二天,安徒生就把身上所有的钱都给了她,连买生活必需品的钱都没剩下,能有一个继续住下去的地方,安徒生已经喜不自胜了[1]。

1820年,好心的达伦先生帮助安徒生进入舞蹈学校学习。他创办的舞蹈学校和丹麦皇家剧院有些关系。尽管安徒生坚持不懈苦练舞蹈,但从他的表演来看,想要在艺术上取得成就的可能性微乎其微。其实安徒生似乎只把跳舞当作权宜之计,因为加入剧院一直是他的梦想。他最终想在剧院以歌手、演员的身份占据一席之地[2]。作为一个学舞蹈的学生,安徒生那时已经可以在后台露面了。他告诉我们,这对他来说如同真正站上舞台一样开心,仿佛自己就是剧院的一员。一天晚上,安徒生的确真正登上了"舞台",他感到难以名状的开心。那天晚上,剧场上演小歌剧《两个小萨瓦人》。女主演艾达·伍尔夫——后来的霍尔斯坦伯爵夫人——跟安徒生一样,当时也正在学习唱歌。她第一次见到安徒生是在朱塞佩·西博尼家,之后对安徒生一直很友善。剧目开演之前,她恰巧碰到安徒生,好心提醒他接下来会发生些什么,有哪些演员登台,甚至还有工作人员一会儿将挤满舞台,建议他上台之前在脸颊上涂上点儿胭脂。安徒生随即照办,和其他人一起上台,别提有多兴奋了。他看见舞台脚灯、提示员,以及身后乌压压一大片观众。他穿

---

[1] 那是个简陋得连家具都没有的阁楼。——原注
[2] 安徒生于1820年8月6日写给国王的请愿书。爱德华·科林:《汉斯·克里斯蒂安·安徒生与科林一家》,第8页。——原注

乌克盖尔街区

弗雷德里克·霍格·古德伯格

的还是平时那套坚信礼礼服——因为洗刷修补多次已经显得破破烂烂，戴的还是那顶大得几乎遮眼睛的帽子。安徒生深知这身打扮很寒酸，便竭力用各种滑稽的动作掩饰这种尴尬。安徒生不敢挺直身子，怕暴露他那窄小的背心和歪掉后跟的靴子。但即使再聪明去伪装遮掩，也无济于事。安徒生也知道自己格外高挑，从遭遇过的悲惨经历中猜得出，自己看起来是多么滑稽可笑。但只要想到自己首次站在舞台脚灯前，他只要开心就什么都不在乎了。迈上台时，安徒生的心脏怦怦地跳个不停。这时一名主唱歌手走了上来，见他这般模样，顿时笑出了声。这位歌手握住安徒生的手，向他滑稽地鞠了一躬，用充满嘲讽的腔调祝他首次演出愉快。"请允许我将你介绍给丹麦观众"，主唱歌手边说边拉着像稻草人一样的安徒生走到舞台灯光前面。台下的观众看到可怜窘迫的安徒生，迸发出一阵阵开怀的讥笑声。原本期待的成功就这样变成了可怜的安徒生的耻辱。他眼里噙满泪水，局促不安几乎瘫倒，跌跌撞撞地冲下了舞台。此后不久，安徒生似乎时来运转。他在芭蕾舞剧《阿尔米达》中扮演了一个戴着丑陋面具的精灵。有生以来，安徒生的名字第一次印上了节目单。他幻想自己戴上了一个永垂不朽的光环，盯着这张节目单看了一整天，甚至睡觉的时候都把这张芭蕾舞节目单带上床，他感慨道："这就是所谓的幸福啊！"

在舞蹈学校上学期间，安徒生创作了自己的第一部戏剧《林中的祷告》。这是一部包含五幕的悲剧，剧中混杂着荒谬恐怖的情节。爱德华·科林曾在手稿中提到，这部戏剧的最后一幕过于残忍[①]。安徒生尽管在这部作品上倾注了许多心血，但还是没有勇气将他所谓的"第一部悲剧"公之于众，除了一位热情的老妇人看过。老妇人看完安徒生的第一部戏剧，预言他将来定会成为一名诗人。安徒生感动得喜极而泣。老妇人死后没多久，这个预言就成真了。在那段艰苦的日子里，安徒生时常忍饥挨饿。他花光了从克里斯托夫·恩斯特·弗里德里希·韦斯和弗雷德里克·霍格·古德伯格那里领到的钱，也不好意思再向他们张口。安徒生曾经惨兮兮地说："我受够了向人们

---

① 爱德华·科林：《汉斯·克里斯蒂安·安徒生与科林一家》，第12页。——原注

诉说我悲惨的遭遇了。"他搬到了一个更简陋的街区，住进了一个已故船夫的遗孀家里。除了每天早上能喝上一杯咖啡，女房东什么都不提供给他。他虽然只是每天中午在公园的长凳上狼吞虎咽地吃个面包卷，却不得不让女房东相信他在和亲朋好友一起吃午饭。他的靴子裂开了，好几个星期都是湿着脚的。整个冬天，他连保暖的衣服也没有①。尽管如此，安徒生还是很开心。他告诉我们，每晚在小房间躺下睡觉之前，都会向上帝祷告，坚信上帝会保佑自己，让一切都好起来。

或许是因为强大的迷信和虔诚混杂在一起，1821年新年发生在安徒生身上的逸事充分应验了他的祷告。他坚信，如果新年第一天能交好运，那么接下来的一年都会很幸运。他希望来年能再登上舞台，于是来到了丹麦皇家剧院。剧院关门了，只有一个独眼的看门老人坐在舞台入口处。安徒生蹑手蹑脚地从老人身边溜了进去。他走到舞台侧翼，发现管弦乐队的位置空无一人，随即跪了下来，想要说点儿什么，但想要背诵的台词一句也想不起来了。此刻，他心里唯一浮现的念头就是，新的一年里一定要登台表演，大声诵出自己的台词。为此，他大声向上帝祈祷。有了上帝的保佑，他坚信自己能在1821年得到登台亮相的机会，然后带着这样的念头离开了剧院。

安徒生还是有希望的。1821年5月，他的嗓子恢复了不少。丹麦皇家戏剧院的主唱歌手克罗辛先生决定给他一个机会，让他去合唱学校学习。安徒生重新看见了成功的可能性，表现得格外积极。他在歌剧表演中扮演武士、船夫等诸如此类的配角。按理说，能参演就知足了，但安徒生并不满足。他强烈渴望能够扮演更重要的角色，只好再三央求剧院的导演们。虽然过多参演戏剧会影响学习，但安徒生认为扮演一两个小角色不仅不会费太多精力，还会点燃自己对文学的热情②。事实上现在对安徒生来说，剧院就是整个世界。他在剧院里生活，或者说在剧院里做着梦，消磨着时光。只要剧院有空位，他就可以免费入场，观看演出。为了到剧院去，他无故或是编织各种理

---

① 汉斯·克里斯蒂安·安徒生：《我的童话人生》。——原注
② 爱德华·科林：《汉斯·克里斯蒂安·安徒生与科林一家》，第13页。导演们回复道，他们对安徒生根本没抱任何希望。——原注

由①,不去上拉丁文课——弗雷德里克·霍格·古德伯格给他找了个辅导老师,他本应该按时去上课。弗雷德里克·霍格·古德伯格知道后自然很生气。安徒生生平第一次遭到了严厉的斥责,差点儿崩溃。安徒生说:"我觉得听到弗雷德里克·霍格·古德伯格的斥责比犯人听到死刑消息还要恐怖。"②安徒生的拉丁文课就这样结束了。与此同时,他又遭遇了一些坎坷,却在自传中只字未提。由于在合唱班遭到同伴的羞辱,他再次把自己和可怜的"丑小鸭"联系到了一起。后来的《丑小鸭》中,丑小鸭在饲养场枉受折磨的剧情就源于此。合唱班上有个叫布兰迪的小孩,他总是骚扰、欺凌安徒生这个打不还手骂不还口的可怜娃,并以此为乐。布兰迪经常往安徒生眼里和嘴里扔烟灰,捏安徒生的鼻子,还威胁安徒生说如果他敢抱怨一句,就"捏碎"他。几个星期以来,可怜的安徒生默默忍受着这种屈辱,之后忍无可忍的他终于朝着欺负他的迫害者喊道:"我从没见过像你这样的人!"小恶霸布兰迪显然被这软弱者的反抗激怒了。在布兰迪看来,安徒生还不如他脚下的泥土。他立马出手,朝着安徒生的头上打了几拳,嘴里还不停地骂着脏话。无可奈何,安徒生向合唱学校的负责人告了状。校方的处理结果还算令人满意——这个恶霸当着全校师生的面向安徒生道了歉③。这事发生在1821年11月。1822年6月,安徒生就被合唱学校劝退了。学校暗示他再学下去也只是在虚度光阴,想要出人头地、有所作为需要有人给予他必要的指导和提携,否则他即使再有才华也会一文不值。

安徒生感觉自己被扔在茫茫大海里,犹如飘零的浮萍。尽管如此,他的信念始终如一。很快,他便做出给剧院写剧本的决定,而且只能成功不能失败。这是安徒生最后的希望了。他从彼得·弗雷德里克·苏姆④的一篇故事中

---

① 汉斯·克里斯蒂安·安徒生:《我的童话人生》。——原注
② 汉斯·克里斯蒂安·安徒生:《我的童话人生》第48页。——原注
③ 爱德华·科林:《汉斯·克里斯蒂安·安徒生与科林一家》,第13页到第14页,记录了安徒生对剧院导演的抱怨。——原注
④ 彼得·弗雷德里克·苏姆(Peter Frederik Suhm,1728—1798),丹麦历史学家。1746年至1751年,他就读于哥本哈根大学。1749年,他翻译了普劳图斯的一部喜剧和一部法国剧本。他曾担任丹麦科学院的主席。1779年,他成瑞典皇家科学院的成员。

得到灵感，开始着手写一部叫《阿芙索尔》的悲剧作品。安徒生对《阿芙索尔》第一幕很满意，立即带着这幕剧去找莎士比亚作品的丹麦文译者阿德迈勒·伍尔夫①。在阿德迈勒·伍尔夫的家里，安徒生感觉就跟在自己家一样自在。阿德迈勒·伍尔夫开玩笑地说起他们初次见面时的情景——当时，安徒生突然从门口探出头，说道："您翻译过莎士比亚的作品，我非常喜欢。但我自己写了一部悲剧，拜托您听一听吧！"阿德迈勒·伍尔夫让这个不请自来、举止奇怪的客人先坐下，并邀请他一起吃早餐。但安徒生脑子里除了自己的戏剧再没有别的念头，从头到尾一口气将自己的戏剧背诵了一遍，然后停下来气喘吁吁地喊道："好吧，现在您认为这个不请自来的怪人怎么样？您认为我有可能成为一名剧作家吗？"阿德迈勒·伍尔夫没有直接回答这个问题，只是邀请安徒生过段时间再来做客。安徒生回答道："好的！等我写出另一部悲剧我一定再来拜访您！"阿德迈勒·伍尔夫说："下次再有幸跟你见面恐怕得等好一阵子了！"安徒生说："不会的！两周之内我一定把新的剧本拿来给您看！"②

安徒生很爱面子，觉得阿德迈勒·伍尔夫对自己的描述有些夸张。然而，所有证据都证明阿德迈勒·伍尔夫自己说的千真万确，因为还有一位敏锐的观察者，他也有证据证明阿德迈勒·伍尔夫的确没有夸大其词。1821年左右，安徒生认识了诗人扎斯特·马提亚斯·蒂勒。扎斯特·马提亚斯·蒂勒因成功创作美丽的《丹麦民间故事集》③而闻名于世，后来成了安徒生的好友之一。安徒生称他为"为数不多的朋友之一。他从来不欺骗我，而其他人却捉弄我，拿我寻开心"。安徒生本人并没有提及他们是怎么认识的。幸运的是，扎斯特·马提亚斯·蒂勒比安徒生更善言辞。关于他和安徒

---

① 阿德迈勒·伍尔夫（Admiral Wulff, 1784—1836），彼得·弗雷德里克·伍尔夫的妻子，1803年结婚，育有两儿两女。彼得·弗雷德里克·伍尔夫（Peter Frederik Wulff, 1774—1842）是丹麦海军军官，1824年至1841年担任丹麦皇家海军学院院长。伍尔夫一家是安徒生一生中最忠诚的朋友和支持者。
② 爱德华·科林说安徒生恰当地引用了苏姆氏的风格："以这种创作速度，怪不得安徒生会承诺阿德迈勒·伍尔夫两周之内就能交出一部新的剧本。"——原注
③ 《丹麦民间故事集》于1818年到1823年首次出版。——原注

与众不同的丑小鸭总是受到别人的冷眼

丑小鸭在成长过程中受到别人的欺负

生第一次单独会面的采访成了我们现在掌握的唯一完整而真实的关于安徒生的描述。

一天下午,扎斯特·马提亚斯·蒂勒背对着门坐在书桌前。突然有人敲门。他头也不抬便说:"进来吧!"等到抬起头,扎斯特·马提亚斯·蒂勒完全被眼前的这个人震惊了——一个削瘦的、装扮怪异的流浪汉站在门口,对着扎斯特·马提亚斯·蒂勒行了一个戏剧性的鞠躬礼,身子都快弯到地上了。这个突然出现的怪人把帽子丢在门边,慢慢地直起了瘦长的身躯。扎斯特·马提亚斯·蒂勒这才看出来客套着一身破烂的灰色长衫,袖子早已包不住瘦骨的手腕。再仔细一看,这人的眼睛小得似乎需要借助外科手术把眼睛做大一点,才能有视觉功能。小眼睛底下长着一个怪异十足、异常突出的鼻梁。这个不请自来的怪人脖子上套了一条横纹的棉布围巾,围巾紧紧缠绕着他那长长的脖子,就好像他的脖子正在努力摆脱整个世界对它的束缚一样。这个突然出现的怪人向前迈了几步后,再次对扎斯特·马提亚斯·蒂勒鞠了个躬,这更让人诧异了。这个奇怪的来客开始诉说自己的哀求:"请问,我可以用我写的一首诗来表达我对舞台的感受吗?"扎斯特·马提亚斯·蒂勒惊讶得无法动弹,默许了安徒生的请求。不由分说,这位瘦高的来客便开始一段冗长的独白,接着又鞠了个躬,宣布现在他要开始背诵戏剧中的另一个场景了。他随即背了起来,自己还分饰不同的角色。扎斯特·马提亚斯·蒂勒呆呆地坐着,等待一个自己可以提问的机会。但自始至终,扎斯特·马提亚斯·蒂勒都没有机会开口,因为表演者将扎斯特·马提亚斯·蒂勒从悲剧中的一幕拉到另一部喜剧的场景中,最后终于以一段自己创作的收场白结束。伴随着一系列戏剧性的鞠躬,安徒生抓起自己的帽子,跌跌撞撞地走下了"舞台"。扎斯特·马提亚斯·蒂勒在一次晚宴上谈到了这场奇遇,从朋友那里获知这个不请自来的怪人是一个有才华的年轻人,还曾受到克里斯托夫·恩斯特·弗里德里希·韦斯等人的帮助,他的名字就是汉斯·克里斯蒂安·安徒生[1]。

---

[1] 扎斯特·马提亚斯·蒂勒:《我的生活日记》,第204页到第206页。——原注

不出所料，安徒生很快就成了哥本哈根的焦点人物。所有人都把他当作笑料来取乐，但这个可怜的年轻人以为人们的微笑是对自己的赞许。不过，安徒生以这种方式迅速扩大了交际圈，跻身上流社会，甚至成功进入了古典度假小屋巴克胡思①，也就是资深的诗人兼评论家克努兹·莱恩·罗贝克②和才华横溢的妻子居住的"缪斯神殿"。这对夫妇身上蕴含着无与伦比、难以抗拒的魅力，身上散发出的文学气质是哥本哈根几代人都尊崇的典范。某个知情人③说："在这个热情好客的地方，衡量人的标准与外界大不相同。"待在巴克胡思度假小屋仿佛置身天堂，在这里，阶级和财富毫无价值，被外界轻视的穷人只要拥有一些艺术上的天赋和成就，就会受到温暖、友善的对待。苏格拉底如果生活在这个时代，肯定会带着柏拉图和阿尔西比亚德一起来拜访这个地方。

"树荫下的鸟儿们也为远道而来的朋友高唱着欢迎曲"。安徒生受到了热烈欢迎，也在这里遇到了一生中最珍贵的朋友，譬如贵族爱德华·科尔乔约森、扎斯特·马提亚斯·蒂勒、安德森夫人。安徒生像其他人一样对罗贝克夫人极其着迷，他为罗贝克夫人写了一部喜剧，热情洋溢地读给她听。罗贝克夫人聚精会神地听完开场白后，大声对安徒生说道："你剧本中的大段内容都抄袭了欧兰施拉尔和英格曼啊。""是的，"安徒生天真地辩解，"因为他们的作品太有魅力了，你知道的。"安徒生继续自顾自地读了下去。还有一次，他穿着一件几乎漂亮的全新蓝色大衣。这是爱德华·科尔乔约森给他的。美中不足的是大衣的胸口有些肥大。为了掩盖这一缺陷，扣上衣领之前，安徒生用旧的纸票据塞满了悬空的部分，这样看起来他的胸部好像鼓了个包。安徒生就穿着这身衣服站在罗贝克夫人和她的朋友科尔乔约森夫人面前。她们立即问安徒生胸口怎么了，为什么在炎热的三伏天里把外套扣子扣

---

① 一个山上的小屋，位于哥本哈根附近的沃尔比（Valby）村。——原注
② 克努兹·莱恩·罗贝克（Knud Lyne Rahbek，1760—1830），丹麦文学历史学家、评论家、作家、诗人和杂志编辑。他曾梦想到哥本哈根皇家歌剧院当一名演员，但因相貌平平而落选。后来他开始写剧本，1780年他创作的《年轻的达西》大获成功。他最出名的作品是1782年创作的《致儿子的一封信——来自一位年迈的演员》。
③ 吉勒姆波夫人（Madame Gyllembourg）在《极致》中有提及。——原注

古典度假小屋巴克胡思

克努兹·莱恩·罗贝克在巴克胡思小屋

得紧紧的。但安徒生小心翼翼,生怕一不小心扣子崩开,所有的旧票据就会滚出来。

这段时间安徒生一直潜心创作,并且开始为最后的机会做准备了。事实上,1822年整个夏天,安徒生的状况的确令人担忧,他的灵魂快要脱壳了。很多人猜想他境况窘迫,本想帮助他,但他那高傲的自负和虚假无用的羞愧束缚住了他的舌头,让他不好意思开口求助。而且他自始至终都相信,有一股奇特的力量在支撑着他。即使做不了伟大的演员,他也有信心成为一名伟大的剧作家。离开剧院后不久,安徒生便完成了一部名为《威森伯格的强盗》的悲剧。安徒生花钱请了一位比自己语法水平高的人帮忙校正修订,然后把剧本匿名寄给了丹麦皇家剧院。接下来的六个月里,安徒生满心欢喜地期待剧院采用自己的剧本。然而不久,丹麦皇家剧院的导演便将剧本退给他了,还附上了一个简短的说明,说作品中的每一页都体现了作者急需接受基础教育,倘若期望有观众能容忍这部剧,那就是荒谬至极①。然而,没有什么能让安徒生气馁。他又给丹麦皇家剧院寄了另一本刚完成的悲剧剧本,就是他之前读给阿德迈勒·伍尔夫的那部《阿芙索尔》。安徒生之前也给善良的古特费尔德院长看过,古特费尔德院长是当时广派教会②的负责牧师之一。古特费尔德认为安徒生的《阿芙索尔》写得很好,便推荐给了丹麦皇家剧院的四大导演之一——克努兹·莱恩·罗贝克。接下来的几周,安徒生一直生活在希望与恐惧的煎熬中。如果这次剧本再遭到拒绝,他真的不知道接下来该如何是好了。等待回应时,安徒生又尝试出版类似的一部剧本和一本名为《帕尔纳托克坟墓的幽灵》的故事集,《帕尔纳托克坟墓的幽灵》1822年出版后,一本也没卖出去,最终被当作废纸处理掉了③。尽管与他预料的结果存在出入,但安徒生寄给剧院的剧本也算取得了成功。罗

---

① 对比汉斯·克里斯蒂安·安徒生自传《我的童话人生》第53页和爱德华·科林所著《汉斯·克里斯蒂安·安徒生与科林一家》第15页,可可找到剧院导演回复的全文。——原注
② 广派教会(Broad Church)是18世纪兴起的圣公会的一个神学派别。圣公会是基督新教的一个教派之一,创始人是英王亨利八世,属于新教三大主流教派之一,另外两大主流教派是信义宗和归正宗。
③ 爱德华·科林:《汉斯·克里斯蒂安·安徒生与科林一家》,第11页。——原注

贝克特别看好这个剧本，尽管读起来比较困难，但仍然冒着风险在董事会上将这部剧推荐给了一部分导演。尽管《阿芙索尔》不适用于舞台表演，但"应该向国王推荐这个年轻的作家，这样就可以帮助安徒生发展杰出的才能了"①。随后，导演们准备把安徒生引荐给国王，跟他承诺说国王会对他感兴趣，但同时他必须将全部时间和精力投入到必要的培训中。安徒生欣然接受。精神高尚、心胸宽广的导演乔纳斯·科林跟安徒生交流过，对他很满意，认为他是个值得栽培的人才。乔纳斯·科林做事一贯雷厉风行、热心善良，他亲自向国王腓特烈六世推荐了安徒生②。最终，安徒生被送到了斯劳厄尔瑟拉丁学校免费学习三年。学成之后，只要通过考试，他就可以获取大学学位。此外，乔纳斯·科林承诺担任安徒生的监护人，并让他住进自己家里。动身前往斯劳厄尔瑟之前，为表感谢，安徒生特意拜访了乔纳斯·科林。乔纳斯·科林这个有名的国会议员在与安徒生第一次会面时，给安徒生留下了可怕的印象——当时安徒生紧张得直发抖。不过，现在再见到乔纳斯·科林时，安徒生发现乔纳斯·科林是个伟大又乐观的人物。乔纳斯·科林对安徒生说："你尽管写信给我，不要客气，无论什么时候你需要帮助尽管告诉我，让我知道你过得怎么样。"安徒生说："从那时起，我迅速成长起来。对我来说，没有人比他更像我的父亲，也没有人比他更同情我的悲伤。他像对待自己的孩子一样为我着想。乔纳斯·科林没有说过任何让我难堪的话，也没有时时刻刻监督我，他只是默默地施与我他的善意。我对他的感激远远超过其他那些改变我命运、帮助过我的人。"③更让人欣慰的是，安徒生此后一直把乔纳斯·科林当作"父亲似的恩人"，就连他叫乔纳斯·科林名字的时候，都抱有深深的感激之情。事实上，对那些或多或少帮助过自己的人，安徒生都尽可能地表达诚挚的感激，这也是他性格中诸多可爱的地方之一。

过了不久，在一个晴朗的秋日，安徒生乘马车离开了哥本哈根，前往斯劳

---

① 爱德华·科林：《汉斯·克里斯蒂安·安徒生与科林一家》，第17页。——原注
② 这个富有的王子就是安徒生的童话中很多典型的爱国的国王形象。——原注
③ 汉斯·克里斯蒂安·安徒生：《我的童话人生》。——原注

厄尔瑟开始自己的求学之旅。多年以后，回忆起在哥本哈根的这段岁月，安徒生称之为"堕落的日子"。而这种日子一去不复返了。此前，他一直烦恼和悲叹自己到底是活在感性之中还是活在虚幻之中。

第 3 章

"暴君"西蒙·梅斯林

精彩看点

斯劳厄尔瑟——西蒙·梅斯林——西蒙·梅斯林的性格——安徒生误解——安徒生的性格——生活方式转变带来的痛苦——安徒生对语法的厌恶和遇到的困难——对外语的厌恶——悲剧——戏剧性的考试成绩——"冯·西塞罗先生"——安徒生的敏感、西蒙·梅斯林的嘲弄——家中的西蒙·梅斯林——安徒生上学时期的日记摘录——斯劳厄尔瑟灰暗的求学时光——剧院——与英格曼一家相识——西蒙·梅斯林调到埃尔西诺——安徒生跟随西蒙·梅斯林——两人关系破裂——造成关系破裂的原因——安徒生的鲁莽——西蒙·梅斯林变得更严厉——乔纳斯·科林介入——西蒙·梅斯林的残酷——安徒生离开埃尔西诺斯劳厄尔瑟是一个只有六千人的小镇，位于西兰岛西北角索罗和科瑟之间，距离哥本哈根约十二点五英里。斯劳厄尔瑟的拉丁语学校①颇负盛名，校长西蒙·梅斯林教授既是一位看似优雅、体面的学者，也是一位能干、有责任心的教师，当属这个小镇最有影响力的人物。他虽然很严厉，但和学生相处倒是很融洽。有意思的是，后人之所以记住西蒙·梅斯林教授，是因为安徒生称他为暴君、迫害者，令他声名狼藉。此处我必须提到，正如爱德华·科林严肃而不失公允的评论，《我的童话人生》是一本所谓的"记录日常情绪变化的产物"②。根据按此书的记述，西蒙·梅斯林教授以让学生陷入窘境为乐③。教授的职责在于教育和培养年轻人，拿学生取乐自然非常不妥。西蒙·梅斯林教授总是针对安徒生，把安徒生当傻子一样对待，对他横眉竖眼，咄咄逼人。西蒙·梅斯林教授这么对待安徒生，不是因安徒生犯了什么错而处罚他，而是纯粹为了自己开心。生活在这样的学校对安徒生来说仿佛生活在饱受精神折磨的囚笼，甚至比少管所还恐怖。现在看来，我们没有任何依据断定安徒生有故意歪曲事实的嫌疑。他一点儿也不擅长撒谎，至少在写作时他坚称自己写的每句话都是真的。但从他在斯劳厄尔瑟时期写的信函来看，并没有责怪西蒙·梅斯林的意思，他认为，西蒙·梅斯林非但没有故意针对他，反倒将所有的不是都归咎到自己身上。事实上，似乎是安

---

① 后来这个拉丁语学校从斯劳厄尔瑟迁到了其他地方。——原注
② 爱德华·科林：《汉斯·克里斯蒂安·安徒生与科林一家》，第455页。——原注
③ 汉斯·克里斯蒂安·安徒生：《我的童话人生》，第61页。——原注

徒生过度的敏感和病态的想象力，从而过分夸大其词，把一桩无所谓的小事赋予了最复杂的意义。为解释我想表达的意思，我会尝试举一些例子来证明安徒生的性格。到目前为止，从安徒生的日常信函及密友的描述中，我们可以捕捉到一些关于他性格的蛛丝马迹。

安徒生的想象力非凡、罕见，远远超出了他的其他能力。他是那种时刻需要别人善意提醒和监督，需要别人支持和关爱的人。但从一生中最重要的阶段来看，安徒生从未拥有过这些。相反，正如我们所见，他完全沉浸在自己的世界里。他那鲜活生动、反复无常的想象力在闲散的幻想中孕育，在肆意追求的浪漫故事和戏剧中成长，逐渐发展成一种偏执的心理状态，甚至一生都为之所困。安徒生也有很多出众的天赋，譬如强大的记忆力、敏锐的理解力、惊人的洞察力及强烈而敏锐的幽默感。这些天赋足以助他成为喜剧之王，只是与生俱来的能力因他疏于勤奋和缺乏自律而处于休眠状态。安徒生生活在自己幻想的世界里，整天做着白日梦。或者用他自己的话来说，回顾着旧日的时光："我眼前构想的世界不是一个现实的世界，只是一个幻影。"[①] 更可悲的是，这种异常的精神状态影响了安徒生的道德表现。他的情绪波动很大，他的脑子里住着一位伟大的诗人，心里住了一个天真的孩子，身体里住着一位敏感的女人。他的外表与敏感脆弱的内心毫不相称。别人的一个微笑、一句友善的话都会让他整个灵魂快乐起来，而一个冷漠的眼神也会让他痛苦万分。安徒生十分清楚这一点，也从不掩饰。他曾写道："我是个怪人，尽管我知道生活不可能永远一帆风顺，但如果风稍微刮得猛了点儿，我便会伤感得眼泪汪汪。"[②] 即便在幸福的环境中长大，在普通家庭中领会了给予与回报的生活法则，小心翼翼地准备与这个复杂的社会接触，安徒生还是变成了一个病态、敏感的家伙。在与生活的斗争中，他伤得满身疮痍。他从未体会过拥有一个体面家庭的感觉。他的母亲是个无知、懒

---

① 写给安德森夫人的信，1824年6月，爱德华·科林：《汉斯·克里斯蒂安·安徒生与科林一家》，第12页。——原注
② 写给尤根森夫人的信，1826年10月。爱德华·科林：《汉斯·克里斯蒂安·安徒生与科林一家》，第57页。——原注

散又爱说闲话的女人,因为爱寻求刺激还染上了酗酒的恶习。他从未交到一个同龄的玩伴,同时本能地躲开乡下粗鲁的少年们。因此他越来越沉浸在自己的世界里,这种自我关注自然发展成了一种自恋情结。值得一提的是,安徒生很了解自己的才能,只是不知道该将这些才能用在何处——他也曾因此误入歧途。幼年在欧登塞时,他的那些恩人和保护者出于善意称赞他的才能,却助长了他的盲目自信。毫无疑问,也是从那时起,安徒生天真、滑稽、虚荣的种子开始生根发芽,幼稚地满足于听好话,丝毫经受不起批评,甚至差点儿毁了他。后来,即使了解安徒生那些荒谬又令人讨厌的行迹,朋友们还是把他当作珍宝一样爱护。我们不可否认也无法拒绝安徒生的这些优点:诚实、忠诚、懂得感恩、宽容、不冒犯他人、多愁善感、有着诚挚的责任心,以及对上帝那孩童般的虔诚。这些优点在安徒生困顿时带给他很多安慰,也帮助他抵抗生活中各种各样的诱惑。

就这样,1823年秋,安徒生成了西蒙·梅斯林教授的学生。毫无疑问,以前的学生对西蒙·梅斯林教授评价甚高。因为没受过什么教育,安徒生虽然已经是一个高高瘦瘦的少年,但仍然得和小孩子一起在最基础的班级上课。同样毫无疑问的是,西蒙·梅斯林尝试过教导安徒生,但他自己也明白这么做是徒劳的,因为西蒙·梅斯林就是西蒙·梅斯林,安徒生还是安徒生。跟其他纪律严明的老师一样,西蒙·梅斯林对新入校的学生从一开始就严加要求,当然也时不时开几个虚张声势的玩笑。用这种方法对付绝大多数男孩确实很奏效,但安徒生恰好是那个极少数。这种严格的管理制度非但没有激励他,反倒让他一蹶不振。再加上自由不羁惯了,现在被各种条条框框束缚起来,安徒生觉得这一切都过于残忍。入学后不久,安徒生就有了这番强烈的感受。他在信中向朋友写道:"学校就像个制度严明的工厂,一开始就给我留下奇怪的印象,从此我那些热烈的幻想只得逃进花丛中去。"[①]他还在其他信中写道:"我就像渴望自由的笼中鸟。我极度渴望奋斗,但总是踌躇

[①] 写给安德森夫人的信,1824年6月。爱德华·科林:《汉斯·克里斯蒂安·安徒生与科林一家》,第13页。——原注

不前，无法付诸行动。我像个不会游泳却在大海里挣扎的人。取得进步是一个生死攸关的问题，我想要前进，却被一个又一个大浪拍倒，先是数学，再是语法，然后是地理……直到我筋疲力尽，然后生出放弃的念头。"①安徒生害怕辜负那些对自己充满信心的善良的资助者们。这种对失败的恐惧整日困扰着他，最终造成极大的悲剧。曾经有段时间，他甚至觉得自己是个笨蛋，那些哥本哈根的朋友们资助他简直就是白白地浪费银子。然而，乔纳斯·科林经常用一些简短却鼓舞人的话语鼓励安徒生，说他对安徒生取得的进步感到很满意，夸奖安徒生一直都很自信，处理问题时很从容、理性。但其实这些夸奖根本站不住脚。西蒙·梅斯林教授向乔纳斯·科林提交安徒生的学业报告时说道，他并不否认安徒生的才能，安徒生的热情与勤奋一直是学生的典范。对于喜欢的学科或是有点天赋的领域，安徒生的进步都很快。在安徒生的考评手册里，宗教学、有关《圣经》的历史和丹麦文写作这几栏都得到了"非常优秀"的评语。安徒生的丹麦文写作水平的确很出色，得到了大多数人的夸赞。学院里的男孩，哪怕是高年级的学生都经常来请教安徒生。人们常说："金无足赤，人无完人。"②安徒生的历史、地理、数学学得还不错，但他最大的绊脚石是外语，尤其是拉丁语和希腊语③。这两门语言刚好是严厉的西蒙·梅斯林教授最擅长的，他迫切希望学生们能把这两门语言学好。安徒生最憎恨语法，他带着满满的恨意称语法为"丑陋的龇牙咧嘴的骷髅"④。安徒生写道："对我来说语法太难了，有时我绞尽脑汁、气血上涌，就会写出可笑的答案。"⑤还有一次给乔纳斯·科林写信时，安徒生写道："我压根就学不好这些语言。"⑥拉丁语和希腊语总是惹安徒生落泪，被

---

① 汉斯·克里斯蒂安·安徒生：《我的童话人生》。第60页到第61页。——原注
② 汉斯·克里斯蒂安·安徒生：《我的童话人生》。第66页。——原注
③ 拉丁语和希腊语中，安徒生更喜欢拉丁语（爱德华·科林：《汉斯·克里斯蒂安·安徒生与科林一家》，第4页）。但越接触拉丁语，他越觉得拉丁语是个"可恶的魔鬼"。爱德华·科林：《汉斯·克里斯蒂安·安徒生与科林一家》，第39页。——原注
④ 比勒和比约夫：《致安徒生》，第1卷，第17页。——原注
⑤ 爱德华·科林：《汉斯·克里斯蒂安·安徒生与科林一家》，第2页，第29页；比勒和比约夫：《致安徒生》，第1卷，第19页。——原注
⑥ 爱德华·科林：《汉斯·克里斯蒂安·安徒生与科林一家》，第29页。——原注

他戏称为"亲爱的老祖宗"①。关于在学业上遭受的折磨，安徒生的描述着实惹人生笑，但从他日后的作品中可以看出他的确为此流了不少泪。在写给乔纳斯·科林的信中，安徒生提到了一次悲喜交加的测验。"两周前有一个拉丁语考试，考查两年里学过的所有拉丁语知识。我并不害怕希腊语，但害怕拉丁语。夏季学期我得同时学习这两门语言，但我没时间同时顾全两门，只得选择学习希腊语，然后听天由命。考试轮到我时，我的心怦怦直跳，不得不站起来向上帝祈祷像以前那样眷顾自己，但命运最终还是让我抽到了拉丁语。顷刻之间，我的信心就垮掉了。考试的时候我磕磕巴巴，成绩单上只得了一个"中等"的评语。我非常绝望。我曾幻想过的未来，现在已经没有希望，我失去了一切。我真的认为是上帝没有把好运安排给我。"②还有一次，安徒生真诚地向上帝发誓，如果这次能考进四级班，下周日他就去教堂，结果还真的实现了这个愿望③。考试前一晚，安徒生像往常一样随意翻阅《圣经》，出现在眼前的那一页便预示了他的命运。安徒生尽管对这些经典著作并不感兴趣，但经过枯燥无味的复习后，多少也了解了一点儿。安徒生最喜欢古罗马诗人维吉尔，一点儿都不喜欢贺拉斯。快毕业时，安徒生向英格曼坦白，自己更喜欢在生活中遵循冯·西塞罗先生的道德戒律，而不是课堂上的纸上谈兵④。

然而，西蒙·梅斯林也证实了，多亏了他的认真管教，安徒生才逐渐"提高了对不同学科的理解，也取得了一点儿成绩"⑤，因此四个月后安徒生考进了最好的班⑥。从那以后，安徒生和西蒙·梅斯林的关系似乎才有所缓和。当时在教室里，西蒙·梅斯林刻薄粗鲁的玩笑，总是吓得安徒生快丢了魂。一看到西蒙·梅斯林，安徒生就瑟瑟发抖。安徒生尽管从不敢抗议，却经常在

---

① 爱德华·科林：《汉斯·克里斯蒂安·安徒生与科林一家》，第29页。——原注
② 爱德华·科林：《汉斯·克里斯蒂安·安徒生与科林一家》，第38页。——原注
③ 汉斯·克里斯蒂安·安徒生：《我的童话人生》，第72页。——原注
④ 比勒和比约夫：《致安徒生》，第1卷，第14页。——原注
⑤ 汉斯·克里斯蒂安·安徒生：《我的童话人生》，第74页，第75页。——原注
⑥ 比勒和比约夫：《致安徒生》，第1卷，第4页。——原注

维吉尔(右)与奥古斯都(左)

贺拉斯

写给西蒙·梅斯林的信中,坦言是因为自己太笨了,试图用幽默和同情来感化这个严厉的老师①。

西蒙·梅斯林虽然在学校很严厉,但在校外却很平易近人。回到家中的他总是风趣十足,晚上给孩子和宠物们讲讲有趣的故事、开开玩笑,还和他们一起玩扮演士兵的游戏。安徒生似乎是西蒙·梅斯林最喜欢的学生,西蒙·梅斯林邀请安徒生来家里做客的次数比其他学生多。安徒生虽然很高兴,但时常担心西蒙·梅斯林对自己的喜爱不会持续太久。以下片段摘自安徒生的日记,看得出来当时他多么急切而紧张地渴求西蒙·梅斯林的青睐,同时也多么害怕得罪西蒙·梅斯林。

"教授跟我说晚安。啊!他如果知道自己的友善能激励我更加努力学习,就会一直鼓励我。上帝啊!让我记住他对我的帮助。他虽然很严厉,但十分幽默。他跟我一起散步,把我想要的书籍都借给我。我今晚太高兴了。哦!他散发着智慧的光芒!我们还一起玩儿了牌。上帝啊!亲爱的上帝!如果他能一直喜欢我就好了。有一次教授的双排扣大衣沾上了绒毛,他叫人递个刷子来。还没等女佣人上前,我便冲上去帮他拍掉了绒毛。他是如此善良,我再次找回了自在的感觉。从课堂上我们读到了法兰西大革命。可怜的路易十六!你是多么情绪化、凶残又脆弱啊!我觉得这个角色就是我自己……读到《拜伦自传》,我感觉拜伦就是我,甚至谈吐都跟我很像。我们都拥有野心勃勃的灵魂,一受表扬就开心。今早教授给了我一些水果,但我好害怕明天的希腊语课。上帝啊!我的心都要跳出来了!现在我进教室去了,当我出来的时候,我会变成什么样呢?希腊语拿了个差评,还有……我会变成什么样呢?沉重的想象会把我逼进疯人院,激烈的情感最终会导致自杀,而如果两者结合,我将成为一个伟大的作家。我的上帝啊,宽恕我吧!我不懂得感恩。我带着永久平和的愿望向您承诺,我毫不怀疑您慈父般的指引,但请求您让我进到四级班吧。"②

---

① 见附录1。——原注
② 爱德华·科林:《汉斯·克里斯蒂安·安徒生与科林一家》,第84页到第93页。那次考试持续了好几个月的时间。——原注

安徒生一直担心的考试最终也得了个"优秀"的成绩，终于完成了心愿，升入了四级班①。

安徒生已经在斯劳厄尔瑟待了三年零八个月了②，他觉得这个地方昏暗又无趣。在斯劳厄尔瑟上学的日子里，黑暗生活中唯一的光明是作为学院的学生，可以经常去当地剧院的彩排，安徒生从没放弃过利用这项特权的机会。当地的剧院以前是个牛棚，位于后院，彩排的间隙时不时能听到附近田间牛群的叫声。安徒生在《没有画的画册》③一书中的第四页对这个剧院进行了生动的描述。此外，与小说家英格曼的关系令安徒生非常困扰。英格曼住在所罗，是效仿沃尔特·司各特④写作风格的人之一。在哥本哈根时，英格曼对安徒生很好。英格曼家的小木屋坐落在森林环绕的湖泊边，位于西兰岛最漂亮的地区。夏天的时候，安徒生经常去英格曼家做客，陪英格曼夫妇在那儿待上一两天。在斯劳厄尔瑟的这段日子里，英格曼家"鲜花遍地开放，森林任树叶肆意生长"的花园简直就是安徒生心中的圣地。作为安徒生的朋友来说，英格曼待人善良，但他是否明智，就另当别论了。对于安徒生早期的作品，英格曼显然没有过分批评。这个时期，在与英格曼的通信中⑤，安徒生谈起自己的作品时很不耐烦，热衷于倾诉自己在诗歌上的灵感——安徒生又开始胡乱创作了⑥，乔纳斯·科林绝不会赞成安徒生这样做。

1826年5月，西蒙·梅斯林从斯劳厄尔瑟学校调到了更有名的埃尔西诺学校。已经考进一级班的安徒生跟西蒙·梅斯林一起去了埃尔西诺学校。当时学校的管理制度允许安徒生交一定租金寄宿在西蒙·梅斯林家。课后，西

---

① 爱德华·科林：《汉斯·克里斯蒂安·安徒生与科林一家》，第38页。《写给乔纳斯·科林的信》，1825年10月2日。——原注
② 时值1822年10月。——原注
③ 《月亮看见了》(What the Moon Saw)在英国更有名。——原注
④ 沃尔特·司各特（Walter Scott，1771—1832），苏格兰历史小说家、诗人、剧本作家、历史学家。自幼患有小儿麻痹症，毕业于爱丁堡大学法律系。代表作《艾凡赫》。1802年至1803年，他搜集整理了《苏格兰边区歌谣集》。1805年，他发表了第一部长篇叙事诗《最末一个行吟诗人之歌》，一举成名。1806年，他被任命为爱丁堡高等民事法庭庭长。
⑤ 比勒和比约夫：《致安徒生》，第1卷，第8页到第20页。——原注
⑥ 一开始，安徒生宣布放弃用诗歌表达情感的方式。——原注

蒙·梅斯林会单独辅导安徒生，以帮助安徒生考上哥本哈根大学。西蒙·梅斯林离开时，乔纳斯·科林似乎将选择权交给了安徒生自己。安徒生认为他再也找不到对自己这么上心的老师了，便决定追随西蒙·梅斯林[①]。于是，安徒生也来到了埃尔西诺。埃尔西诺靠近海峡，风景如画，深深吸引了安徒生。抵达埃尔西诺后，安徒生写给乔纳斯·科林的第一封信中充满了热情，其中有他最初对风景的描述。乔纳斯·科林认为这些描述优美得都可以打印出来刊登到知名的报纸上了。安徒生在埃尔西诺幸福的时光眼看就要开始了。西蒙·梅斯林也异常高兴，他每周日还和学生们一起到乡下游玩，给安徒生介绍埃尔西诺最美丽的景点。但好景不长。到埃尔西诺还不到六个月，师生关系便开始变得紧张。1826年10月底，两人关系完全破裂。导致这场灾难的起因有些扑朔迷离，但经考证也不难推测。首先，安徒生到了青春期，随着年龄和知识的增长，自信心也越来越强，开始觉得自己是个了不起的天才。他不愿再被束缚，被迫压制自己"将情感宣泄到纸上"的欲望。相反，他写了好几首小诗。其中一首《垂死的孩子》充满温情，得到很多好评，还被译成德语。其次，去哥本哈根度假时，安徒生进入了上流社会。名流们开始关注他，甚至对他刮目相看。社交名媛们对他的诗歌赞不绝口；大臣们会停下脚步来祝贺他取得的进步。不仅如此，看！伟大的诗人亚当·欧兰施拉尔正穿过拥挤的画室，来跟他握手。尽管当时的安徒生穿着打扮还不是那么体面，看起来有些窘迫[②]。安徒生获得这些成就后，再对比西蒙·梅斯林，发现他不过是个年迈的老人。安徒生觉得自己跟随西蒙·梅斯林有些大材小用。有迹象表明西蒙·梅斯林不如以前那样勤奋，将本该花在学习上的时间花在了那些女性朋友身上。这还不是全部。我们有充分理由相信，也必须承认，西蒙·梅斯林不会平白无故开始讨厌这个古怪的学生。安徒生过分沉浸于与哥本哈根的朋友们交往，尤其是女性朋友们[③]。为了博取同情，安徒生不仅四处

[①] 爱德华·科林：《汉斯·克里斯蒂安·安徒生与科林一家》，第47页到第48页。——原注
[②] 爱德华·科林：《汉斯·克里斯蒂安·安徒生与科林一家》，第97页到第101页。安徒生对哥本哈根暑假的描述。——原注
[③] 有一位女性朋友教唆他要维护自己的权利，别让老师骑在自己的头上。——原注

抱怨西蒙·梅斯林的所作所为，而且把西蒙·梅斯林写给他的书信展示给大家，这些本没有任何负面意义的话在他看来却充满嘲讽。西蒙·梅斯林听说后，自然大发雷霆。西蒙·梅斯林讨厌旁人插手自己和安徒生的事。在他看来，安徒生就像一匹脱缰的野马，他得拉紧缰绳。随着期末考试的临近，西蒙·梅斯林变得越来越严厉，经常斥责安徒生，得知他外出游玩便毫不留情地施以惩罚。西蒙·梅斯林的管教让安徒生变得胆怯。他不敢公然反抗，却在暗地里发脾气抱怨，并且发现以前写过的抗议西蒙·梅斯林的信没有任何作用，只得向乔纳斯·科林诉苦以博取同情。从安徒生的信中，我们可以看出他是多么痛苦。他称在埃尔西诺的日子为"人生中最昏暗痛苦的时期"一点儿都不夸张。最后安徒生真的觉得自己一无是处。在这种精神状态下，他给乔纳斯·科林写了一封绝望的信。在信中他宣称再也无法忍受西蒙·梅斯林的残暴行为了。安徒生坦言自己可能有点愚蠢浮躁，祈求乔纳斯·科林不要放弃他，希望乔纳斯·科林再给他一次机会，让他离开这里，去远在大洋彼岸的学校试试。"无论何时我都很坦诚，"安徒生说，"这当然是个优点！"乔纳斯·科林小心翼翼地回复了安徒生一个便条，让他振作起来，安慰他一切都会好起来，并向他保证教授本意是好的，只是表达的方式或许欠妥。然后，乔纳斯·科林很有礼貌地给西蒙·梅斯林写了一封信，请求他坦率指出到底对安徒生满不满意。西蒙·梅斯林给了个尖酸的回复。西蒙·梅斯林说只要"胡思乱想和懒惰不成为绊脚石"，安徒生就能成功，但又说"社会上有人在背后诽谤他（西蒙·梅斯林）"，他当然愿意把为辅导安徒生期末考试的殊荣让给其他"更有资格的人"。尽管还有几个月才准备搬离埃尔西诺，但乔纳斯·科林看到这封信后决定立即带安徒生离开埃尔西诺。

1827年4月，安徒生在哥本哈根的温歌德大街131号的一个小阁楼定居下来。他生活的那间小屋，像他在《不过是个提琴手》中写到的那样，有着"倾斜的墙"；也像《月亮看见了》中写到的那样，"每晚月亮都会来拜访"。乔纳斯·科林给安徒生预支了一个月的房租，每个月还给安徒生五利克斯银元，用来支付早餐和晚餐的费用。乔纳斯·科林还安排安徒生轮流到

沃尔特·司各特

亚当·欧兰施拉尔(前右)

自己的朋友家共进晚餐，譬如伍尔夫家、奥斯特家，弗雷德里克·霍格·古德伯格家等。他还给安徒生请了个叫路德维希·克里斯安·穆勒的私人教师，并给安徒生谋了个牧师的职位——每月有十五利克斯银元的工资。幸福的生活终于来临了。

第 4 章

早期作品

精彩看点

安徒生在乔纳斯·科林家——负责熄灭蜡烛的人——通过考试——第一部作品诞生——《步行记》受到好评——《鬼》——日德兰半岛旅行——安徒生的初恋——安徒生的情欲诗——《幽灵短音》的诞生——对作家们野蛮的讽刺——安徒生的堕落——安徒生受打击——安徒生首次旅行——《哈茨和撒克逊瑞士的旅行剪影》——蒂克和沙米索——安徒生的戏剧——克里斯蒂安·莫尔贝克尖酸的讽刺——安徒生的心理状况引发朋友担心——得到旅行资助

接下来的两年里，安徒生的大部分时间都在学习。我们只能偶尔见到他。白天，他要从住处到私人教师住的地方往返两次。教师住在哥本哈根的一个郊区——克里斯蒂安港。晚上，他便和那些款待自己的家庭一起度过，尽管他更喜欢把乔纳斯·科林家当作自己的家。就是从这时起，爱德华·科林——乔纳斯·科林的儿子——和安徒生熟悉了起来，他还给我们讲了很多安徒生的趣事。安徒生几乎每天都要去爱德华·科林家做客。拉丁语写作一直是安徒生的弱项，爱德华·科林便开始辅导他拉丁语写作。两个人逐渐成为亲密的朋友。爱德华·科林生动地描述了安徒生熄灭蜡烛时的样子。那时家家户户都用上了蜡烛，自然就需要有人来熄灭蜡烛。餐桌上摆放着几处烛台，有着常人必须离座才能企及的距离。安徒生原地不动，只需伸展长长的胳膊，便能掐灭各个蜡烛的烛芯。从此，他便担任起这个差事。安徒生说话也特别幽默。但凡能随意交谈的场合，他都会趁机表现出独特的幽默和讽刺，逗得人捧腹大笑，欲罢不能。"我从没见过有谁像安徒生那样自如地展现自己简单而不起眼的性格特点。"爱德华·科林说道。几乎每晚回到家，安徒生都会给大家讲白天发生的趣事。其中最有趣的一个故事是关于西蒙·梅斯林和他管家的，有人说："这种故事我们讲不出什么，只有安徒生才能讲得那么有趣。"①

---

① 爱德华·科林：《汉斯·克里斯蒂安·安徒生与科林一家》，第81页到第82页，第458页到第460页。——原注

当时，安徒生唯一的宿敌就是拉丁语语法。这似乎成了一直阻碍他进步的魔咒。渐渐地，他完全丧失了通过考试的信心。他嘱咐最活泼、最具同情心的女性朋友亨利埃塔·伍尔夫小姐，就算没有通过考试也不要批评他，因为枯燥的语法带给他无尽的折磨，让他的大脑一刻都不安生。实在不行，他就给自己随便找个坟墓结束一生①。他甚至悲观地预言，自己极有可能像葡萄牙伟大诗人路易·德·卡蒙斯那样饿死。然而，事情没有想象中那么糟糕。1828年10月，安徒生通过了第一次学业考试。第二次期末考试的阅读任务随即开始了。这次安徒生的导师是个神学家，也就是后来的拜德波尔神父。值得称赞的是，1829年秋，安徒生以优异的成绩通过了考试，拿到了学位。从此，安徒生结束了学习生涯，正式开始写作事业。1829年，安徒生完成了第一部巨作——《从霍尔门运河至阿迈厄岛②东角步行记》。

《从霍尔门运河至阿迈厄岛东角步行记》最初并不入出版商的法眼，最后由爱德华·科林出资才得以出版。

《从霍尔门运河至阿迈厄岛东角步行记》中融合了最浮夸的形象和最混乱的幻想。安徒生模仿了恩斯特·特奥多尔·威廉·霍夫曼③的写作风格。恩斯特·特奥多尔·威廉·霍夫曼在情绪最疯狂的时候创作了《魔鬼的迷魂汤》，是当时安徒生最崇拜的作家。《从霍尔门运河至阿迈厄岛东角步行记》中几乎每十页只有一页是原创的，书中蕴涵了阿德尔贝特·冯·沙米索④、蒂克和让·保罗⑤精彩的思想。安徒生带着最坦诚的态度，半借鉴半恶搞了这

---

① 比勒和比约夫：《致安徒生》，第1卷，第26页到第28页。——原注
② 阿迈厄岛是哥本哈根的后花园，通过一座桥梁与哥本哈根连接起来。——原注
③ 恩斯特·特奥多尔·威廉·霍夫曼（Ernst Theodor Wilhelm Hoffmann, 1776—1822），普鲁士浪漫主义作家、法学家、作曲家、音乐评论人。代表作有短篇集《卡罗特式的幻想篇》（1815）、《谢拉皮翁兄弟》（1821）和长篇小说《魔鬼的迷魂汤》（1816）、《雄猫穆尔的生活观》（1820）。
④ 阿德尔贝特·冯·沙米索（Adelbert von Chamisso, 1781—1838），普鲁士作家、探险家，柏林浪漫派抒情诗人之一。1819年，他担任柏林植物园助理园长。1832年至1839年，他编辑出版《普鲁士诗集年刊》。代表作《彼得·施莱米尔的奇妙的故事》被译成多种语言。
⑤ 让·保罗（Jean Paul, 1763—1825），普鲁士浪漫主义作家，擅长幽默小说和故事创作。1781年，他前往莱比锡大学求学。1793年，他创作了浪漫小说《隐形的房客》，从此名声大噪。1804年至1825年，他生活工作在拜罗伊特。他是普鲁士历史上重要诗人之一。

些作家的思想。作品中原创的部分则是对教授们的笨拙、评论家们的恶意及作者本身荒谬持续不断挖苦。这种文学幻影给读者造成噩梦般的影响。即使是始终把自己新创作的精神产品看作无与伦比的极品的安徒生，在创作《从霍尔门运河至阿迈厄岛东角步行记》时，他似乎也怀疑过这部作品的接受度。多年后再回头看，他得意洋洋称这本书为"诗歌即兴创作"和"奇幻的阿拉贝斯克舞乐"。但在创作这本书时，他借用书中一个主要人物传达了一种信念——《从霍尔门运河至阿迈厄岛东角步行记》如果能在全城传开，一定会赢得很多吹捧和夸赞。虽然作品中掺杂着一大堆奇幻、异域的毫无价值的内容，但我们仍能从中找到一些纯粹诗意的、有价值的内容及我们所了解和喜爱的童话风格。此外，我们还可以从作品中找到安徒生最出名的两部童话的影子——《守塔人奥列》和《一年的故事》[1]。《从霍尔门运河至阿迈厄岛东角步行记》一书中关于神殿的描述尽管有违常理，但有很多有趣的情节。安徒生认为恩斯特·特奥多尔·威廉·霍夫曼同卡尔德隆·德·拉·巴尔卡[2]、古希腊早期喜剧代表作家阿里斯托芬[3]和莎士比亚地位相当。其实，我们可以通过一些微小的线索，从《从霍尔门运河至阿迈厄岛东角步行记》中预见一些著名童话故事的影子。在1830年新创作的《诗集》的末尾，我们其实可以找到《安徒生童话故事》的完整初稿。《诗集》中的这个故事，标题取名为《鬼》[4]，其实这份潦草的初稿就是后来广受喜爱的《旅伴》。

　　实际上，《从霍尔门运河至阿迈厄岛东角步行记》再版多次，在丹麦很受

---

[1] 见附录2。——原注
[2] 卡尔德隆·德·拉·巴尔卡（Calderón de la Barca，1600—1681），西班牙剧作家、诗人。1623年，他发表第一部剧作《爱情、荣誉和权力》。他的作品被认为是西班牙巴洛克戏剧的巅峰之作。因此，他被认为是西班牙最重要的剧作家之一，也是世界文学家中最好的剧作家之一。
[3] 阿里斯托芬（Aristophanes，约前446—前385），古希腊早期喜剧代表作家，有"喜剧之父"之称。代表作有《阿卡奈人》《骑士》《和平》《鸟》《蛙》等十一部。他是公元前5世纪雅典三大喜剧诗人之一，另外两位是克拉提诺斯和欧波利斯。
[4] 可惜的是，我手上没有《鬼》这部小说。《鬼》只出版了很少几本，安徒生也将这部幼稚的小说从自己的作品集中删去了。著名丹麦评论家格奥尔格·勃兰克斯先生对安徒生的杰作《评论与肖像》分析甚微，有幸读到了《鬼》的原稿，并将这两本书进行了比较。并不是每个人都有机会读到喜爱的作品的原稿，这个话题引起了安徒生粉丝的兴趣。为了方便英语读者阅读，我将格奥尔格·勃兰克斯先生的评论译成了英文。可参考附录3。——原注

克里斯蒂安港

恩斯特·特奥多尔·威廉·霍夫曼

阿德尔贝特·冯·沙米索

让·保罗

卡尔德隆·德·拉·巴尔卡

莎士比亚

欢迎。1839年，该作品终于跻身"丹麦经典作品集"。彼得·伊拉斯谟斯·缪勒①在《丹麦文学报》中称赞《从霍尔门运河至阿迈厄岛东角步行记》"轻松诙谐，值得推崇"，作者恰到好处地发挥了自己的才能。伟大的评论家约翰·路德维希·海伯格将安徒生这位"年轻的诗人"比作一位量产的作家，说《从霍尔门运河至阿迈厄岛东角步行记》只是一部过渡的作品，安徒生还能发挥更大的潜能。在《飞行邮报》中，约翰·路德维希·海伯格发表了大量积极、友善的评论。安徒生的很多好友为此感到开心。尤其是弗雷德里克·霍格·古德伯格，他高度赞扬了《从霍尔门运河至阿迈厄岛东角步行记》。无论是从客观审美的角度，还是从情感的角度，他都祝贺这位年轻的作者成功完成了处女作，开启了写作事业。英格曼夫人的评论是所有评论中最明智、最富远见的，只有她预见了安徒生真正的才能。她在《论"鬼"》中给安徒生写道："在我看来，你的才能就像我们童年生活里的小精灵，我坚信，它们只要生活在幻想的心灵中，就会领你走向光明的蓝天，正如没有人害怕在闪闪发光的鹅卵石中迷失自己的溪流一般。"②

　　1830年夏，安徒生开启了去日德兰半岛的旅程。安徒生的《从霍尔门运河至阿迈厄岛东角步行记》和他的诗都比他本人更出名。无论走到哪里，他都会受到热情的款待。他用开玩笑的口吻抱怨说，接待过他的地区恨不得第二天就在报纸上宣扬对他的隆重欢迎。返回的路上，一件事毫无预兆地发生了。安徒生悲观地称这件事"搅破了人生欢乐的泡沫"。他在菲英岛的一个乡村公寓中遇到了一位年轻女士，第一次坠入了爱河。安徒生没有告诉我们这位女士是谁。我们只知道她很有钱，有着迷人的褐色眼睛和"孩童般纯真的性格"，不过已经和一位年轻男士订婚了，而且两人1830年秋便结婚了。

　　我想安徒生从未迷恋一个女孩到如此神魂颠倒的境地。他先是在乡下

---

① 彼得·伊拉斯谟斯·缪勒（Peter Erasmus Müller, 1776—1834），丹麦神学家、历史学家、语言学家。1801年，他被任命为哥本哈根大学神学系教授。1823年至1830年，他创作了《对丹麦和挪威历史的批判性考察》。1805年至1832年，他担任《丹麦文学公报》的编辑。
② 比勒和比约夫：《致安徒生》。——原注

见过这个女孩，几个月后在首都的上流社会聚会时又邂逅了一两次，但似乎没能和她说上几句话。后来，人到中年的安徒生在自传中从哲学角度回顾了这段恋情。他清晰地认识到整个恋情是在自欺欺人，那个女孩可能连他的想法都不知道。他如果当时冷静下来，专注写作，肯定会很快忘记"那双褐色的眼睛，她的聪慧和孩童般的热情"。然而，当时的安徒生并不理智。他向温柔体贴的女性朋友拉西索夫人倾诉了自己对女孩萌生的相思之情。拉西索夫人听后，觉得这件事很严重，她觉得安徒生和那个女孩是彼此相爱的，但还是用尽千言万语劝说安徒生不要觊觎别人的新娘，"不要占有那颗已经饱受悔恨和自卑折磨的心"。接着，她便给安徒生写了一封很长的信。但我们只有拉西索夫人写给安徒生的信——他们约定，谁手上有两人来往的信都要销毁，看来安徒生并没有严格遵守约定，因此我们只了解到故事的一半。不过，显而易见，安徒生过度自以为是，认为自己魅力十足。大家也乐于奉承他是女人青睐的对象，即使是最优秀的丈夫也会心存顾虑，担心妻子抵挡不住安徒生的吸引力。后来，他向爱德华·科林倾诉这段浪漫恋情的最新进展，说因为贫富悬殊才放弃了这段感情，否则人们可能会认为他是为了贪图钱财才喜欢那个女孩。当他的好友们得知这个秘密后，温和的英格曼一家尝试用道德教育和《圣经》规劝安慰安徒生。令安徒生气愤的是，爱德华·科林并不看好安徒生的情书般的写作。直率的弗雷德里克·霍格·古德伯格让安徒生坚强一点，不要向绝望低头。但安徒生并不满足于让朋友们安慰自己悲伤的情绪，想让公众也参与进来。那个时期安徒生创作的诗集——譬如1831年创作的《幻想与现实》——都在哀叹情爱之事，作品中充满了痛苦和孤独。他摆脱了恩斯特·特奥多尔·威廉·霍夫曼写作风格的桎梏，却又陷入了海因里希·海涅风格的折磨。安徒生的一些朋友为他辩解，说作品虽然有些多愁善感，但读起来很温暖。而更多的朋友则传递出强烈的批判的声音。就连一向宽容的弗雷德里克·霍格·古德伯格也很恼怒，劝安徒生从病态的自怨自艾中解脱出来，因为这些哀愁在他看来都是感情上受伤的"假象"。最后，弗雷德里克·霍格·古德伯格总结道：

"不要模仿海因里希·海涅,不要在诗歌中掺杂你的爱情。你明明可以用双翅美丽地翱翔,又何必要吹嘘有一只翅膀好像已经折了。"①

1830年年底,丹麦文学史上的一件大事发生了。一部神奇的匿名作品《幽灵短音》得以出版,受到哥本哈根全城瞩目。从19世纪初开始,丹麦浪漫主义者和古典主义者之间的文学纷争愈演愈烈。据传《幽灵短音》的作者是1826年在汉堡去世的延斯·巴格森②。不得不说,延斯·巴格森倾其一生都是浪漫主义最坚定的反对者。浪漫主义思想由诗人亚当·欧兰施拉尔引入丹麦,备受丹麦人推崇,影响了斯堪的纳维亚整整一代人。延斯·巴格森的判断力虽然有些狭隘,但很清晰。他最早发现浪漫主义的缺陷,尤其是对古典主义的藐视,随即向亚当·欧兰施拉尔及其追随者宣战,并用华丽的诗句讽刺他们——闪烁着智慧光芒的《幽灵短音》就是最犀利的武器。《幽灵短音》是北欧文学③中最优秀的作品之一,其耀眼的智慧、优雅的语言及尖锐的讽刺都是北欧文学的核心。然而,延斯·巴格森与当时的文学潮流背道而驰,几乎是孤军作战,最终不得不放弃这场悬殊的较量。延斯·巴格森去世后,浪漫主义得到大多数人的认同,成为当时冉冉升起的主流文化。浪漫主义作家用自己的风格行事。普鲁士的浪漫主义作家主要有恩斯特·特奥多尔·威廉·霍夫曼和蒂克。《从霍尔门运河至阿迈厄岛东角步行记》的作者安徒生也是浪漫主义的追随者之一。《幽灵短音》出版后,丹麦公众产生了一种幻觉,仿佛听到延斯·巴格森在天堂重申着理性和常识的主张,不禁深感震惊。令很多人不可思议的是,任何人都能完美无缺地模仿延斯·巴格森的写作韵律和风格,非常精确地运用巴格森式的语言。有人甚至坚称延斯·巴格森的鬼魂有着更清晰的感知和更冷静的判断,结果鬼魂的影响力大大超过了延斯·巴格森本人。这些可怕的评论犹如炸弹一样在浪漫主义的阵营

---

① 比勒和比约夫:《致安徒生》,第1卷,第687页。幸运的是,安徒生终于用一种更尖锐、更真切的悲伤代替了虚幻的自怨自艾。充满敌意的批评和讽刺确实鞭挞了安徒生,这种疼痛让安徒生暂时忘记了丘比特留下的丑陋的伤痕。——原注
② 作者其实是新兴诗人亨利克·赫兹,后来亨利克·赫兹亲自承认了这一点。——原注
③ 北欧文学指瑞典、丹麦、挪威、芬兰和冰岛五国的文学。

爆炸。一束束炽热的嘲笑的火光肆意蔓延，重创甚至摧毁了许多有希望的作家。比较著名的浪漫主义诗人亚当·欧兰施拉尔、约翰·路德维希·海伯格和约翰内斯·卡斯滕·豪克深受其害。"原来的大文豪成了文学流浪汉"，没有一条漏网之鱼。而安徒生和他的追随者①也受到了无辜的牵连。人们让他们重新回到学校去学习，即使是那些自称天才的人，也要重新去学习诗歌艺术真正的意义。甚至有人把他们比作一群猪，说他们玷污了诗人的称号。最让安徒生受伤的是有人拿自己最厌恶的斯劳厄尔瑟时期的事情来攻击他，由于不愿想起斯劳厄尔瑟那段往事，安徒生险些被击垮②。

>　　喝下这杯奇幻的薄酒，
>　　骑在斯劳厄尔瑟女郎身上，
>　　缪斯那古老的噩梦袭来③，
>　　下垂的侧翼，断裂的后背，
>　　神圣的安徒生④驾马而来，
>　　乌合之众以他为傲，
>　　他们为他报以掌声，
>　　多么神圣的一个诗人啊！
>　　如果他缓慢地穿过学校，
>　　伴着一群愚昧的随从，
>　　他会对语法蔑视一通，
>　　现在让她羞耻万分，

---

① 似乎有很多人模仿《从霍尔门运河至阿迈尼岛东角步行记》的写作风格。——原注
② 我觉得我应该向读者道歉，因为这些著名的台词并不完美，但我觉得这是一种极端的行为。——原注
③ 暗指斯拉格尔斯一个古老的传说。瓦尔德玛国王（King Valdemar）执政时期，曾承诺一位叫安德斯的牧师：在他洗澡的时候，安德斯可以骑着一匹出生九天的小马驹到处走，所到之处将成为斯劳厄尔瑟的土地。牧师骑得很顺利，如果不是仆人及时提醒国王离开澡池，斯劳厄尔瑟的土地也会比现在更宽广。——原注
④ 这里用安徒生代指牧师安德斯。因为两个人的名字非常相似，所以这里借助文字游戏讥讽安徒生。——原注

> 他每天都在给她沐浴,
>
> 他肯定会有一条马裤和一顶傻帽,
>
> 我向你保证。

任何在乎名声的年轻作者听到这样的讽刺,都会愁眉不展,深感不幸。对安徒生这种敏感、虚荣的人来说,自然更是致命一击[①]。安徒生的朋友们,尤其是和他同病相怜的人,都竭尽所能安慰他,甚至贬称"那个幽灵"只是延斯·巴格森的寄生虫,只能供公众享一时之乐,风光的日子屈指可数。但一切都徒劳无益,安徒生依然处于极度抑郁与敏感交织的病态,令朋友们愈发担心。安徒生写信给爱德华·科林,抱怨自己再也恢复不到原来的精神状态了,他对生命充满了无限的厌倦,进而对一切都漠不关心。最后他写道:"哦,亲爱的爱德华·科林,我打心底渴望死亡。这个世界上还有什么美好的事情值得我留恋呢?"[②]

安徒生是在柏林给爱德华·科林写的信。当时他结束了在哈茨山的旅行,经柏林回家。这场旅行是在乔纳斯·科林的劝说下进行的。乔纳斯·科林建议安徒生换个环境,或许可以激发一些新的灵感。靠节省和写作存了一点儿积蓄后,1831年春安徒生出发了。抵达汉堡后,他几乎完全恢复了往日的精神头。安徒生说:"我的幽默像候鸟一样又飞回来了,但悲伤像麻雀群一样紧随其后,在候鸟的住处筑起了巢。"[③]安徒生途经汉堡和吕贝克,穿过吕讷堡灌木丛,到达布伦瑞克。他生平第一次看到了群山——哈茨山脉。从德累斯顿前往波希米亚边境的路上,他通过英格曼的介绍信结识了蒂克,后又在柏林结识了阿德贝尔特·冯·沙米索。安徒生认真地记下旅途的所见所闻,回到哥本哈根便出版了名为《哈茨和撒克逊瑞士的旅行剪影》的游记。

---

① 比勒和比约夫:《致安徒生》,第1卷,第268页到第269页,第687页到第688页。——原注
② 爱德华·科林:《汉斯·克里斯蒂安·安徒生与科林一家》,第155页。在这封信中安徒生第一次向爱德华·科林坦白自以为是的爱情,但实际上,造成他抑郁的真正原因并非那个女孩,而是"幽灵"。——原注
③ 汉斯·克里斯蒂安·安徒生:《我的童话人生》,第69页。——原注

《哈茨和撒克逊瑞士的旅行剪影》与《从霍尔门运河至阿迈厄岛东角步行记》大不相同，后者只是幼稚少年不成熟的作品，而前者才是真正的大家之作。我并不是说《哈茨和撒克逊瑞士的旅行剪影》能跟后期创作的游记如《西班牙纪行》和《诗人的市场》等媲美。安徒生写作《哈茨和撒克逊瑞士的旅行剪影》时仍有些犹豫不决，时不时有道德化的倾向，甚至常被无谓的诗意洪水吞噬。显然，他还不是很相信自己的能力。《哈茨和撒克逊瑞士的旅行剪影》尽管存在一些瑕疵，但仍能为丹麦文学锦上添花，譬如安徒生对吕讷堡灌木丛之行精彩的描述。1836年，第一部德文版[①]《从哥本哈根到哈尔茨的旅程概述》出版，其内容也很精彩。

勤奋的车轮孤独地摩擦着沙漠，发出响声。树枝间的风沙混合着风的旋律，奏成一首优美的摇篮曲。随着车轮前进的节奏，乘客们的身子也晃动起来。插在车顶上的几束花轻摆腰身，仿佛在应和不停向前滚动的车轮。我闭上了眼睛。再睁眼时，我被花束中的一大株康乃馨深深吸引，竟有点儿半梦半醒的感觉。虽然所有花儿都散发着浓郁的芳香，但我认为康乃馨在气味和颜色上能力压群芳。有趣的是，康乃馨的花蕊比花瓣还要小，却像玻璃一样透明，宛如一个小精灵。每朵花里似乎都驻有一个小精灵，同花朵共同成长并消亡。小精灵的翅膀和康乃馨的颜色一样，但它那粉红色的阴影格外精致，仿佛只有经过月光的浸透才会生成的美妙色彩。比花粉更细的金色头发随意垂落在小精灵的肩膀上，随着微风升起又落下。

出于好奇，我又看向其他花朵。每朵花中都有这样一个小精灵来回晃动着。它的翅膀和游丝般的衣服闪闪发光，映照着花朵。每个小精灵都在朦胧的月光和灰暗的光线里来回摇摆、歌唱，美妙的歌声如同温柔的风儿抚过竖琴发出的声音。

[①] 我翻译的是丹麦语第一版。我认为《哈茨和撒克逊瑞士的旅行剪影》还有一个优秀的英译版，是1848年本特利（Bentley）翻译的《漫步在哈茨山脉的浪漫地带》。——原注

19世纪20年代的汉堡

吕讷堡灌木丛

现在，成百上千的各种形状的小精灵穿着各式各样的服装，通过敞开的窗户跳进了车厢。它们来自黑色的松树或荒地的花朵。这可真是一场精彩不断的歌舞会啊！小精灵们很快就在我的鼻子上跳起了舞，在我的额头中间转起了圈。来自松树上的精灵们看起来就像手持长矛和飞镖的小野人，但就像晨露上喷出的丝丝气体一样轻盈。

不一会儿，小精灵们分成了小组，演出了一部完整的喜剧。我的同伴们幻想着这梦境般的场景——每个人都有自己独一无二的剧本。

演出场景设定在柏林。一群精灵们打扮成德意志学生的样子。其中有些精灵是名副其实的非利士人，嘴里含着长笛，手里握着像棍子一样的树枝。他们排成长队，就像在大学里就坐一般。一位扮演黑格尔的松树精灵登上了讲坛，表现出一副老学究的样子，看起来非常投入，但我绝不会附和它……

车上还有一位来自布伦瑞克的年轻女孩。精灵们根据女孩的人生经历设计了一个庄严的场景。眼泪从女孩的脸颊上滑落。小精灵们透过女孩的泪珠相互笑了笑，几乎每一滴落进梦里的眼泪都包含着一个纯真的笑容。

最可怜的就是车上的老药剂师了。被他摔碎的那朵花掉到了车轮下面，住在里面的小精灵被杀死了。其他小精灵坐在他的双腿上，让他倍感无助。他仿佛失去了双腿，只能在布伦瑞克大街光秃秃的树桩上来回跳动，成为所有邻居和朋友观看的对象。不一会儿，小精灵们开始为他感到难过，不仅把他的双腿归还给他，还给了他一双翅膀。这样一来，他就能高高地飞越市场上的狮子亨利①铜像和圣布莱斯大教堂。沉浸在美梦中的老药剂师心里乐开了花，大声笑了出来……

小精灵们起初并没有注意到我，直到有一个小精灵喊道："那边有个瘦高的人，他是个诗人。你们不想给他展示点儿什么吗？"

小精灵们回答道："只要他能看见我们就足够了。"

---

① 狮子亨利（Heinrich der Löwe，1129—1195），德意志诸侯和军队统帅。他是霍亨斯陶芬王朝最有名的政治人物之一，以其与神圣罗马帝国皇帝腓特烈一世的戏剧性冲突著称于世。

"但别告诉他我们看见的一切,否则他醒来就会告诉其他人类了。"

关于是否应该邀请我加入它们,小精灵们展开了一场持久的辩论。最终,因为它们实在找不到别的作家,所以只好让我加入。小精灵们亲吻我的眼睛和耳朵,让我感觉自己仿佛变得更加美好了。

人们都认为吕讷堡灌木丛荒凉无比。但当我从吕讷堡灌木丛向四周望去,不禁觉得人们的看法过于荒谬。接下来,小精灵们只谈论它们的所见所闻。每一粒沙子都是一颗闪闪发光的宝石;公路旁的长草叶上挂满了灰尘,那是小精灵们走过的最漂亮的铺满碎石子的路。透过每片树叶的缝隙,我都能窥见一个小小的笑脸。这些冷杉看起来犹如已经建成的巴别塔①。从低矮的树杈到高高的树梢,小精灵们可爱的身影如光一样迅速又明亮。四五个小精灵俯在白蝴蝶身上,叫醒沉睡中的白蝴蝶。其他小精灵则用芬芳馥郁的花朵和皎洁如玉的月光建造城堡。广袤的荒野成了一个奇幻迷离的世界。传说只有父母对孩子无私的爱和基督教的洗礼才能赐予美人鱼一个不朽的灵魂,花朵里的小精灵们可没有这么高的奢求。对小精灵们来说,一个人内心的悔改或同情的眼泪才是一种洗礼,才能让这个人永生。每当我们的心灵向上帝发出虔诚的祷告时,小精灵们也会随之起舞。这就是它们进入美丽的天堂,并在永恒的阳光下成长为天使的方式。

露珠开始掉落。我看见灵巧轻盈的机灵鬼们在露珠上嬉戏。许多诗人说精灵在露水里洗澡。但这些像丝一样柔软的小精灵们是怎样悄无声息地穿过密密麻麻的露珠来到蓟草下面跳舞的?原来是小精灵们站在圆形露珠的顶端,当露珠从它们脚下滚落时,它们轻薄的衣服在微风中飘扬,看起来就像珠光宝气的球体上最精致的小型饰品。

---

① 巴别塔是宗教传说中的高塔,或称巴贝塔、巴比伦塔、通天塔。来源于《圣经·旧约·创世记》中第十一章,当时人类联合起来兴建希望能通往天堂的高塔。为了阻止人类的计划,上帝让人类说不同的语言,使人类相互之间不能沟通,计划因此失败。人类从此各奔东西。这个故事试图为世上出现不同语言和种族提供解释。

戈斯勒矿井是旅途中的一个景点。安徒生下到了井底，紧张得瑟瑟发抖。在矿井的教堂里，他看到了亨利三世之女玛蒂尔达的石像。玛蒂尔达在一场智力角逐中击败了撒旦，却被撒旦复仇的爪子毁坏了令人惊艳的美貌。守门的老头不确定这座石像代表的是美丽的玛蒂尔达，还是遭撒旦袭击后的玛蒂尔达。经粗略考证后，安徒生认为这更有可能是被撒旦袭击后的玛蒂尔达。安徒生拿出笔记本开始勾勒自己的素描，从雷根斯坦上空开始画起——雷根斯坦离布兰肯堡很近。天空下的田野看起来像"菜园一样，犁头后面的农民就像驼着房子在地上爬的蜗牛"。撒克逊瑞士的洛门有个可爱的赤脚小男孩做安徒生的导游，这让安徒生想起了那个"跳来跳去乱射箭的小捣蛋鬼丘比特"。

赫伦–布雷琴边界有个波西米亚风格的小村庄。在小村庄停留一阵后，安徒生便返回了德累斯顿。安徒生跟蒂克在德累斯顿道别。蒂克深情地吻了安徒生的额头，坚信他将来一定会名声大噪。安徒生感动不已，流下了眼泪，像个孩子似地啜泣起来。离开德累斯顿后，安徒生来到了柏林。他觉得柏林是个装腔作势的二流城市。"柏林的文气似乎一直都是炎热的"。沙漠中唯一的绿洲便是阿德贝尔特·冯·沙米索的房子。安徒生描述阿德贝尔特·冯·沙米索是个又高又瘦的人，灰白色的长发搭在肩上，一副宽容慈祥的面容跟彼得·施莱米尔[①]很像。沙米索穿着一件棕色睡衣，一群可爱的小孩正在跟他玩耍。回家的路上，安徒生来到了柏林和斯潘道之间的乡村。平坦道路上的风景像一幅画；大自然的美景都压缩成了这儿一堆、那儿一片的树叶。安徒生变得非常沮丧，一方面是因为假期马上就要结束了，另一方面是因为他挤在尘土飞扬的马车厢里，对身边的旅伴充满厌恶，再加上这里炎热且干燥，着实没有什么可期待的了。况且每行进一英里就离那些评论家更近一步，这唤醒了他痛苦的记忆。他在旅程中这样总结道："哥本哈根的

---

① 彼得·施莱米尔是阿德尔贝特·冯·沙米索的中篇小说《彼得·施莱米尔的奇妙故事》中的人物。故事中，彼得·施莱米尔将自己的影子卖给了魔鬼，换了一个装满金子的无底钱袋，却发现人类都会避开没有影子的自己。他被爱人拒绝，自己也开始后悔。当上帝需要用他的灵魂换回他的影子时，他拒绝了，并抛弃了无底钱袋。

塔楼高耸在我们面前,看起来是那么尖锐又充满讽刺,就好像对我肆意涂鸦的钢笔。"

毫无疑问,安徒生在旅行时最有创作灵感。他享受旅行的感觉,"就像他最喜欢的白鹳在空中翱翔一般"①。我们从安徒生的信中得知,旅行中的他忘掉了身后的所有苦难,毫无保留地享受着那一刻的喜悦,带着一种愉快的、孩童般的期待,期待着每一个路口都有惊喜和冒险在等待着他。这种欢乐、热情和轻松的心情体现在每本旅行书籍中。除了精彩的幻想和人人皆知的幽默,安徒生的文学作品中仍有很多让人耳目一新、令人振奋的东西。但奇怪的是,安徒生似乎有些瞧不上自己的游记,觉得那都是信手拈来、自然而然的记录,无需花费精力和心血。他的文学抱负当然不在游记上,而是成为一个伟大的戏剧家。但对剧院的热爱成了一种可怕的诱惑,将他不断引入歧途,令他陷入绝望的泥沼,任由评论家们批评。对他来说,如果他创作的第一部戏剧《圣尼古拉教堂钟楼的爱情》是失败的,那未尝不是一件好事,这至少能表明他几乎或根本没有创作戏剧的天赋。但不幸的是,他的同学们给予了这部戏剧热烈的掌声,并且连续上演了三个晚上②。这部戏剧获得的成功足以让安徒生确信自己和戏剧真正有缘。1831年至1833年,安徒生向丹麦皇家剧院递交了好几部自己创作的剧本,譬如《拉默穆尔的新娘》《船》《凯尼尔沃思的盛宴》《四月二日》《两个杂耍》《欧登塞的西班牙人》和《五年和此后的二十年》。虽然安徒生认为这七部作品都很优秀,但戏剧要经过剧院负责审查的人审查后才能通过。负责审查的克里斯蒂安·莫尔贝克③是一位历史学家兼文学评论家,在文学界非常有名,尤其以严谨的文风和挑剔的品味而出名。他并不看好安徒生递交上去的七部作品,因为他根本无法容忍错用量词和语法的人。安徒生的后期自传也让我们明白,克里斯蒂安·莫尔贝克并没有恶意针对安徒生。克里

---

① 格奥尔格·勃兰克斯:《评论与肖像》。——原注
② 爱德华·科林:《汉斯·克里斯蒂安·安徒生与科林一家》,第132页到第133页。——原注
③ 克里斯蒂安·莫尔贝克(Christian Molbech, 1783—1857),丹麦历史学家、文学评论家、作家。1804年,他受雇于丹麦皇家图书馆。1829年,他担任哥本哈根大学文学教授。1830年至1842年,他担任丹麦皇家剧院的导演。他创作了很多语言学著作,如《丹麦词典》和《丹麦方言词典》。

布兰肯堡

格门

斯蒂安·莫尔贝克虽然称赞《哈茨和撒克逊瑞士的旅行剪影》中体现的幽默、情感和诗意，但批评安徒生的想象经常跑偏，还尖刻地质疑安徒生什么时候才能把母语学好。至于刚递交上去的七部剧本，难免会遭到克里斯蒂安·莫尔贝克无情的讽刺，落得个面目全非。克里斯蒂安·莫尔贝克说《拉默穆尔的新娘》中的每一幕场景、情景和角色都抄袭了沃尔特·司各特的作品。但考虑到安徒生在戏剧中融入了诗歌，将主要情节巧妙地组合成一个戏剧性的整体，克里斯蒂安·莫尔贝克才让《拉默穆尔的新娘》通过审查。《凯尼尔沃思的盛宴》尽管由各种粗糙的片段拙劣地拼凑而成，但由于剧中的音乐还不错，也通过了克里斯蒂安·莫尔贝克的审查。尽管如此，克里斯蒂安·莫尔贝克仍然怀疑安徒生到底有没有将一部小说充分改编成戏剧的能力。读到《两个杂耍》时，克里斯蒂安·莫尔贝克坦言这部作品简直粗莽无礼，让人怒不可遏，最严厉的批判都算是手下留情了。克里斯蒂安·莫尔贝克称这些戏剧毫无诗意、没有品位，是可怜的、不成熟的、胡拼乱凑的劣质产品。他甚至想过立即让这些剧本通过审查，看看上演时观众的反应。如果是一个不知名的笨蛋作者完成的作品，倒也不足为奇。可像安徒生这种高高在上、自命不凡的作家，居然提供这种垃圾作品来侮辱丹麦皇家剧院，简直不可容忍。最后克里斯蒂安·莫尔贝克宣称他不会再浪费时间来评判安徒生的作品，并再次建议安徒生重新回学校踏踏实实学习纯正的丹麦语。

安徒生一辈子都无法原谅克里斯蒂安·莫尔贝克这些伤人的评论。他对自己的作品，尤其是戏剧作品，自信满满。他认为那些批评是恶意中伤或愚蠢的见解，也有可能二者兼有。让一个外国人来评论安徒生及其作品中的丹麦文体、句法，显然缺乏说服力。但当看到安徒生的朋友，譬如英格曼、弗雷德里克·霍格·古德伯格、汉斯·克里斯蒂安·奥斯特、科林一家及一直关心安徒生、把安徒生当作兄弟一样关爱的爱德华·科林"都认可部分最严厉的批评"时，我们不得不承认克里斯蒂安·莫尔贝克的愤慨并非空穴来风。安徒生可悲地向爱德华·科林抱怨，并一次次地为自己粗俗的风格和遭蔑视的语法辩解，尽管在创作早期，安徒生也曾意识到自己丹麦语方面的不足①。多年来，安徒生经常带着手稿和校样找爱德华·科林修改，并且很愿意接受建议和更正。但随着知识的长进，他不再愿意虚心向别人请教，还把朋友们的修改意见看作学究和吹毛求疵的表现。随着名气渐长，安徒生接受批评的耐心也越来越少。

其实，安徒生当时创作过于频繁是因为生活所迫，因此情有可原。出于自负，他不想告诉别人甚至最亲密的朋友。1831年至1833年，除了《哈茨和撒克逊瑞士的旅行剪影》和一系列戏剧及轻松歌舞剧，安徒生还创作了三本诗集：《幻想与现实》《给丹麦诗人的小插曲》和《一年的十二个月》。安徒生的朋友英格曼称赞这些诗歌中温柔和细腻的想象力，同时劝安徒生不要急于出名，否则会过早透支精力。爱德华·科林对安徒生来说是个严厉的导师。他严厉地谴责了安徒生的自负，并告诉安徒生他对待朋友的方式很容易让人心生厌恶。

安徒生畏惧过这些指责，但总的来说还是从情感的角度接受了这些指责。他有时会恳求爱德华·科林不要过分地说教，但同时宣称"亲爱的好好先生爱德华·科林"是唯一信任的朋友。安徒生关于自负和写作狂躁症的辩解幼稚得可笑。他开玩笑说自己的愚蠢和荒谬并没有从前那么频繁和肆虐，只是更加臭名昭著罢了。因为安徒生是个公众人物，所以他的个性特点被当作公共财产来审视。即使改正了目前所有的缺点，这个挑剔的世界也会很快拿他与其他人对比，给他挑出新的毛病。至于安徒生总爱夸耀自己诗歌的坏习惯，他说那不是因为虚荣心，而是因为他生性善良。年轻人想讨人喜欢是再自然不过的事情，何况安徒生长得并不好看，所以他必须找出其他讨人喜欢的方法，那就是依靠他的才能②。对于那些来自真朋友的中肯的批评，安徒生心存感激，也愿意聆听。而对于那些萍水相逢的朋友的怠慢与藐视，他却难以忍受。毫无疑问，安徒生曾饱受爱管闲事的"教育者"——他讽刺地称之为"我的教育者"——的打扰。他们读他的书仅仅是为了挑他的毛

---

① 爱德华·科林：《汉斯·克里斯蒂安·安徒生与科林一家》，第452页到第456页。——原注
② 爱德华·科林：《汉斯·克里斯蒂安·安徒生与科林一家》，第148页到第149页。——原注

病。譬如在一次大型聚会上，一个所谓的牧师朋友拿起安徒生的《船》一行一行地大声批评起来。正挑毛病时，安徒生走了进来。于是，那位牧师带着满满的成就感放下了《船》。就在这尴尬的时刻，一个一直在认真聆听的六岁的小女孩拿起那本饱受折磨的《船》，指着"和"那个单词天真地说："瞧！你漏掉了一个很小的单词！"安徒生理解小女孩的指责是无意的，也是事实。他脸涨得通红，但还是优雅地弯下腰，亲吻了那个小女孩①。还有一次安徒生的一个同伴跟他搭讪，说："你写Hunden这个单词的首字母用的可是小写啊！"②随即，这位同伴拿出一本《哈茨和撒克逊瑞士的旅行剪影》给安徒生指出错误的地方。大家误以为是印刷厂的工人出了差错，没有使用大写字母，但其实是安徒生自己审校时漏掉了这个错误。因为这个小错误而被别人当作无知，安徒生不仅没有生气，反倒用轻松的口吻开玩笑地回复道："你看到的只是一条小狗，所以我就小写了！"③

　　安徒生不可能时刻都有好心情，可以巧妙地回击无礼的批评。他那焦虑、敏感的性格中隐含着一种深沉的病态的忧郁，会时不时地迸发出来，令他完全丧失了理智。最近的一次精神忧郁症发作于1832年底和1833年初。那时他的情绪陷入了低谷。他深刻反省自己的错误，无论是真实的还是虚构的。他无法从亨利克·赫兹的讽刺和克里斯蒂安·莫尔贝克的批评中走出来。甚至连他最坦率的朋友爱德华·科林的责备和规劝，他都忍受不了了。安徒生依附于爱德华·科林，就像常春藤依附在橡树上一样。爱德华·科林的坚毅和果断令安徒生深感钦佩，这些品质正是他所不具备的。虽然爱德华·科林比他大不了几岁，但在情感上他总是视爱德华·科林为尊敬的兄长。不过，有时在我看来，爱德华·科林对安徒生的进步表现出过分的热情关注，往往令安徒生极度不安和沮丧。安徒生的敏感常常被爱德华·科林的"强硬"伤害④。大约在这段时间，安徒生给路易莎·科林写了封信，说自己

---

① 汉斯·克里斯蒂安·安徒生：《我的童话人生》，第96页。——原注
② 在丹麦文和德文中，名词首字母都应该大写。——原注
③ 汉斯·克里斯蒂安·安徒生：《我的童话人生》，第96页。——原注
④ 安徒生曾说过爱德华·科林的关爱让他想起那些吸收了过多糖分的水果。——原注

的心理和生理都出了问题，再也感受不到生活的快乐，年轻时的雄心壮志沦为空洞的幻想，被病痛和孤独折磨得奄奄一息，而现在能让他振作起来的唯有出国旅行。安徒生称："我必须出去走一走，走得越远越好！"①

安徒生说的没错，出国旅行确实能治愈他的精神忧郁症。正如我前面提到的，旅行对安徒生来说是一剂良药，每次都能让他恢复精神状态，重拾活力。他的朋友们同样深知这一点，于是科林一家动用了跟国王腓特烈六世的关系来帮助安徒生出国旅行。起初他们不确定能否帮安徒生拿到旅行补助金。从公共补助金中申请旅行补助金的名额非常有限，而且在这之前，国王腓特烈六世已经将补助金授予了《幽灵短音》的作者亨利克·赫兹。从各方面来看，亨利克·赫兹都比安徒生更有资格拿到补助。几个星期以来，安徒生一直生活在焦急和怀疑之中。他给爱德华·科林写信②说："如果能拿到这笔补助金，就不仅解决了我这一年的生活问题，而且是拯救了我的灵魂。"③终于，在科林一家的帮助下，安徒生从国王腓特烈六世那儿拿到了两年的旅行补助金——每年六百利克斯银元④。

也正是因为这笔旅行补助金，安徒生有幸第一次拜见国王腓特烈六世。当时见面的场景颇有些戏剧性。当科林一家正为安徒生争取补助金时，一个比较了解王宫事宜的朋友建议安徒生去面见国王腓特烈六世。这位朋友建议安徒生向国王腓特烈六世做自我介绍，阐述自己申请旅行补助金的原因，同时将他的一部作品展示给国王腓特烈六世看。想到要先给国王腓特烈六世准备一份礼物，再马上向其讨要一份回礼——旅行补助金，安徒生觉得这种做法很奇怪。但他的朋友说这很正常。于是，安徒生进宫的时候，带上了他的诗集《一年的十二个月》。国王腓特烈六世走进房间，径直朝安徒生走过来时，安徒生紧张得心脏怦怦直跳。国王腓特烈六世直截了当地问他带来了什么类型的书。他回答道："尊敬的陛下，我带来了一系列的小诗。""一系

---

① 爱德华·科林:《汉斯·克里斯蒂安·安徒生与科林一家》，第170页到第171页。——原注
② 爱德华·科林是负责公众基金的官员。——原注
③ 爱德华·科林:《汉斯·克里斯蒂安·安徒生与科林一家》，第179页到第180页。——原注
④ 实际上第二年涨到了八百利克斯银元。——原注

列，一系列！什么意思？"可怜的安徒生带着几分困惑回答道："我的意思是我带了几首有关丹麦的诗。"国王腓特烈六世笑了笑说："好的，太好啦！没问题！谢谢，谢谢你啦。"按理说，这时安徒生就该匆匆鞠躬离开了，但安徒生还没来得及向国王腓特烈六世解释他此行的目的。于是他打起精神，快速地向国王介绍了他的经历及他是如何获得成功的。国王腓特烈六世说："你的故事值得称赞！按正常程序申请旅行补助金吧。"安徒生说："我带申请书了，就是这个。"然后，他天真地向国王腓特烈六世抱怨，把自己的作品当成礼物送出去以博得别人欢心，可不是他的初衷，说着说着还流下了眼泪。慈祥的老国王放声大笑，和蔼地点了点头，接受了安徒生的申请书。安徒生深鞠一躬，匆忙退下了。几天后，安徒生就出发了。他先后途经汉堡和吕贝克，然后前往巴黎。

第 5 章

《埃格内特和美人鱼》——意大利——《即兴诗人》

精彩看点

安徒生的巴黎之行——"自由的细菌"——拿破仑·波拿巴的雕像——灰色长裤——凯鲁比尼——维克多·雨果——海因里希·海涅——残忍实用的玩笑——勒洛克勒——《埃格内特和美人鱼》——山区三日行——意大利的最初印象——马焦雷湖——米兰——比萨——佛罗伦萨——参观采石场——抵达罗马——遇见"幽灵"——贝特尔·托瓦尔森——安徒生母亲去世——《埃格内特和美人鱼》的失败——评论家和朋友的意见——痛苦的安徒生——那不勒斯——与亨利克·赫兹的维苏威火山之行——卡普里——安徒生的节俭之道——对意大利的向往——威尼斯——维也纳——布拉格——怀念旧友——回国——极度贫困——《即兴诗人》——情节和角色——大获成功

1833年5月初，安徒生抵达巴黎。在巴黎的那几天，他觉得像在自己家一样自在。作为捍卫他美德的禁卫军，安徒生的女性朋友们早已警告他，巴黎这座城市充斥着同性恋和欲望，劝他抵制住诱惑。安徒生那双善于观察的眼睛在巴黎看到了太多令人羞愧的东西。整个巴黎社会给他一种"轻浮"的感觉。所有的东西都"赤裸裸"地呈现出来。头脑清醒的乡下男人们羞于启齿的事情却在巴黎女性的口中出没自如。安徒生在巴黎王宫看过一部戏，戏中法兰西讽刺作家拉伯雷式的幽默[1]让他觉得很"奇怪"。他写信给爱德华·科林说："并不是我古板，而是我认为即使是情欲的东西也应该端庄一点。"[2]但安徒生还是逐渐适应了这些"自由的细菌"——他称这种轻浮为"自由的细菌"。他接触的法国人越多，就对他们越有好感。他很好地利用各个时间段接触不同的事物，跟不同的人打交道，还很幸运地见证了一个历史事件——法王路易·腓力一世[3]在旺多姆广场出席了拿破仑·波拿巴雕像的揭幕仪式。安徒生跟他父亲一样，极其崇拜伟大的拿破仑·波拿巴。拿破

---

[1] 弗朗索瓦·拉伯雷（Francois Rabelais, 1483—1553），毕业于巴黎大学，文艺复兴时期法兰西最杰出的人文主义作家之一。他历来被视为幻想、讽刺、怪诞、淫秽的笑话和歌曲的作者。受他独特的工作和生活方式的启发，"Rabelaisian"一词被创造出来并收入字典。

[2] 比勒和比约夫：《致安徒生》，第1卷，第120页。——原注

[3] 路易·腓力一世（Louis Philippe I, 1773—1850），法兰西奥尔良王朝唯一一位君主。1785年，他的父亲路易·腓力·约瑟夫继承奥尔良公爵的称号，他就成为夏尔特尔公爵。1789年法兰西大革命爆发，他参加支持革命政府的进步贵族团体。

巴黎市民的生活

弗朗索瓦·拉伯雷

仑·波拿巴雕像的揭幕仪式犹如宗教仪式般庄严肃穆。望着拿破仑·波拿巴雕像，安徒生仿佛看见自己的偶像正站在小特里亚农宫①的卧室里向外面望去。雕像的揭幕仪式当天，从上午11时到17时，安徒生顶着炎炎烈日坐在一个木桶上。安徒生看见法王路易·腓力一世经过，身边围着他的儿子和将军们，后面跟着十万国民自卫军。法王路易·腓力一世脸上洋溢的微笑和热情激起了安徒生的欢心。当天晚上，安徒生应邀参加了在德维尔饭店举行的盛大舞会，他高兴地称自己为"瘦长的诗人"。20时，他穿着长筒袜，戴着白手套，梳着巴黎风格的发型乘车前往德维尔饭店。安徒生非常喜欢一条时髦的淡灰色夏季长裤。一穿上它，他那难看的双腿就显得好看多了。这条裤子简直是裁缝完美的艺术品。他写信给爱德华·科林说道："要是丹麦也有这样的长裤就好了，可惜丹麦还没兴起这股潮流。"②安徒生并不熟悉法语，便雇了一位随身法语翻译，每小时给对方两法郎。就这样，他鼓起勇气拜访了几位法兰西名人。安徒生看见路易吉·凯鲁比尼③坐在钢琴前，肩上伏着一只小猫。这位老钢琴家友好地接待了安徒生，听安徒生介绍了一些丹麦音乐。当听说丹麦也有原创作曲家时，他似乎感到很惊讶。

安徒生还拜访了维克多·雨果。维克多·雨果的《巴黎圣母院》是安徒生第一次尝试读完的法语作品。然而，面对安徒生这个不请自来的陌生人，维克多·雨果有点儿怀疑他的目的。当安徒生向维克多·雨果索要签名的时候，维克多·雨果小心翼翼地在纸的最上角将名字写了下来，以防别人盗用他的签名。维克多·雨果这种不信任给安徒生留下的印象并不好。安徒生的女性朋友们告诉他，最该警惕的是诗人海因里希·海涅。安徒生原本没有打算去拜访海因里希·海涅，但命运之神还是让他在一个偶然的机会跟这个"罪

---

① 小特里亚农宫位于凡尔赛宫的庭院，是路易十五为他的情妇庞巴度夫人所建。该庭院由昂热·雅克·加布里埃尔设计，设计风格集合了18世纪洛可可风格、新古典主义风格，1762年动工，1768年建成。
② 爱德华·科林：《汉斯·克里斯蒂安·安徒生与科林一家》，第180页。——原注
③ 路易吉·凯鲁比尼（Luigi Cherubini, 1760—1842），意大利作曲家，以创作歌剧和基督宗教圣乐著名。他曾担任杜伊勒里宫皇家剧院音乐总监，法兰西王室音乐总监，巴黎音乐学院院长。代表作有《C小调安魂曲》。

恶的人"相遇了。有人将安徒生介绍到了欧洲文学协会。这个协会由诸多有名望的文学家组成，创立者是保罗·迪波特①。安徒生第一次去欧洲文学协会时，一个矮小的犹太人为他领路。那个人对他说："听说你是丹麦人，我是普鲁士人，丹麦人和普鲁士人是兄弟，因此我向你伸出友谊之手！"安徒生问他叫什么，那个犹太人说他就是海因里希·海涅。海因里希·海涅想要表现得友善一点，便亲切地称赞安徒生的同胞——亚当·欧兰施拉尔是欧洲最伟大的诗人之一。海因里希·海涅也主动拜访了安徒生。他们曾多次在林荫大道上散步、聊天。尽管如此，安徒生还是克服不了自己的偏见，尽可能地避开这位新朋友②。

初到巴黎时，安徒生唯一的不满是没有收到家乡的来信。他至少给朋友们寄过二十一封信，却如同石沉大海。很显然，朋友们都认为不应该写信打扰他快乐的旅行时光。只是安徒生并不这么想，心情有点儿低落。一天下午返回住处时，安徒生收到了一封哥本哈根寄来的厚厚的信。这封信没贴邮票，上面的邮戳很精致。看着这封又厚又漂亮的信，安徒生兴奋得来不及看其他细节，就迫不及待地撕开了。但信封里装的并不是他期待的来信，而是半份《哥本哈根邮报》。报纸上尽是对他极其恶毒和无礼的嘲讽，标题是"永别了，安徒生"。这就是安徒生从家乡收到的第一封"问候信"。欣慰的是，他只悲伤了一小会儿。安徒生非常蔑视这封不值一提的匿名迫害信。科林一家对寄信人的举动感到义愤，也很同情安徒生，这使安徒生得到了安慰，慢慢忘记了这次卑劣的侮辱。

其实，一向敏感的安徒生能轻易忍受这个残忍的玩笑是有深层原因的。当时，他正在创作一部作品。他觉得这部作品足以让自己名声大振，成为一名伟大的原创诗人，而那些迫害他的人将会永远闭上他们恶毒的嘴巴。无论是走在"生气勃勃的林荫大道上"，还是置身"静谧的陈列珍宝的卢浮宫

---

① 保罗·迪波特（Paul Duport，1798—1866），法兰西剧作家。
② 参照爱德华·科林：《汉斯·克里斯蒂安·安徒生与科林一家》，第188页；比勒和比约夫：《致安徒生》，第1卷，第125页；汉斯·克里斯蒂安·安徒生：《我的童话人生》，第126页。——原注

路易·腓力一世

小特里亚农宫

德维尔饭店

路易吉·凯鲁比尼

维克多·雨果

海因里希·海涅

卢浮宫

里"①，安徒生的脑子里始终萦绕着关于这部作品的想法。安徒生在侏罗山区的勒洛克勒村经过"五天的狂喜"，完成了自己的新作品。在巴黎待了四个月后，安徒生选择前往勒洛克勒村，一方面是因为勒洛克勒村的生活花费比巴黎便宜很多②，另一方面是因为他想找个偏远的法兰西小村庄体验纯正的法式口语。安徒生非常重视这部伟大的作品，却为该书添加了一篇很荒唐的序言。尤其是序言部分那首荒谬无比的《埃格内特和美人鱼》，让这部本可以更出名的作品③大打折扣。

《埃格内特和美人鱼》改编自古老的丹麦歌谣。故事讲述了女孩跳进海里成为人鱼的新娘，却越来越厌倦孤独。七年后——相当于人间的五十多年，女孩回到了人间，但发现自己所有的朋友和亲属都逝世或消失了。她以前的心上人已经变成一位步履蹒跚的老头儿。老头儿以为眼前的女孩是个妖怪，躲开了她。可怜的女孩心碎不已，在海边香消玉殒。这是一个美丽的神话，但因为情节太简单且过于虚幻，所以写成一百三十页的剧本实在有些小题大做。正如安徒生的一位女性朋友所说，《埃格内特和美人鱼》看起来就像华而不实的蝴蝶。戏剧中无不透露出安徒生本人消极的性格，而那个被拒绝的情人身上所呈现的忧郁性格正是安徒生本人的写照。至于其他虚幻、渺小的角色，只不过是一些抽象的事物。《埃格内特和美人鱼》中最精彩的部分是精灵、夜莺、天鹅、海鸥、海浪、沙滩边的树、鲜花和狩猎号角的合唱。合唱者们将主人公的遭遇和痛苦充满感情地表达了出来，有点儿类似古希腊合唱的风格。其中许多穿插的歌词确实非常优美，尤其是小鸟哀伤的开场：

---

① 《离别与相逢》丹麦文第一版。——原注
② 由此可推测安徒生在巴黎时花钱过于大手大脚。他住在维维安酒店每月需付三十法郎的房费，虽然不贵但那时他并不富裕。——原注
③ 安徒生将自己内心孩子气的一面在诗中温柔地呈现出来，连他自己都没意识到。"我的埃格内特出生于那片暗黑的死气沉沉的松树林里"，他乞求同胞温柔地对待自己的"宝贝孩子"，即《离别与相逢》的序言部分。——原注

有一位人鱼，他的妻子年轻又美丽……

总体而言，这部剧过于肤浅，无法激发读者的兴趣，更无法打动读者，而且剧中充满了不合时宜的荒诞元素。

然而，安徒生热情高涨，期待着"今年夏天我诗意的树将结出金色的果实"。他想这部剧如果取得成功，就会重挫那些批评家们。克里斯蒂安·莫尔贝克依旧是这些评论家中最活跃、最毒舌的。安徒生诗集的第一版是在克里斯蒂安·莫尔贝克离开哥本哈根期间发表的。对安徒生诗集进行评阅的时候，克里斯蒂安·莫尔贝克指出，在创作天赋方面，上帝的确对安徒生毫不吝啬，但可惜的是，安徒生浪费了自己的才能，将时间都耗在了琐事上。克里斯蒂安·莫尔贝克最后总结道："安徒生没弄清楚，他把容易被唤醒的、文雅的、轻松的感觉误认为是灵感之火，而他塑造才能的力量只是一种不连贯的幻想。"《埃格内特和美人鱼》若能成功，必将是对克里斯蒂安·莫尔贝克的有力回击。其实，安徒生自己似乎也担心过这首诗的风格和语法。他开玩笑地找爱德华·科林帮忙检查一下自己心爱的宝贝——《埃格内特和美人鱼》——有没有语法错误，让爱德华·科林体谅一下自己"来自北方的女神阿弗洛狄忒"[①]，毕竟她出生于山野之中。

安徒生满心欢喜地憧憬着即将到来的成功，并毫无顾忌地继续向南旅行。在宁静的勒洛克勒村待了三个星期，安徒生的心情变得好了很多。每天清晨，"群山云海"围绕在他的窗边，仿佛来自北方的问候。漫步在勒洛克勒黑松林中，安徒生被周围的寂静深深感染。直到暮色中回归家园的母牛脖子上叮当作响的铃铛提醒他，晚饭的时间到了。接待安徒生的一家人都有丹麦血统，待安徒生像挚爱的亲人一样。房东夫人更是对安徒生关怀备至，每天早晚都为安徒生的房间生上炉火，并煮蜂蜜和咖啡给他喝。作为回报，安徒生把自己的诗歌翻译成法语供这家人娱乐消遣——他们只

---

① 阿弗洛狄忒（Aphrodite）是希腊神话中爱与美神的象征。在早期神话中她通常被描绘为身材修长、容貌美丽的形象。她从海浪泡沫中诞生，踩在荷叶般的贝壳上，风神把她送到岸边，果树之神为她准备新装。

能听懂法语。安徒生还跟孩子们快乐地玩耍，但因为不懂方言，他会被孩子们当作聋子大喊大叫①。

我们可以从安徒生的小说《奥·特》中找到关于勒洛克勒的精彩描写。1833年9月初，安徒生离开了勒洛克勒这个闲适美好的世外桃源，穿越罗纳河谷，途经辛普朗山口，抵达了意大利——那个"拿破仑·波拿巴的手指在大地脊柱上划过留下一个锯齿形状的地方"。初见阿尔卑斯山脉，安徒生就被深深震撼了，他称阿尔卑斯山脉就像折叠起来的地球的巨型翅膀。"如果地球张开翅膀飞翔的话，我想她那强大的羽翼会把黑森林、野瀑和浮云的美景带到远方！"不过，马焦雷湖的确让安徒生大失所望，因为它除了漂亮，再没什么了。家乡比马焦雷湖漂亮的湖不胜枚举。日内瓦的景色非常美丽。安徒生对米兰大教堂"那座雕刻的大理石山"很满意，但仅仅待了三天后，他就对米兰这座城感到乏味了——米兰太安静了，人们好像总是在去教堂的路上，每条街道散发的熏香的气味让安徒生敏感的鼻子极不适应。到了比萨后，安徒生总结道，意大利是个伊甸园。身处佛罗伦萨，他更是无法用言语表达自己的欢喜之情。"这就好像一个人置身天堂，醒来时看见上帝和天使在他头顶，他被整个世界环绕着，你问他什么感受，他也无法描述。"安徒生还参观了卡拉拉采石场。他觉得这是一座神秘莫测的山——古代的众神坐在巨石上，只等着贝特尔·托瓦尔森②或安东尼奥·卡诺瓦③这种能力超强的魔术师来解开魔咒，把他们送回人间。尽管如此，安徒生并没有被热情蒙蔽双眼，也没有忘记在客栈遭遇的恶意和旅行中的不愉快。事实上，他的旅途中的确发生过几次可笑的、不愉快的经历。有一次在一家发生了虫疫的乡村客

---

① 汉斯·克里斯蒂安·安徒生：《我的童话人生》，第135页到第137页；爱德华·科林：《汉斯·克里斯蒂安·安徒生与科林一家》，第194页到第195页；比勒和比约夫：《致安徒生》，第1卷，第134页到第138页。——原注
② 贝特尔·托瓦尔森（Bertel Thorvaldsen，1770—1844），丹麦著名雕塑家，主要作品有《伊阿宋》《丘比特和普绪赫》《拿苹果的维纳斯》及哥本哈根大教堂的耶稣及十二使徒的大型组雕、《卢塞恩的狮子》《哥白尼像》《拜伦像》等。
③ 安东尼奥·卡诺瓦（Antonio Canova，1757—1822），新古典主义雕塑家，代表作品有《忒修斯杀死米诺陶》。

栈里，早上醒来时，安徒生一只手上就有五十七只跳蚤。还有一次安徒生正准备离开佛罗伦萨时，一个像流浪汉一样的男子出现在他的马车前。安徒生和其他两个旅伴把这位男子当成乞丐，摇了摇头。但这位男子只是绕到另一边，又挥手示意。车夫走过来解释道，那个人并不是流浪汉，而是一位罗马贵族，预订了马车上的第四个座位。虽然车夫让他上车了，但他整个人和衣服都脏兮兮的。到达第一个休息地时，马车上的另外两位乘客直截了当地告诉车夫，如果这个浑身脏兮兮的男子还要坐在马车里，他们就拒绝上车。一阵喋喋不休和比划之后，他们说服了这位罗马贵族跟车夫一起坐到了驾驶座。当时天正下着瓢泼大雨，这也许是这位罗马贵族一生中唯一一次彻底的淋浴。

　　1834年10月18日，安徒生抵达了罗马。他在罗马遇见的第一个人便是诗人亨利克·赫兹。世人之所以后来还记得亨利克·赫兹，就是因为他在《幽灵短音》中毫不留情地讽刺了安徒生。亨利克·赫兹同安徒生一样，也拿到了旅行补助金。乔纳斯·科林对亨利克·赫兹评价甚高，并私下建议安徒生有机会应该结交这位派得上用场的人。反复思考后，安徒生决定采纳这个明智的建议。亨利克·赫兹很热情，先迈出了第一步，主动约安徒生见面。两人很快便成了挚友。安徒生给乔纳斯·科林写信道："我有时甚至想握住他的手说，'为什么我们没有早点认识'？但我忍住了，因为这可能太戏剧了，会吓到他。"[①]

　　安徒生在罗马的西斯廷教堂住了下来。雕塑家贝特尔·托瓦尔森也住在这里。后来，这里成为罗马著名的斯堪的纳维亚和德意志艺术家的聚集地。第一次会见贝特尔·托瓦尔森时，这位伟大的雕塑家温柔又和善，完全俘获了安徒生敏感的心。他们很快成了密友，安徒生喋喋不休地向这位极具耐心和同情心的朋友倾诉自己的烦恼。

　　可怜的安徒生现在开始遇到真正的困难了。抵达罗马后不久，安徒生就从乔纳斯·科林那里得知了母亲去世的消息。母亲去世对他既是一种解脱，也是一种打击。年迈的母亲一直处于贫穷、病痛、无助的困苦境地，这一直

---

① 爱德华·科林：《汉斯·克里斯蒂安·安徒生与科林一家》，第212页。——原注

勒洛克勒

关隘景口

19世纪30年代的罗马

贝特尔·托瓦尔森

是安徒生心中的痛处。他甚至祈求上帝亲自将母亲带走。他省吃俭用,竭尽所能赡养母亲。除了乔纳斯·科林,安徒生没向任何人提过这件事。听到母亲去世的消息,安徒生脑海中第一个念头便是:"哦,上帝啊,谢谢你!"回神之后,他又伤感地说道:"现在世界上唯一和我有血缘关系的人也不在了,亲人的爱再也不会有了。"①

还有一个更让安徒生心酸的消息,那就是他所珍爱的《埃格内特和美人鱼》确实很失败。不得不承认安徒生缺乏好运。《埃格内特和美人鱼》发布的时机并不赶巧——与之同时出版的弗雷德里克·帕鲁丹·穆勒②的《丘比特与普西克》完全盖过了《埃格内特和美人鱼》的风头。《丘比特与普西克》是最杰出、风格最完美的丹麦语杰作之一,得到了公众和评论家们的热烈欢迎。但实际上即使《埃格内特和美人鱼》没有遇到竞争对手,也很难赢得公众的喜爱。安徒生最富同情心的好友都对《埃格内特和美人鱼》感到失望③。即使是曾预言安徒生会因《从霍尔门运河至阿迈厄岛东角步行记》而出名的莱瑟夫人及在安徒生遭受批评时总是为他辩护的海蒂·伍尔夫,现在也找不出一句称赞《埃格内特和美人鱼》的话。乔纳斯·科林摇了摇头,预测批评家们会狠狠地批评这部作品——他预测得一点儿也没错。约翰·路德维希·海伯格称《埃格内特和美人鱼》是一部极其空虚乏味的作品,作者在文中穿插着虚假空洞的歌词,说明作者缺乏一定的创造力。另一位评论家含沙射影地说,作品中许多精彩的部分剽窃了亚当·欧兰施拉尔的《阿拉丁》。然而,安徒生似乎最想知道爱德华·科林的看法。爱德华·科林堪称这本不幸著作的庇护人。尽管没有出版商愿意出版这本书,但爱德华·科林不仅以订购的方式出资出版了这本书,还亲手把出版物都送到书商和订阅人手

---

① 爱德华·科林:《汉斯·克里斯蒂安·安徒生与科林一家》,第211页;比勒和比约夫:《致安徒生》,第1卷,第173页。——原注
② 弗雷德里克·帕鲁丹·穆勒(Frederik Paludan Müller, 1809—1876),19世纪丹麦文学家。1828年,他考入哥本哈根大学。他善于表达人物的思想,有鲜明的嘲弄幽默笔调。著有长诗《亚当·霍莫》。
③ 只有英格曼给了好评。在接下来的故事中会提到,鼓吹安徒生作品的优点让英格曼可能成为最糟糕的文学批评家。——原注

里。爱德华·科林显然要比约翰·路德维希·海伯格委婉多了。他认为《埃格内特和美人鱼》设计得很好，很喜欢书中许多蕴含优美诗意的元素。但他指出了安徒生早期所有作品的主要缺点，即缺乏"客观性"。而能够站在客观的角度描述场景和人物，是所有伟大作家必备的品质。此外，朋友们都认为安徒生是个缺乏男子气概、优柔寡断、爱发牢骚的人，他们中的一些人①很清楚地向他表达了这些看法。

安徒生在米兰收到了爱德华·科林寄来的信，当时他正打算动身去罗马。对安徒生来说，爱德华·科林的评价确实是个打击，但不至于无法承受。他接受了爱德华·科林说他缺乏客观性的批评，还承诺今后在这方面多下功夫。他也承认《埃格内特和美人鱼》有瑕疵，但仍然觉得人们忽略了作品的迷人之处。用他的话来说，《埃格内特和美人鱼》就算不是卡拉拉大理石，也绝不是普通的灰石头。最终，安徒生感谢了朋友们中肯的批评，说："我知道，良药苦口利于病。"截至目前，一切都很好，只是安徒生总爱纠结自己的过错，直到他说服自己是世界上最没用的人，而那些所谓的朋友联合起来是为了密谋击垮他。很多时候，安徒生一点儿也不在乎自己说了些什么，总是想着生活中所有的快乐会随着"沉船"一起沉入大海。起初，安徒生很有气度地接受了爱德华·科林的批评。但几个月后，安徒生又觉得爱德华·科林把自己当作小学生对待，实在忍受不了。带着这种想法，他给"亲爱的爱德华·科林"写了一封信。爱德华·科林的父亲没有把这封信交给爱德华·科林，而是把它藏到了壁炉后面，这也算是他一生中为安徒生做过的最大的贡献。至于克里斯蒂安·莫尔贝克一贯的恶评，安徒生则厌恶至极。安徒生激动地喊道："克里斯蒂安·莫尔贝克糟蹋了他手中的笔！等到他死去的那一天，上帝可能才会大发慈悲原谅他。"《埃格内特和美人鱼》遭到批评的这段时间里，安徒生的信中隐约透露出自杀倾向。爱德华·科林责备他"忘记了上帝的存在"，"违背了基督教徒的信仰"，只相信自己脑海里的思想。安徒生说他已经枯竭到只剩渣滓，那些虚伪的朋友却继续递给他有毒的圣杯。他的名誉荡然无存，他的希

---

① 是指路德维希·穆勒（Ludwig Muller）。比勒和比约夫：《致安徒生》，第1卷，第529页。——原注

望如泡沫般破灭。他对一切都心如止水，再也找不到活下去的理由。某个偏远的教堂墓地的角落，是唯一对他敞开的地方。安徒生对朋友们待他的方式深感不满，并将这种情绪发泄到对国家的鄙视，像个怨妇似地用尽各种方式贬低自己的国家。他感叹说意大利一直处在夏天，月桂树四季常青，橘子树也总散发着清香。但他的祖国丹麦永远弥漫着浓雾，天空阴沉，大雪纷飞。他叹息说他体验了南方——意大利——极致的温暖，但不得不魂归故里——寒冷的北方——丹麦。安徒生抗议道，他人生的幸福悬于一线，而朋友们[①]却亲手切断了那根线。他人生的唯一梦想就是再也不写作了。他把被评论家们谋杀的诗歌埋葬在意大利。上帝给了他成为高贵诗人的通行证，但评论家们把这张通行证撕成了碎片。意大利到处开满鲜花，结满硕果，仿佛天堂。而他亲爱的故土却是一个贫穷的、被上帝遗弃的地方，以至那里的人们只能满足于一丁点绿草和零星分布的野李子树。意大利有吐露生机的橘子、玫瑰和康乃馨，有辽阔的碧海蓝天、如梦如幻的云朵、令人心旷神怡的空气和香飘万里的葡萄酒。而丹麦就像个被大自然母亲忽略的野孩子，什么也没有。

尽管心情很糟糕，安徒生还是设法从狂欢节[②]中找到了一点儿乐趣。狂欢节后的第二天，在亨利克·赫兹的陪伴下，安徒生前往那不勒斯。他和亨利克·赫兹相处得很融洽，甚至承认亨利克·赫兹是个优秀的诗人。接下来的几周，"高贵的安徒生和亨利克·赫兹"开始同住一间卧室。安徒生在那不勒斯听到了玛丽亚·马里布兰[③]演唱的《诺尔玛》。他说："我的心都被这首歌揉碎了。我哭了，而人们开始鼓掌。竟然有个人发出嘘声，是的，就是嘘声。怎么会有这么邪恶的人呢？"尽管如此，安徒生对《诺尔玛》的歌词并不满意，他宣称自己要为丹麦皇家剧院写一首新的歌词，只要评论家们能绅士点儿待他。安徒生跟亨利克·赫兹一起攀登维苏威火山，恰逢火山喷发，仿佛在热烈地欢迎他们。亨利克·赫兹吓得要往回走。安徒生却一反胆小

---

① 指爱德华·科林。——原注
② 狂欢节是西方的传统节日，一般在2月或3月举行。
③ 玛丽亚·马里布兰（**Maria Malibran**, 1808—1836），西班牙女中音，19世纪最著名的歌剧演员之一。她以脾气暴躁和戏剧性的音色而闻名。她八岁首次登台，十七岁时加入伦敦国王剧院合唱团。

的常态，认为人生需要体验新奇的经历，坚持要爬到火山顶部。齐膝的火山灰还冒着黑烟，月亮在浓烟的遮挡下若隐若现。为了看到刚喷出的熔岩，他们穿过一层半干的熔岩壳，透过裂缝俯视下面红色的岩浆。就在约几码的地方，火红的熔岩瀑布顺着山腰呼啸而下，硫磺的烟雾几乎让他们窒息。安徒生说："我感觉我的生命掌握在上帝的手中，我欣喜若狂。"[①]最终，安徒生安然无恙，只是磨破了鞋底。而让安徒生更开心的事就是参观卡普里的蓝石洞穴，他是第一个记录下卡普里的蓝石洞穴的人[②]。安徒生已经去过帕埃斯图姆、庞贝和阿马尔菲。可惜的是，他放弃了去西西里岛的念头。虽然一直很节省，但安徒生手头的资金确实快花光了。他想尽可能节省，靠着剩下的这点钱度日。他连自己喜欢的食物都舍不得买，更别说昂贵的奶油了。尽管这样，旅行快结束时安徒生也已捉襟见肘。他写道："难怪说诗人不能吃得太多，诗人应该让自己饿着。"他吓唬朋友们说回家时他会饿得皮包骨头。顺便说一句，精打细算也是安徒生的一个性格特点。他在管理财务方面相当有一套，尽管他本人并不吝啬小气，但他善于把开支降到最低来维持生活[③]。旅行的前一夜，安徒生总是预先计划好整个行程，确定要待多长时间，在行程中的每一个地方要花多少钱。他总是事先做好最少的预算，最后也不会多花一分钱。一年零四个月里[④]，他带着不到一百英镑游遍了法兰西、意大利、普鲁士，还在蒂罗尔和布拉格短暂停留。其间，他还省下钱给自己和朋友们买了些小工艺品。当然他的钱也买不了别的。

如果说到罗马之前安徒生就对意大利充满了热情的话，那么当他看到那不勒斯的时候，他已经感到欣喜若狂了。安徒生在信中对朋友写道："死后我的灵魂会停留在那不勒斯，那里的夜晚太美了。"西西里岛的首府和周边的事物都让安徒生为之着迷。岛看上去就像浮动的云朵，孩子们就像埃菲尔群

---

① 比勒和比约夫：《致安徒生》，第1卷，第201页。——原注
② 见《即兴诗人》。——原注
③ 爱德华·科林：《汉斯·克里斯蒂安·安徒生与科林一家》，第512页。他认为这是安徒生最实用的才能了。——原注
④ 从1833年4月到1834年8月，安徒生一直在外旅行。——原注

玛丽亚·马里布兰

维苏威火山

卡普里的蓝石洞穴

庞贝遗址

岛的天使，女人们都像完美的圣母玛丽亚。最让人沮丧的是，回到罗马后，虽然安徒生及时赶上了复活节庆祝活动，但活动中他对教皇十分无礼[①]。在西西里岛待了几天后，安徒生便和雕塑家贝特尔·托瓦尔森及其他朋友潸然泪别，踏上了回家的路。他首先要越过山区到达博洛尼亚，然后经菲拉拉抵达威尼斯。离开意大利之后，他不停地抱怨和呐喊，悲惨的命运迫使他回到荒凉的北方，那里等着他的只有嘲讽和虚情假意。与哥本哈根繁华街区里的作家相比，他更愿意当一名坐在那不勒斯橙子树下的修道士。返回的路上，他戴着有色眼镜看待周围的一切。到达威尼斯的那天晚上，安徒生被床上的一只蝎子蜇了，他称其为具有澳大利亚和意大利双重特征的动物。一只死天鹅漂浮在浑浊的水面上；贡多拉[②]死气沉沉地在运河里划行，看起来就像许多灵车，让他极不舒服。他最感兴趣的是华丽的圣马可广场和里阿尔托桥——"威尼斯商人就是在那儿跟别人讨价还价的"。三天后安徒生决绝地离开了这个"尸体般死气沉沉的城市"。在蒂罗尔，安徒生和一个叫詹姆逊的苏格兰年轻小伙一起同行。当看到起伏的群山时，苏格兰小伙不由想起了家乡的高地，顿时生发了思乡之情。安徒生丝毫没有思乡的感觉，不禁对自己有些气愤。普鲁士南部浅绿色的杨树和山毛榉让安徒生感到烦躁，而撒克逊瑞士现在看起来似乎虚有其表。他不停地哀叹再也看不到南方的棕榈和仙人掌，再也闻不到新鲜空气中弥漫的橙子和柠檬的清香，再也见不到巨大的柏树和天鹅绒叶的橄榄树。想想吧，眼前的一切即将换成浓重的雾气和积雪，打湿他的靴子！在维也纳停留期间，剧院里有一个小隔间供他使用。在丹麦，尽管他有权享受这种待遇的，但"亲爱的祖国"从没有给予过他这种特权。波西米亚的街道上充满了菩提树的芳香，每走一步都会遇到头发跟马鬃一样黝黑、皮肤土黄的吉卜赛人。波希米亚是唯一一个在短时间内让安徒生重拾幽

[①] 教皇经过的时候，安徒生的朋友亨利克·赫兹给他示范如何行屈膝礼，但安徒生还是拒绝对教皇行礼。当时安徒生的确是个狂热的新教徒。他对修道士和修女都心存怀疑，他认为对耶稣会的人彬彬有礼是卑躬屈膝的表现。——原注
[②] 贡多拉又名刚朵拉，是独具特色的威尼斯尖舟，约十一米长，一点五米宽。可乘六人。这种轻盈纤细、造型别致的小舟已有一千多年的历史，一直是居住在潟湖上的威尼斯人代步的工具。

默感的地方。安徒生在布拉格很开心。他有幸在哈德辛宫见到了流亡的查理十世①，还见到了那几天正好在波西米亚首府的昂古莱姆公爵和公爵夫人②。他学了很多捷克语，他把捷克语比作骗子的大声呼喊。每经过一个漂亮姑娘跟前，他都在马车上大喊"我爱你，可爱的姑娘"。一个有着黑天鹅绒般美丽的眼睛，举止端庄的捷克女郎用难以理解的术语给安徒生算了一卦。尽管柏林诗人们的关注让他受宠若惊，但安徒生比从前更难忍受待在柏林。

旅行期间，安徒生一直没来由地担心回到丹麦会受到不堪的待遇，因为丹麦的"每个人都是如此冷漠、精明"。事实上，安徒生的许多朋友十分反感他那没完没了的伤感，也反感他一边享受着国王的恩惠，一边又忘恩负义地攻击自己的祖国，更反感他歇斯底里的呜咽。但他似乎被朋友们当成了一个生病的小孩。他甚至不用对自己的病态幻想负责，只需要被哄得更有幽默感。安徒生视莱瑟夫人为自己的亲生母亲。安徒生的感情失败后，莱瑟夫人一心认为安徒生最应该做的事便是结婚安家。她一门心思地帮安徒生寻找漂亮女孩，结婚生子，当一个态度认真的良好市民，尽可能利用贫穷的国家给予他的一切，用慈善的外衣来掩盖不纯正的内心。其他朋友直截了当地告诉安徒生不要再自怨自艾，应该重新拿起笔，因为只有这样，他的祖国和同伴才有理由在他回国时给予热烈的欢迎。其实回到哥本哈根后，安徒生惊讶地发现，所到之处，人们都向他伸出了欢迎的手并示以微笑。科林一家人像对待自家儿子和兄弟一样迎接了安徒生。看到安徒生回来了，乔纳斯·科林眼中噙着泪水，而爱德华·科林还是老样子，穿着白色外套，嘴里叼着一刻都离不开的烟斗。人们甚至在街上叫住他，问他过得怎么样，问他什么时候去皇宫感谢最慷慨的国王。两个国会议员也向他发出见面的邀请。③安徒生恍

---

① 查理十世（Charles X, 1757—1836），法兰西波旁王朝复辟后的第二位国王。1824年9月16日至1830年8月2日在位。1830年，查理十世被推翻，流亡英国，后终老于意大利。
② 昂古莱姆公爵（Duke of Angoulême, 1775—1844），即路易十九，是法兰西末代国王查理十世的长子。七月革命爆发后，查理十世下诏逊位，因为需要签署退位协议和放弃王位继承权的文件，而这两个文件的签署需要二十分钟，所以路易十九便在这二十分钟内成了形式上的法兰西国王。
③ 汉斯·克里斯蒂安·安徒生：《我的童话人生》，第181页到第182页。安徒生提到好像有人决意要把他彻底击垮，并暗示有段时间他所有的朋友都不在他身边了。——原注

博洛尼亚

圣马可广场

查理十世

昂古莱姆公爵

然大悟，如果说之前他仍对在心爱的意大利发生的一切念念不忘，那么现在他觉得是时候为祖国正名了。他甚至想为以前对祖国不友好的行为道歉。安徒生说，毫无疑问，丹麦的确是他最好的朋友，而意大利仿佛是他的情妇，一个人当然不可能爱朋友像爱情妇一般！提到安徒生这段时期郁郁寡欢的精神状态，我们不能忽视他极度贫困的事实，尽管他还有八个月的少额补助金，身边还有很多优秀的朋友。他并不畏惧真正的穷困，但总是对金钱问题十分敏感。乔纳斯·科林对安徒生来说就像父亲一样，即便如此，如果安徒生接受这么亲密的人给予的金钱援助，骄傲和独立的性格也会让他过意不去。1834年底①至1835年上半年这段时间，安徒生穷得快揭不开锅了。他竭尽所能维持日常生活，但手头的钱只够维持一周的生活，加之几乎没有再赚到钱的希望，所以他常常不知所措。1834年底，他申请了皇家图书馆图书管理员助手的职位。1835年5月底，他创作的《即兴诗人》已经广为人知。经典的《安徒生童话故事》前半部分出版后，安徒生确信他年底能靠这本书或其他活儿挣几百利克斯银元。那时他被迫在写给乔纳斯·科林的信中说道："我太穷了，我觉得我比街上最凄惨的乞丐都穷，贫困让我崩溃，也让我丧失了勇气。我觉得我的未来黯淡无光，我几乎没有勇气去思考。到时候，我可能会被迫当个贫穷的乡村家庭教师谋生，或者在几内亚海岸找个栖身的地方。很多人觉得微不足道的钱，在我心中却很重要。出版商卡尔·安德烈亚·赖策尔没有资金，因此只能等我完成《安徒生童话故事》的后半部才能出版。我连衣服都买不起，每个月除了交房租，还有其他一些开销。鉴于这些情况，你能帮我从公共基金或其他渠道拿到一百利克斯银元吗？我知道，你一向对我很体贴，正是这种关怀让我感到羞愧，我总是给你带来困扰，给你添麻烦。"②

　　幸运的是，这种窘境没有持续太久。1835年初，安徒生出版了第一部小

---

① 1834年8月，安徒生回到了哥本哈根。——原注
② 爱德华·科林：《汉斯·克里斯蒂安·安徒生与科林一家》，第241页到第242页。乔纳斯·科林收到信的当天就给安徒生回信了："祈祷今晚会很顺利，你肯定会度过一个愉快的夜晚，明天我们再一起讨论该怎么解决你的困难。"安徒生自己不愿意提及他遭受的困苦，只有乔纳斯·科林和他的儿子爱德华·科林知道。《我的童话人生》里也没有提及这点。——原注

说《即兴诗人》，并一举成名。关于他的"精神产儿"——他写的书，安徒生总是侃侃而谈。而这次，他却一反常态，对他的"意大利儿子"——《即兴诗人》——保持沉默。由于《埃格内特和美人鱼》的惨痛经历似乎打击了安徒生的信心，所以《即兴诗人》出版之前，他不敢提前做任何宣传，生怕这部作品又会失败。动笔创作《即兴诗人》之前，安徒生花了很久的时间来构思。一方面，他要四处旅行，没有足够的时间来写作；另一方面，在意大利旅行早期，他把路上的时间都用来绘画了——他在作品集里放满了素描，要么送给朋友，要么留在身边，当作纪念以备将来之需。在那不勒斯的时候，安徒生的确试着写了两部悲剧，但刚写了个开头就搁置了。正如他用优美语言表达的那样，他的缪斯女神已经在橘子树下睡着了，但肯定会在阿尔卑斯山脉的另一边醒来。真如安徒生期盼的那样，他的缪斯女神不久真的醒来了。从罗马回家的途中，安徒生开始创作《即兴诗人》。到达慕尼黑后，他继续创作，并最终在索罗的树林和花园里完成了这部作品。安徒生将《即兴诗人》以二十五英镑的价钱卖给了著名出版商卡尔·安德烈亚·赖策尔，但卡尔·安德烈亚·赖策尔不愿冒这个险，除非安徒生能提供一些采购商的名单。经过科林一家的帮助，安徒生成功拿到了采购商的名单。《即兴诗人》出版了，并得到了好评。几个月后，《即兴诗人》第一版售罄。很快便有人要求购买第二版，于是1835年底第二版便出版了。毋庸置疑，这本书大受欢迎，安徒生也因此一举成名。

《即兴诗人》的主人公是一个叫安东尼的年轻人。安东尼是一个住在罗马的贫穷寡妇的独子，后来被一位他救了性命的贵族收养，还被送到教会接受教育。然而，安东尼在舞台剧表演方面更有天赋。当他遇到漂亮的女主角安努齐亚塔，安东尼放弃了贵族给予的恩惠及可以预见的大好前途，追随自己的天赋，以即兴表演家的身份赢得了声誉。他暗自希望有一天能得到善良又美丽的安努齐亚塔的青睐。起初，安东尼这种柏拉图式的感情让他陷入困境。他误以为最好的朋友伯纳多是他的情敌，和伯纳多发生了争吵，进行了一场决斗，甚至险些杀死伯纳多。安东尼从罗马逃了出来，却落入了土匪之手，后来被一位不知名的朋友悄悄赎了出来。最后,安东尼在那不勒斯以即兴表演的身份首次亮相,大获成功,因此他很容易就取得了此前得罪过的恩人的谅解。贵族的女儿弗朗西丝卡和她的丈夫法比安把漂泊在外的安东尼带回了罗马。接下来的六年时间里,安东尼继续自己的学业,以求能有更大的发展。尽管他诗意的灵魂对严格的学术约束感到厌恶,但他崇高的舞台理想也没有得到他人的认同。此外,他一直深陷于对心爱的安努齐亚塔的回忆之中,他敏感的内心渴望这份感情有所回应。他再次见到了安努齐亚塔,这次见面对两个人来说都很伤感。住在威尼斯的时候,在好奇心的驱使下,他来到一家肮脏的小剧院。在众多苍白憔悴的女配角里,他认出了安努齐亚塔——以前风光无比的她现在如此凄凉悲惨。有着骑士精神的安东尼站了出来,亮明身份,提出要保护这位可怜的女士。但为时已晚,安努齐亚塔不卑不亢地拒绝了他的帮助。就连泪流满面的安东尼提出再次见面的请求,也被安努齐亚塔冷酷地拒绝了。不久之后,面临死亡的安努齐亚塔在病床上给安东尼写了一封信,讲述了她悲伤的故事,并告诉安东尼尽管他们之间的爱情被外界环境所迫害,但他是她唯一的梦中情人。读完这封信后,安东尼留下了悲伤的眼泪。为了让自己走出这段感情,他和一个叫玛丽亚的威尼斯女孩结了婚。玛丽亚是他以前偶然结识的一个朋友,自此以后占据了安东尼那敏感的心。《即兴诗人》中的角色大多选自安徒生真实生活中的人物。安东尼很显然就是安徒生本人,老多米尼加就是安徒生的母亲,而安努齐亚塔这个人物的灵感来自玛丽亚·马里布兰,玛丽亚这个人物是由安徒生在帕埃斯图姆附近遇到的小盲女乞丐演化来的,只不过在书里让她重见了光明。

  以现在的眼光来看,我认为《即兴诗人》这种小说很难取得成功。《即兴诗人》的情节太牵强,角色也很肤浅。在19世纪末的评论家们看来,《即兴诗人》的剧情十分老套。但在19世纪30年代,情况就不一样了,《即兴诗人》里的多愁善感被人们视为至高无上的优点。尽管海因里希·海涅讽刺了这部小说,但那时文学的主流学派还是浪漫主义,感情用事的浪漫在任何地方都是小说中最受欢迎的部分。《即兴诗人》的魅力在于生动优美地描绘了意大利的生活和风景，即使是人物身上简单的热情，直到现在也都充满感染力。当年，《即兴诗人》成为丹麦的文学佳作。一时之间，安徒生的盛名享誉全球。他的朋友们既震惊又欣喜，评论家们都缄默不语，以往的对手要么转变态度要么认输。安徒生甚至收获了最意想不到的祝贺。最让他开心的是他征服了极为严格认真的诗人约翰·卡斯滕·豪克。六年前，每个人都在赞美《旅行》时，只有约翰·卡斯滕·豪克有勇气称它为"肤浅的儿戏"，并怀疑它的作者是否真正拥有才华。《即兴诗人》让约翰·卡斯滕·豪克确信他以前的判断太草率了。在给安徒生的道歉信中，他充满男子气概地承认以前的看法是错误的，希望从今以后能成为安徒生的仰慕者。《即兴诗人》这部新书的名气不久便传到了海外。丹麦语第二版出版之前，克鲁兹教授已经将第一版译为德语。1835年以后的十年里，瑞典语、丹麦语、英语[①]、俄语和波希米亚语的版本相继出现。沙米索是第一个拿到德语译本的人。他给安徒生写了一封贺信，令安徒生喜极而泣，心中充满了对上帝和世人的感激之情。现在每个人都确信安徒生终于发挥出了自己的才能，以后的生涯里他将会成为一名伟大的小说家。安徒生和他们一样从心里这样认为，但其实他们完全错了。以我们这个时代非常高的标准来判断，丹麦小说《即兴诗人》并不是一部出色的作品。其中的亮点——对意大利风土人情的描写——并不比后来的许多丹麦小说生动。维尔赫姆·伯格索创作的优美小说《波波罗广场》要比《即兴诗人》更好。安徒生要找到另一条成名的途径，而不是靠高贵的小说和戏剧出名。他想追寻一条崭新的、不寻常的路。他偶然发现了一个极其难得的机会，并成为第一位探索这条路的人。一位伟大的评论家形象地说："经过长时间的摸索和很多年漫无目的的游荡，一天晚上安徒生发现自己站在一扇渺小却神秘的门前，那就是童话之门。他碰了一下，门就开了。他看见黑暗中闪烁的火花，那个小打火匣就是他的阿拉丁神灯。他点燃了火匣，便点燃了神灯的灵魂——几只有着茶杯一样大眼睛的狗像车轮一样，又像巨塔一

[①] 最好的英译本是休伊特夫人翻译的。另一部匿名英译本于1857年出版，得到了约翰·吉本森·洛克哈特的高度评价。——原注

样，站在他身边，把三个装满金银铜币的大箱子带到他面前。第一本童话诞生了，所有人都为之疯狂。找到对的打火匣，安徒生感到无比快乐。"[1]接下来让我们去看看安徒生的第一本童话是如何诞生的，以及公众对他第一部童话的看法。

---

[1] 格奥尔格·勃兰克斯：《评论与肖像》。——原注

第 6 章

第一本童话故事——更多小说

精彩看点

创作童话的源泉——第一部小故事集——讲好故事的主要原因——安徒生对讲故事的拙见——丹麦评论家对童话故事的愚蠢评价——评论家的质疑——朋友的意见——"伊索拉的幸运儿"莱克斯霍尔姆——淘气的野丫头——第二本传奇故事——安徒生觉得对自己的批评不公平——安徒生的信——安徒生第一次去瑞典——安徒生结交布雷默夫人——安徒生极高的虚荣心——泽维尔·马尔米耶对安徒生的描述——"一个诗人的生活"——金钱方面的尴尬——安徒生接受国家提供的补助金——花花公子安徒生——安徒生没钱结婚——上流社会的焦点

人们普遍认为安徒生非常喜欢小孩子。安徒生的好朋友们虽不以为然，但认同安徒生确实很招小朋友喜欢。安徒生极具智慧却始终保有一颗童心，也正因如此，他可以完全体会到孩子们的感受和幻想。他说话风趣幽默，尤其喜欢和那些乖巧、漂亮的孩子一起玩，给他们讲童话故事。

安徒生的脑子里储存着大量童话故事，随口就能娓娓道来。他讲童话故事的方式很独特，就像在给小孩子们施魔法。他不仅能随心所欲地发挥自己的幽默和想象力，还能用孩子们喜欢的、充满童趣的语言滔滔不绝地讲个不停，甚至会通过表演滑稽的动作和扮鬼脸来调节气氛。他借助普通的事物来描述生活。譬如，"孩子们坐上了马车，然后驾车离去了"，他会表述成，"他们坐上了马车，'爸爸，再见'，'妈妈，再见'，啪嗒啪嗒，马鞭扬起又落下，马车飞奔起来，他们就这样匆匆忙忙地出发了"。爱德华·科林告诉我们，只需听一下安徒生在公众面前朗读他自己的童话故事——尽管这算是一种特权，就可以感受到安徒生和孩子在一起时散发出的特有的快乐和活力。不过，安徒生的这份天赋除了用来哄孩子，似乎还应有更大的用武之地。直到有人建议安徒生用自己的天赋创作童话故事，就像他习惯口头上给孩子们讲故事那样。这样一来，这些故事不仅能被安徒生身边的朋友阅读，还能广为传阅。

此外，这些口述的故事被安徒生写下来后，既可以供大孩子们独立阅读，也可以由父母们熟记后声情并茂地讲给小孩子们听。于是，安徒生决定写童话故事书。1835年初，他的《即兴诗人》出版，仅仅过了几个月后，一本很小的童话集[1]第一册《讲给孩子们听的故事》便在哥本哈根的书报摊上出售了。童话集中包括《打火匣》《小克劳斯和大克劳斯》《豌豆上的公主》和《小意达的花儿》。1836年，第二册《讲给孩子们听的故事》问世，其中包括《拇指姑娘》《顽皮的孩子》和《旅伴》。1837年，第三册《讲给孩子们听的故事》出版，其中包括《小美人鱼》[2]和《皇帝的新装》。这三册合起来组成了安徒生的第一部童话故事集。

　　毫无疑问，此时安徒生取得的成就已经为自己今后的成功奠定了基础。他尽管自己一直不太承认在文学领域的独特地位，但没有人敢质疑他的影响力。安徒生的想象力有时局限、敏感，漂浮不定；有时像施了魔法，游走于世间万物，却不在任何一个事物上停留；有时会比较流于表面。他的想象力逐渐将他塑造成了一个与二流小说家并无二致、不出彩的戏剧家。尽管如此，他的想象力也有孩子气的一面，与千变万化的童话场景相得益彰。无论是植物、花、鸟、猫和洋娃娃，还是云、阳光、风和四季，他都能将它们拟人化。而安徒生艺术的精髓就在于他珍视童趣、关爱孩子，故事也常用和孩子相似的元素。例如他文中出现的动物，就是孩子们的化身，植物则代表那些睡着的孩子[3]。我们知道，安徒生对生活中所有令人厌恶或痛苦的事物过度敏感，退缩不前，根本不愿正视那些丑陋的事实[4]。这些精神上和道德上的缺点，虽然给他的小说和戏剧增添了很多不确定的伤感，但给他的童话添加了一

---

[1] 我找不到比"童话"更好的词来为这些故事取名了。丹麦语中安徒生用的"Eventyr"这个词确实无法翻译，它来源于德语中的"Aventure"一词。"Aventure"这个词是从"Aventura"演变来的。丹麦语中的"Eventyr"来源于普鲁士北部和西部的方言，直到16世纪末才首次出现在书面语中。这个词用于代替德语中的"mdrchen"。正因为如此，这个词其实应该翻译成"民间故事"，而不是"童话故事"。但安徒生还是把它理解为童话故事。他把其他真实存在的故事统称为"历史故事"。因此，他的作品集都译为童话故事或者历史故事。——原注

[2] 《小美人鱼》是安徒生效仿莫特·福凯创作的童话《涡堤孩》（又名《水妖记》）所创作的。安徒生告诉我们，在他全部作品中，《小美人鱼》对他影响最大。——原注

[3] 格奥尔格·勃兰克斯：《评论与肖像》。——原注

[4] 一只颤栗的手永远无法描绘出世间的洪水猛兽。格奥尔格·勃兰克斯：《评论与肖像》。——原注

抹迷人的色彩，使他的童话比其他故事更适合孩子们阅读。在孩子们的童话世界里，那些多愁善感之事反而成了好吃的蜜糖。因此，在安徒生的童话故事里，每个孩子都是好孩子，动物们都是友善的家畜——虽然会愚蠢或势利，但从来不野蛮残忍。最后，我们终于发现了安徒生讲童话故事如此成功的秘诀。作为一位童话作家，安徒生拥有一种极为罕见的塑造角色的能力，更确切地说，他能够唤醒众多超自然的生灵，例如精灵、侏儒、水妖、巨魔、森林女神和美人鱼，并赋予它们不同的性格特征。安徒生创作的这些角色都非常逼真。如同查尔斯·狄更斯的双眼能够洞察人性一样，安徒生的眼睛能看穿古怪精灵的童话人生。在童话故事这一领域，作家们或是局限于收集各种故事，例如格林兄弟①和彼得·克里斯滕·阿斯比约恩森②；或是善于改编故事，例如奥诺伊公爵夫人③；而唯有安徒生独具天赋，用孩子的视角，成功将童话故事创作得清新、生动而自然。安徒生也会从日常积累中提取创作的灵感。他还擅长用独特的写作手法，把古老的故事改进、改编成新的作品，经典故事《打火匣》和《野天鹅》就是活生生的例子。但他最拿手的还是原创故事，尤其是《影子》和《小美人鱼》——这两则童话可以说是他最出色的作品了。在二十多年后出版的自传中，安徒生流露出些许不满，恳求他的读者不要想象"童话故事"一开始就会受到欢迎或高度赞赏，而事实恰恰相反。安徒生说得没错，但他如果还记得最初连他自己都不重视那些作品，就不会对批评家的意见耿耿于怀了。

---

① 雅各布·格林和威廉·格林是普鲁士的语言学家、文化研究者、民间故事和古老传说的搜集者，并推广了最早的口头讲故事的传播形式。代表作包括《灰姑娘》《青蛙王子》《睡美人》和《白雪公主》等。

② 彼得·克里斯滕·阿斯比约恩森（Peter Christen Asbjørnsen，1812—1885），出生于挪威奥斯陆，是挪威著名的民间传说搜集者。1833年，他进入奥斯陆大学学习。在二十岁的时候，他就开始收集和创作童话、传说故事。后来，他徒步穿越了整个挪威，这段经历为他的创作提供了大量素材。

③ 即玛丽-凯瑟琳·勒·朱梅尔·德·巴内维尔（Marie-Catherine Le Jumel de Barneville，1650/1651—1705），法兰西作家，以童话故事闻名。她将自己的作品称为《童话故事》，并首创用"童话"一词来描述这一类型的文学作品。

彼得·克里斯滕·阿斯比约恩森

奥诺伊公爵夫人

威廉·格林

雅各布·格林

安徒生全力以赴,心无旁骛地完成《即兴诗人》,只为能成为丹麦最伟大的小说家,而童话创作在他看来只是一件小事。实际上,无论是批评家还是普通民众,丹麦人都未将安徒生的第一本童话故事集当作独特、珍贵的文学作品,甚至没有给予足够的重视。

《文学》杂志的评论家丹那拉勉强承认,孩子们在读《打火匣》《小克劳斯和大克劳斯》和《小意达的花儿》这些故事的时候会读出些乐趣来。但他同时提到,仅凭这个理由就能说服读者去阅读这种没有营养甚至有害的文本吗?确实如他所言,一个躺在床上的公主被狗狗驮到士兵面前亲了一下,回家的时候却谎称所有事情都是一场梦——孩子即使读过这个故事,也不会提升品位。用大克劳斯杀了祖母,小克劳斯又杀了大克劳斯这样充满悲情色彩的故事来教育孩子尊重生命,是正确的吗?丹那拉最后恳求这位"天才作家",未来就不要浪费时间去写什么童话故事了。丹那拉抱怨安徒生的故事语言太过口语化,且故事中没有指出任何道德问题。基于上述两点原因,他认为当时发行的克里斯蒂安·莫尔贝克的童话故事集①更值得阅读。

安徒生很多熟悉的朋友并不知道他的这些故事是如何创作出来的。英格曼女士甚至无法接受这些故事。作为一名毫无幽默感,且在自己小说里也无真情实感的作家,英格曼女士根本不喜欢安徒生小说里那些幽默滑稽的角色,尤其是那些很出名的角色。安徒生瑞典的朋友布雷默夫人有着与众不同的鉴赏力和判断力,她对安徒生的故事表达了赞美之情,同时也提出了保留意见。布雷默夫人认为《小美人鱼》中充满了深刻且优美的诗意,只是孩子们的理解能力还达不到这个层次。她写道:"这则故事中充斥着深沉的痛苦,几乎超越了人们的理解范围。"②她也很欣赏《野天鹅》中那些"让人沉醉其中的描写"。不过她最喜欢的还是《拇指姑娘》,她觉得拇指姑娘的品质像一颗完美无瑕的宝石。但毫

---

① 即《给孩子们的圣诞礼物》,其中收录了从各种途径收集到的极好的童话,包括格林兄弟和奥诺伊公爵夫人的许多作品,以及备受克里斯蒂安·莫尔贝克好评的安徒生的《坚定的锡兵》。——原注

② 比勒和比约夫:《致安徒生》,第1卷,第54页到第55页。——原注

无疑问，这位极具创作天赋的女士同样建议安徒生离开童话领域，抛弃这些侏儒、水妖和妖精，将他的灵感从生活和自然中剥离开来。

与布雷默夫人相比，约翰·卡斯滕·豪克对安徒生的作品关注得更多，也发现得更多。他也觉得安徒生的这些童话差强人意，他的评论放到今天再读颇有诙谐之意。约翰·卡斯滕·豪克十分反感故事中士兵对帮助过他的女巫的做法，他认为这种"道德冷漠"会损害故事情节。他觉得《小意达的花儿》中呈现的霍夫曼风格太过了，但他很喜欢《豌豆上的公主》这则故事。

安徒生的朋友中仅有两位最初就预见了安徒生童话无人能及的优点，显然他们才是丹麦头脑最清醒的人。汉斯·克里斯蒂安·奥斯特写信给安徒生说，《即兴诗人》可以让安徒生成功，而这些童话故事则能让他真正不朽。约翰·路德维希·海伯格则用纯粹批评家的眼光，认为安徒生的童话故事不可估量，其他作品都无法与之媲美。

安徒生听到这些很高兴，但并不太相信，觉得汉斯·克里斯蒂安·奥斯特与约翰·路德维希·海伯格在用夸张的方式表达他们的热情；而公众也似乎跟安徒生持有同样的观点。安徒生的童话故事一开始并没有大放异彩，销售量也不太理想。但随着这些童话故事逐渐进入更多的丹麦家庭，一两年后，安徒生无论走到哪儿都备受欢迎，至少孩子们都成了他的狂热粉丝，丹麦的幼儿园都在讲述安徒生的童话故事，孩子们对他的故事耳熟能详。

与此同时，安徒生正忙着创作一部新的小说。写这部小说占用了安徒生很多时间，以至他的朋友经常抱怨，成名后的安徒生忘了朋友。安徒生搬了家。新居位于新港一栋房子的二楼，虽然比原来住的地方更宽敞、舒适，但也有不便之处——他楼上住着一群吵闹的孩子，楼下住着一位小提琴老师，天天免费为他举办音乐会。他在写给朋友的一封信中说道："所以你看，我生活在和谐与不和谐之中，我想这是我们在这个世界上必须经历的。"[①]不过，他还是认为窗前的景致给了他巨大的补偿。有时，他可以透过窗户

---

① 比勒和比约夫：《致安徒生》，第1卷，第260页。——原注

《豌豆上的公主》插图

《打火匣》插图

《拇指姑娘》插图

《小美人鱼》插图

欣赏风在船帆之间嬉戏；有时，他还可以观赏植物园的美景，就像"一整片绿油油的伦巴第平原"，在那里，月光下的树影婆娑，留下一片像"亲爱的黑柏"一样漆黑的地带。由此可见，安徒生的思绪仍停留在心爱的意大利。他非常向往意大利。他曾说过，只要能去意大利，他甚至愿意忍受和克里斯蒂安·莫尔贝克结成旅伴。他曾多次抱怨丹麦糟糕的天气。他在写给意大利朋友的信中提及，"我回到了我亲爱的家乡，这个只有雨、雪和雾的地方"。他甚至建议，在丹麦订婚的夫妇选定情信物的时候首选雨伞而不是戒指。他抱怨道，丹麦的气候总是妨碍他成为一个真正的诗人，好像他的命运注定因此变得艰辛。安徒生明明拥有南方人的气质，为了谋生却不得不在斯堪的纳维亚半岛的漫天迷雾和狂风暴雨中艰难度日。他说自己也很想爱国，但怎样才能对有着拉普兰[①]的气候的国家充满热忱的喜爱之情呢？"如果我们有一个真正热爱艺术的王子，"他补充道，"我现在应该去希腊了。"然而，现实并非如此，安徒生不再是一只飞翔的鸟儿，而只是一株种在花盆里的植物，时不时享受一点甘霖。他明白自己不该有过高的期望，毕竟还有许多其他植物在等待别人来照顾，譬如卷心菜和雏菊；当然，卷心菜的用处可大着呢。如果可以，他甚至乐意把自己一半的生命卖给一个有钱人，这样他就可以有一半时间在意大利生活了。在这方面，他非常嫉妒那些比自己更富有的人。就连经历各种磨难的拜伦在安徒生眼中也是幸运的，因为他可以四处游历，还有足够的财力藐视他人，时不时唱唱歌，用自己的方式享受生活。

  幸运的是，斯堪的纳维亚的冬天并不是永恒的。即使在丹麦，安徒生也发现了一个他称之为"伊索拉幸运儿"的地方，那就是位于菲英岛上莱克斯霍尔姆古堡，一处美丽而古老的宅邸。1835年夏，安徒生第一次造访这座宅邸，并在里面度过了一生中最快乐的日子。此前安徒生从未享受过如此热情的招待。女主人老林德嘉德太太简直把安徒生当作王子一般精心照料。老林德嘉德太太会询问安徒生最喜欢吃的菜。无论他有什么需求，

---

① 拉普兰位于斯堪的纳维亚半岛，在挪威北部。

老林德嘉德太太一定悉数照办,安徒生只需像美食家一样享受美食就好了。顺便提一句,安徒生说的一切都被周围的人奉为至理名言。人们之所以这样热情地欢迎他,不仅是因为他是《即兴诗人》的作者,而且是因为大家对这本书的喜爱。安徒生告诉爱德华·科林:"我生平第一次感觉当作家是如此惬意。"① 安徒生开始对所有事物都充满热情,先是他那由炮塔改造而成的"有趣的房间"。房间里有张带床帏的老式大床和红色的锦缎窗帘。每天醒来他的心情自然会愉悦,再也不必恐惧那些缠绕在梦境里的鬼魂。躺在床上,映入眼帘的是墙上的挂毯,挂毯上绘有奥林匹斯山的全貌,挂毯下方摆放着老林德嘉德太太准备的饭菜和饮料。"你一定会觉得生活的方方面面都赏心悦目,"他写道,"我开始对一切都充满热情,无论是精致的肉汤、牛排,还是温琴佐·贝里尼②的旋律。我喜欢搅拌过的白牛奶,看起来比清晨的日出还要美,轻轻溢出的香槟像小溪一般在我诗意的灵感果园里缓缓流淌。"安徒生原本只想在莱克斯霍尔姆古堡待上几天,但"美丽的风景和甜美的奶油"给他留下的印象太深刻了,女主人和她的家人给予他细心的关爱,"他们欣赏他的才华,奉他为上宾"。这些都深深打动了他,他就这样被轻而易举地说服,先是住了十天,后又延长至十七天。他用调皮的口吻向路易莎·科林讲述,那些淘气的女孩子们用无数的恶作剧来捉弄他。有人会把活公鸡放在他床下,把豌豆塞进他床里,或是把装满金龟子的纸箱挂在他的床帏上。他每次都及时发现了这些恶作剧,又宽宏大量地选择不去追究。譬如有天晚上,在床上发现一个真人大小的玩具娃娃时,他便想着轻微教训一下那些折磨他的人。他把自己打扮成鬼,躺在其中一个姑娘的床上,但最后还是犹豫了,虽然他很确信女主人也会认为这个布局很有创意,却未免有些太以假乱真了。同安徒生一起住在莱克斯霍尔姆的房客是演员弗索姆,他是一个富有幽默感却不太讲礼数的男人。有一次,弗索姆用双手的中指和餐巾纸随兴模仿一位衣衫暴露的芭蕾舞者,

---

① 爱德华·科林:《汉斯·克里斯蒂安·安徒生与科林一家》,第272页。——原注
② 温琴佐·贝里尼(Vincenzo Bellini, 1801—1835),意大利歌剧作曲家,以其悠扬流畅的旋律著称,被誉为"卡塔尼亚的天鹅"。

令在场的人颜面尽失。住在这个好客的大宅子里，安徒生只发生过一次意外。他的燕尾服口袋里不知为何放入了一把剪刀，而他一不小心坐到了剪刀上。他把这个不幸的故事绘声绘色地讲给爱德华·科林："后来，我用醋擦了擦伤口，鲍里拿着盛醋的杯子，弗索姆缝合了伤口。当时的场景真是堪称经典啊！"除此之外，他一切安好。

从莱克斯霍尔姆回到哥本哈根后，安徒生完成了他的第二本传奇故事——《奥·特》。《奥·特》几乎没有什么故事情节，主要是围绕中心人物展开的一系列人物描写，最出彩的地方莫过于安徒生对丹麦生动而美丽风景的描写。安徒生对日德兰半岛的描写虽然已经相当美妙，但相较于斯切尔·毕利赫①的描写，仍稍有逊色。在古朴宁静的菲英岛，未遭损毁的古老教堂、老式的乡间别墅、富饶的牧场、高产的玉米地和鲜亮的山毛榉树林就像从魔镜中看到的那样不可思议。安徒生对欧登塞旧时市场的场景描写也十分精彩，甚至可以跟《即兴诗人》中最精彩的描写相提并论②。在《奥·特》这本书中，安徒生非常巧妙地描绘了生活场景和人物形象，揭示了他真正诙谐风趣的一面。他的语言有时会体现出强烈的狄更斯风味。我们甚至认为他就是在效仿查尔斯·狄更斯。书中的大部分角色都源于生活。譬如书中那个虚张声势的卡莫·容克尔就是以爱德华·科林为原型设计的。然而，这本书有个致命的缺点：书中运用大量笔墨描写的主人公竟然是个性格乏味、无聊至极的人。主人公奥特·斯奥特鲁普毫无骨气，好像现代版中产阶级的哈姆雷特。一个叫格尔曼·亨利的流浪艺人用恶毒的手段毁了奥特·斯奥特鲁普的生活——从来没有令人满意的说法来解释这一切是怎么发生的。心爱的妹妹失踪了，奥特·斯奥特鲁普虽然倍感焦虑，但并未付出半点儿努力去寻找她。《奥·特》这本书至少有一

---

① 斯切尔·毕利赫（Steen Blicher, 1782—1848），丹麦作家和诗人，是丹麦中篇小说的先驱。他主要写一些关于自己家乡生活的故事，并发表在当地的报刊上。他的作品虽然大多以娱乐为主，但不乏精品。

② 安徒生为自己在书中描绘的精美画卷感到自豪，并且曾经说过这些雕塑家应该非常感谢他让他们的市场如此利好。豪伊特夫人很好地翻译了《奥·特》。虽然书中的威廉男爵是安徒生为自己设计的角色，但奥特·斯奥特鲁普才是安徒生本人的真实写照。——原注

半内容都是在讲述这个乏味、悲观的年轻人如何领悟道德和哲学的。最终，失散多年的妹妹回到了他身边——他显然不配得到这样的回报，他格外宠爱这个突然失而复得的妹妹。

像以往一样，安徒生对这部新作充满了热情。他在给一位朋友的信中写道，他觉得自己现在已经登临于名望的高山之巅。评论家们对此也十分认同。即使是最严厉的评论家也认为《奥·特》的风格、人物塑造均在《即兴诗人》之上。编辑们称《奥·特》"传递出的思想丰富而极具诗意"，同时对他可以恰当地运用这些手法达成写作目的表示惊讶，并且还特别赞美书中对人们日常生活和大自然的描述。编辑判断，安徒生的优势[①]就在于生动、自然而机智的想象力。他能够迅速捕捉并充分利用人物表面的性格特征，顷刻之间打动读者，但在塑造人物，尤其是刻画人物的内心世界方面，又略显拙劣。在自传中，安徒生并未过多提及溢美之词，反而花了大量笔墨对匿名评论者恶意不公的谩骂进行回击。因此，难怪那些只读过安徒生自传的读者会单纯地觉得安徒生的同胞忽视、蔑视安徒生，使他的生活过得一团糟。然而，我们从安徒生的信中可以得知，三十几岁是他一生中最幸福的时光。不得不说，安徒生的信绝对可以称为安徒生的情绪晴雨表。通常，知名人士尤其是这些舞文弄墨之人的信，就像是他们的自画像。这些自画像或多或少向我们展示了这些作家的本性。此外，安徒生的信还是一面诚实的镜子，通过微小的细节反映他的性格。通过研究安徒生不同时期的信，我们可以一目了然地看出他的生活状态。总的来说，从第一部原创小说获得成功到第一部戏剧创作失败，这中间的五年是安徒生最快乐的时光。1836年，安徒生向朋友们倾诉，他已经很久没有这么好的感觉了。他在给一位女性朋友写信的时候提到："要是你能看到我在家里悠闲的样子就好了！我穿着精致的睡衣，得意洋洋地躺在沙发上，周围都是我的书、作品和图画。我从来没有像现在这样光明又快乐地憧憬未来。我们的社会名流，譬如约翰·路德维希·海伯格、亚当·欧兰施拉尔，都对我非常友

[①] 爱德华·科林：《汉斯·克里斯蒂安·安徒生与科林一家》，第271页到第273页。——原注

温琴佐·贝里尼

斯切尔·毕利赫

善,充满敬意。有时想想我的童年和那些贫穷的时光,简直就像一场梦。我这个可怜的鞋匠的儿子,曾经还穿着木鞋在欧登塞的街道上乱跑,现在竟连丹麦最有名望的人都想跟我攀亲戚。"[1]确实,安徒生成了丹麦的名人。在丹麦艺术展上,詹森教授还特地为他画了一幅肖像。看到人们开心地聚集在这幅画前,安徒生自己也跟着兴奋起来。当他走在繁华街头,人们对他充满了仰慕;年轻女子经过他身边时,互相推搡着悄声说"他就是那个诗人呢"。这一时期,他的信既诙谐又活泼,批评家对他的言辞也充满了善意,一切都在朝着好的方向发展。他用典雅的奇思妙想、有趣的双关语及自己的滑稽冒险经历来取悦女性朋友们。他还拿着大棒,幽默地威胁又爱又烦的"哥哥"爱德华·科林,以后不许减少对他的热情和关注。而当听到爱德华·科林婚礼的消息,安徒生不禁陷入了自己那段枯萎爱情的回忆,再次泪眼婆娑。他将自己比作站在山顶的摩西,凝视着不愿踏入的乐土。但他很快就恢复过来了,还告诉新娘一些她未来丈夫的优缺点,教她如何管住爱德华·科林[2]。《奥·特》出版后不久,安徒生开启了一段前往瑞典的短期旅程。旅行结束六年后,他在美丽的小册子《瑞典风光》里描述了瑞典的美景。安徒生对自己在瑞典南部的所见所闻甚是着迷。由于瑞典是丹麦的姊妹王国,所以安徒生一开始对这个国家的看法很奇怪。几个世纪以来,瑞典和丹麦之间的敌意或许只有英法两国之间那种仇恨才能相提并论。对血脉相通且几乎讲同一种语言的两国人来说,这种分裂显得相当不自然。丹麦人和瑞典人如果想友好相处,估计也只能在别国首都吧。对受过教育的丹麦人来说,斯德哥尔摩远不如巴黎或罗马熟悉。安徒生曾设想瑞典的社会还处于半开化状态,瑞典首都也应该落后于时代二百年[3]。但瑞典之行让他迅速得出结论:瑞典的生活消费和旅游消费不仅比

---

[1] 比勒和比约夫:《致安徒生》,第1卷,第64页到第65页。——原注
[2] 爱德华·科林:《汉斯·克里斯蒂安·安徒生与科林一家》,第286页。安徒生补充道:"上帝给了我很多东西,但我缺少这个世界上最好的东西,那就是拥有一个由忠诚的爱妻和充满自己身影的亲爱的宝宝组成的家。"——原注
[3] 比勒和比约夫:《致安徒生》,第1卷,第374页到第374页。——原注

丹麦便宜，而且比丹麦舒适和豪华。看到美丽而庄严的斯德哥尔摩，安徒生惊讶不已，甚至觉得跟那不勒斯没什么两样。其实，当看到灰绿色的水和黑漆漆的松柏时，安徒生甚至怀疑自己到底是在丹麦的北方还是在瑞典的南方。他为瑞典这个国家深深着迷，更让他高兴的是，他和这里的人相处得很愉快。在瑞典，安徒生无论走到哪儿都很受欢迎，这里有他大量的狂热粉丝。瑞典小说家布雷默夫人有着"北方简·奥斯汀"的美誉。一天凌晨2时，布雷默夫人在维纳恩湖中心的一艘轮船甲板上与安徒生浪漫地相遇。最终，布雷默夫人成了安徒生一生的挚友。在他口中，布雷默夫人"是个非常安静而和蔼可亲的人，虽然已经年过四十，但气质典雅，女人味十足"[1]。起初两人在相处的时候，还真有些尴尬；后来安徒生送给她一本自己的《即兴诗人》——好像他总是随手带着自己的书。布雷默夫人第二天就读完了《即兴诗人》，并告诉安徒生这是她有生以来读过的最好的一本书。两人这才变得亲近起来。在乌普萨拉，大学教授们在奥丁神的坟墓前共饮香槟祝愿安徒生健康永驻。可惜是在假期，否则大学生们肯定会点燃火把，为这位丹麦诗人吟唱小夜曲。遗憾的是，他本应在窗外美丽的阳台上庄重地向他们致谢。在他的这些新结识的朋友中，有瑞典浪漫学派的创始人佩尔·丹尼尔·阿玛迪斯·阿特博姆[2]和古斯塔夫三世[3]麾下那位风度翩翩的辩论家——伯纳德·冯·贝斯考[4]。

1837年，安徒生发表了自己的第三部小说《不过是个提琴手》。整个冬春两季，他都忙于这部小说的创作。这部小说的出版标志着他作为一名小说家的最高成就。读完《不过是个提琴手》[5]，我们感到这是一部很有

---

[1] 比勒和比约夫：《致安徒生》，第1卷，第372页到第373页。——原注
[2] 佩尔·丹尼尔·阿玛迪斯·阿特博姆（Per Daniel Amadeus Atterbom，1790—1855），瑞典浪漫主义诗人，瑞典文学院成员。
[3] 古斯塔夫三世（Gustav III，1746—1792），1771年登基成为瑞典国王，1792年遇刺身亡。他是瑞典国王阿道夫·腓特烈（Adolf Frederick）和王后路易莎·乌尔丽卡（Louise Ulrika）的长子。
[4] 伯纳德·冯·贝斯考（Bernhard von Beskow，1796—1868），瑞典剧作家和历史学家，他于1814年进入官场，1826年被授予爵位。从1834年起，他一直担任瑞典皇家科学院的常务秘书。
[5] 豪伊特夫人很好地翻译了这部作品。——原注

乌普萨拉

佩尔·丹尼尔·阿玛迪斯·阿特博姆

古斯塔夫三世

伯纳德·冯·贝斯考

深度和力度的作品。书中生动的描写在《奥·特》和《即兴诗人》中都是不曾有的。当然，这是预料之中的，《不过是个提琴手》几乎就是安徒生的自传，与其说它是根据安徒生的所见所闻所感进行创作的，不如说它是安徒生的亲身经历。不过，如果按照这本书的剧情来看，基督徒生活中的苦难被肆意夸大渲染，而面对逆境进行抗争的强者品质，例如阳刚、果敢、机智、自强不息在他身上却所剩无几。因此，基督徒尽管温柔善良，充其量也只是个可怜的家伙。不仅如此，从这个可怜的欧登塞裁缝的小儿子林林总总的生活轨迹看来，他热爱的音乐非但未拯救他，反倒为他带来了灭顶之灾，故事中的所有情节都在安徒生二十多年后的自传中得到印证。在《不过是个提琴手》的故事里，安徒生巧妙地将自传式的回忆与故事情节融合在一起。故事围绕着一个邪恶的吉卜赛女孩娜奥米展开，她虽然貌美如花，光彩照人，但像蛇蝎一样缺乏良知，冷酷无情。她和穷裁缝的儿子小提琴手是邻居。对娜奥米与小提琴手青梅竹马、两小无猜的情节描述是安徒生所有故事里最美好、最打动人心的部分，同样有力地证明了安徒生可以深入走进孩子的内心世界。最终，一位伯爵收养了娜奥米，并认她为女儿，将她培养成一位高贵的女士。具有讽刺意味的是，娜奥米与小提琴手仍然经常相见。小提琴手很快就疯狂地爱上了娜奥米，但高傲的娜奥米始终瞧不起贫穷的小提琴手。娜奥米渐渐显露出放荡不羁的本性，选择跟一个与她一样外表鲜亮但内心丑陋的马戏团骑手私奔。然而，作为基督徒的小提琴手期待终有一天，罪孽深重的娜奥米会因走投无路而回到家。当全世界都嘲笑她的时候，他会向她表白爱意。在娜奥米消失的这十二年里，小提琴手每天都抱有这样的幻想。他甚至存了一笔钱，足够他与娜奥米一起过简单的小日子。十二年后，娜奥米回来了。但与小提琴手想象的截然不同，娜奥米没有变成一个赤着脚的流浪者，而是成了高高在上的贵族——一位法兰西侯爵夫人。也正因如此，高贵的娜奥米比以前更看不上这个穷小提琴手了，甚至视他如粪土。实际上，与小提琴手的纯洁和忠诚相比，娜奥米才既虚伪又污秽。财富上的天壤之别给可怜的小提琴手当头一棒，过度悲伤的他从此一蹶不振，带着一颗破碎的心离开了人世。穷小提琴手下葬的那天，两个农民抬着简陋的棺材去小教堂墓地安葬，恰逢迎面冲过来一辆四匹马拉着的大马车，而端坐其中的正是侯爵与他的夫人——美丽高贵的娜奥米。因为大马车经过的时候道路太狭窄，所以抬棺材的农民只好退到路边的沟里。优雅的侯爵夫人漫不经心地向农民点了点头。她怎么会对几个农民感兴趣呢？他们埋的是个可怜人，"只是个小提琴手而已"。

至此，整个故事的情节转向了单恋的绝望与悲伤。尽管如此，《不过是个提琴手》绝不只是一个令人沮丧的故事，其中的幽默和它的悲怆一样深刻而真实。与《奥·特》相比，安徒生的写作水平有了长足的进步。小说中的小人物仍然滑稽十足，让我们再次感受到了查尔斯·狄更斯的风格，仿佛读的是丹麦版的《匹克威克外传》。

在安徒生的作品中，从来没有一部作品像《不过是个提琴手》那样引发国内外文学批评家巨大的分歧。除了约翰·卡斯滕·豪克和亚当·欧兰施拉尔给予中肯积极的评价，《不过是个提琴手》在丹麦反响平平。而在普鲁士、瑞典及后来的英格兰和法兰西，《不过是个提琴手》备受热捧。产生这种意见分歧的原因有很多，其中有一个被大家忽略了的原因，恰好在我看来才是最根本的原因。实际上确实如此。由于安徒生的故事在哥本哈根已经人尽皆知，所以《不过是个提琴手》在大多数丹麦读者看来并没有什么新意。安徒生因同胞的冷漠回应而感到难过。当从未关注过他爱情作品的克里斯蒂安·莫尔贝克在报纸上发表了一篇评论，对安徒生两年前出版的《即兴诗人》进行了措辞严厉的批评后，安徒生变得更加怒火中烧了。不过，这些严厉的批评确有公正之处，因为安徒生本人和科林一家也曾表达过类似的观点。不得不承认，安徒生的虚荣心遭到了严重挫伤，他确实非常自负。他总在朋友和熟人的面前吹嘘自己的名声，而且一旦得不到兴高采烈的回应，就觉得这些人冒犯了他。有一次他朝街道对面的朋友吼道："你竟然是这样想的！我现在要去西班牙读书了。再见！"类似的事情已经数不清发生多少次了。安徒生虽然深知自己的弱点，但毫不掩饰。

他天真地辩解道,就像植物需要阳光一样,赞美对他来说是必需品。他还严肃地说赞美会使他谦卑,让他对上帝和他人充满感恩;而那些批评只会破坏他那美好的天性,让他脑子里充满了基督徒不该有的想法。毫无疑问,赞美之词安抚了他一段时间。但赞美并不是一种健康的兴奋剂,而是一种精神上的吗啡。随着使用的剂量越来越大,病人的病情会加重,身体也会受到伤害。截至目前,安徒生不仅视批评为不正当且恶毒的行为,而且认为评论家的行为亵渎了神灵。他指责他们否定上帝赐予他的天赋,希望有人可以制止这种邪恶继续发展下去。他对不理解自己的祖国积怨已深。而相比之下,普鲁士人对他就慷慨多了。在普鲁士,他这种周期性发作的自负病在迅速获得的声誉中得到了足够的补偿。在瑞典,浪漫主义学派在过去的二十年中一直占据着统治地位,能够写出《即兴诗人》和《不过是个提琴手》这些作品的作家自然会受到热烈欢迎。布雷默夫人曾经很喜欢《即兴诗人》和《奥·特》,但她最喜欢的还是《不过是个提琴手》。布雷默夫人无法完全用语言表达对安徒生天马行空的创造力和忠于自然的赞美。在她眼里,安徒生就像一位本领高超的炼金术士,从粗糙甚至污秽的生活中提取黄金一般珍贵的诗意①。从布雷默夫人温柔的回信中可以看出,给她写信的时候安徒生似乎很忧郁、很不满。她写道:"你不该对自己的命运感到沮丧或不满,事实上你真的不该这样……这世上还有比滋养人的灵魂更高贵的使命吗?即使死后也可以如生机勃勃的春风给芸芸众生带来力量。"接着,她鼓励安徒生,说他的书在瑞典有大量读者,在斯德哥尔摩和乌普萨拉上流社会的客厅里、沙发旁的茶几上随处可见。与善意的劝诫相比,安徒生更易接受这些鼓励的言语。

《即兴诗人》在普鲁士也大获成功。而布雷默夫人仍然是安徒生最忠实的粉丝,或者正如安徒生在自传中所写的那样:"我的作者身份在普鲁士得到了认可,就像一个得了重病的人看到了阳光,变得开心并充满感

---

① 暗指斯特芬·卡列特(Steffen Kareet),一个与查尔斯·狄更斯笔下的南希一样有着相同的阶级和性格的女人,她的悲惨命运是故事的可悲之处。——原注

激。"①泽斯朵夫在书评中表示,《不过是个提琴手》写得比诺瓦利斯②最出色的小说更优秀,甚至可以比肩蒂克早期的作品了。安徒生的小说在丹麦出版后,不出几个月就全部被翻译成了德文,甚至创出短时间内再版六次的纪录。安徒生的作品得到文学评论家的高度赞扬,还被选入外国经典文学专刊再版发行,就连安徒生的肖像也成了紧俏货。一时之间,安徒生的名声经普鲁士传至法兰西。《即兴诗人》被翻译成法语,这是丹麦第一部享有这种殊荣的小说③。《不过是个提琴手》出版那年,《十九世纪回顾》杂志上出现了有关这部小说的评论文章,《两个世界评论》杂志也高度赞扬了安徒生,并表示希望可以更了解他。安徒生虽然在英国还没有知名度,但最看重这个国家的认可。他说:"如果可以把我的书翻译成英文,我愿意付出一切。"英国作家布尔沃·利顿④所著的《莱茵河畔朝圣录》是安徒生最喜欢的一本书,他寄给布尔沃·利顿一本德语版的《奥·特》,但没有收到任何回复。"如果我没有收到他的来信,"他写道,"我就知道要么他不懂德语,要么他根本就没有读过这本书,如果是这样的话,我就不再打扰他了,虽然我坚信下辈子我们将会成为很好的朋友。"⑤

因为自己的名字和作品仍不为英国人所知,所以即使在欧洲其他国家享誉声望,安徒生也一样不能满足。1838年,法国小说家兼旅行家泽维尔·马尔米耶⑥在欧洲北部旅行时曾停留哥本哈根数日。安徒生拜访了维泽尔·马尔米耶,并积极与他结交⑦。泽维尔·马尔米耶说,他的这位访客看上去

---

① 汉斯·克里斯蒂安·安徒生:《我的童话人生》,第197页。——原注
② 诺瓦利斯是奥尔格·菲利普·弗里德里希·弗莱赫尔·冯·哈登贝格(Georg Philipp Friedrich Freiherr von Hardenberg, 1772—1801)的笔名,是普鲁士早期浪漫主义诗人、作家和哲学家。
③ 这些内容是安徒生自己告诉我们的,他补充道:"我开心得像个孩子。"比勒和比约夫:《致安徒生》,第1卷,第390页。——原注
④ 爱德华·乔治·厄尔·利顿(Edward George Earle Lytton, 1803—1873),又名布尔沃·利顿(Bulwer Lytton),是第一任利顿男爵,英国小说家、诗人、剧作家、政治家。1831年至1841年,他担任辉格党议员,1851年至1866年担任保守党议员。
⑤ 比勒和比约夫:《致安徒生》,第1卷,第453页。——原注
⑥ 泽维尔·马尔米耶(Xavier Marmier, 1808—1892),法国作家,生于杜布斯。他热爱旅行,并将所见所闻与文学创作结合在一起。
⑦ 比勒和比约夫:《致安徒生》,第1卷。——原注

高大年轻，但胆怯和略显尴尬的情态就像一个"娇羞的小姑娘"，其"惹人怜爱的面容"和坦诚的表情能让人瞬间充满同情心和信任感①。安徒生和维泽尔·马尔米耶很快成了非常亲密的朋友。一天晚上，经过一番推心置腹的促膝长谈后，安徒生给这位年轻的法国人描述了他的一生。泽维尔·马尔米耶随即问道："欧洲人会知道这些吗？"而这正是安徒生想要的，他立即回答说："我是属于世界的！我要让他们都知道我的想法和感受。"②安徒生一生的故事连同安徒生的这段话被维泽尔·马尔米耶发表在《19世纪回顾》杂志上，标题是"一个诗人的生活"。直到1855年《我的童话人生》出版前，"一个诗人的生活"是关于安徒生最权威的报道。安徒生曾多次在自己的信中用幼稚而欢快的语气提及"一个诗人的生活"。

　　听到自己跟维泽尔·马尔米耶对话时说的法语是那么优雅而准确，安徒生不禁乐开了花，同时很反感自己这么容易满足和愉悦。与此同时，他通过博奈侯爵夫人收到了来自拜伦夫人的友好问候。拜伦夫人在法国的一个文学评论中读到了"一个诗人的生活"。安徒生把这件事告诉自己一位女性朋友，并在信中写道："你知道吗，我就是这个诗人。"③

　　基于安徒生之前的经济情况，现在挣到的钱远不够让他摆脱沉重的经济负担。尽管书大获成功，他也很有经济头脑，在招待朋友和自己的衣食住行方面厉行节俭，但他发现想要做到收支平衡仍不简单，因为他通过写书获取的酬金实在太少了。安徒生写《即兴诗人》只赚了十九英镑，就这还是他一次次不胜其烦地催要才得到的。几年后，安徒生将这件事告诉了查尔斯·狄更斯。查尔斯·狄更斯难以置信地说："我想你说的十九英镑应该是每一页的价钱吧。"安徒生回答道："不，整本书只给我十九英镑的稿费。"查尔斯·狄更斯坚持道："我想我们之间没有理解彼此的意思，你难道是说《即兴诗人》这本书一共给了你十九英镑的稿费吗？你说的十九英镑应该是一页的稿费吧。"安徒生只得反驳这位好友，并向查尔

---

① 《丹麦文学史》，1839年法文版，第238页到第252页。——原注
② 比勒和比约夫：《致安徒生》，第1卷，第384页。——原注
③ 比勒和比约夫：《致安徒生》，第1卷，第470页。——原注

斯·狄更斯保证事实就是如此可悲。查尔斯·狄更斯感叹道:"上帝啊!如果不是从你嘴里说出来,我根本无法相信会有这种事。"安徒生还补充道:"事实上,帮我翻译这本书的译者豪伊特夫人比我这个原作者挣得还多。"① 尽管如此,安徒生依旧觉得自己能得到这些已经很幸运了。确实,比起金钱上的回报,他最开心的还是可以将这些早期创作的童话故事编辑成书②。安徒生总是非常勇敢地独自承担经济上的负担,即使是最亲密的朋友,他也很少言语甚至抱怨自己的财务问题。除非他想赴国外完成渴望已久的旅行,囊中羞涩时他才会向朋友求助。在这一点上,安徒生确实活得很辛苦。他曾感叹道:"这种事情让出生在一个小国家的作者感到悲伤。我如果是法国人或英国人,就不用挨家挨户地乞讨旅费,而会足够富有、独立,可以去任何我想去的地方。"③ 安徒生在另一个场合说:"这个职业很尴尬,我们把文章印刷出来,再请人翻译成法语和德语,直到在法兰西的各大期刊出版发行,所有这一切都是为了让一个前途暗淡又贫穷孤独的人维持生计。"④ 安徒生开始觉得自己老了。那些曾经坐在他膝盖上听他讲故事的孩子现在已经有许多都订婚或结婚了。他愈发觉得生活是一件令人厌倦的事。他开始害怕每年漫长的冬季。而他所向往的夏天"又像骑着乌龟一样",总是慢悠悠地来,却很快离开。安徒生称之为"昙花一现"。那来自南方的气息正是安徒生最需要的解药。他的朋友们建议他向国王申请补助金。亨利埃塔·霍克还帮他起草了一份请愿书供他抄写并呈交给国王。但安徒生害怕最终会失望,便退缩了。他虽然喜欢这个主意,但仍觉得可以采用其他更好的办法。安徒生总喜欢形容那些最终让他实现愿望的好事为"幸运"或者"天意"。

有一天,安徒生惊喜地收到了国务大臣兰特瑙·布雷滕伯格伯爵的邀请,与这位丹麦最有影响力的人一起共进早餐。兰特瑙·布雷滕伯格伯爵很了

---

① 汉斯·克里斯蒂安·安徒生:《我的童话人生》,第211页。——原注
② 比勒和比约夫:《致安徒生》,第1卷,第369页。——原注
③ 比勒和比约夫:《致安徒生》,第1卷,第337页。——原注
④ 比勒和比约夫:《致安徒生》,第1卷,第395页。——原注

布尔沃·利顿

泽维尔·马尔米耶

解意大利，对《即兴诗人》中有关意大利人的生活和举止的描述非常感兴趣，所以便想认识这本书的作者。兰特瑙·布雷滕伯格伯爵非常喜欢安徒生，并询问安徒生有没有事情需要帮助。安徒生随即回答，他最热切的愿望就是可以有机会再去一次意大利①，如果实现不了的话，也希望可以获得年度补助金。兰特瑙·布雷滕伯格伯爵认为这两个愿望都很合理，承诺会慎重考虑，并在适当的时机呈报国王陛下。他还告诉安徒生他完全被《两个世界评论》中的传记吸引。安徒生喜出望外。然而，好几个月过去了，安徒生仍没有得到有关补助金的消息。安徒生后来开始担心兰特瑙·布雷滕伯格伯爵的承诺只是这些"伟人们"随口说出的恭维，空洞且毫无意义。由于法庭程序烦琐复杂，安徒生并没有拿到应有的补助。尤其在丹麦，虽然领取补助金的人很多，但支付补助金的费用远远不够。后来，安徒生还是给兰特瑙·布雷滕伯格伯爵写了一封巧妙的信，让兰特瑙·布雷滕伯格伯爵回忆起自己的承诺。安徒生本人的精明和单纯合二为一，在这封信中体现得淋漓尽致。安徒生最后还把申请书呈给了国王。安徒生声称自己不可能依靠杯水车薪的稿费过活，同时强调如果生活的艰辛最终迫使他为金钱而写作，会严重磨灭他作品中的艺术性。安徒生的朋友乔纳斯·科林和汉斯·克里斯蒂安·奥斯特也在此事上尽心尽力地帮助他。1838 年 5 月 26 日，政府决议授予他每年四百利克斯银元的补助金，比遗孀补助和监狱税少百分之十二②。这些钱虽然不多，但确实有效缓解了安徒生对未来的忧虑。他在写给英格曼的信中提到："现在，我那充满诗意的花园中长出了一棵面包树。我终于不需要再敲开每个人的门去祈求一点面包了。"不久，他便搬进了杜娜德酒店的阁楼上，从那里他可以一览霍姆斯运河、剧院、集市，甚至可以从林立的烟囱之中瞥见"波涛汹涌的大海"。安徒生现在像渴望出名一样渴望变得时髦。他穿着一件带有天鹅绒领子的高档外

---

① 比勒和比约夫：《致安徒生》，第1卷，第373页到第374页。最全面的解释可在安徒生写给亨利埃塔·霍克的信中看到。可以参考《我的童话人生》中的相关内容。——原注
② 比勒和比约夫：《致安徒生》，第1卷，第433页。——原注

衣，戴着一顶宽大的帽子①。他越来越挑剔身边结交的人物，在接受晚餐邀请前要再三思量。安徒生的女性朋友开玩笑地抱怨他变得如此浮夸，以至她们突然觉得以前的安徒生是如此可爱迷人。她们说安徒生现在打扮得几乎与宫廷的随从或军官没有区别。亨利埃塔·霍克将信将疑，安徒生之所以变成这样，是因为他与一位不知名的美女秘密地订婚了。但安徒生反驳道，他在自己一年都挣不到一千利克斯银元的时候绝不会谈恋爱，即使是跟认识的朋友结婚，他的年收入也不能低于两千利克斯银元。在达到这样的收入水平之前，安徒生不可能谈恋爱。哪怕他所倾慕的女孩跟了别人，他也宁肯在以后的日子里成为一个索然无味的老单身汉。曾经确实有这样一位年轻的姑娘，安徒生认为"她不是一般的好"。他描绘她"漂亮、聪明、善良、亲切，一看便知家教极好"。但安徒生补充道："我没有办法，我也不想坠入爱河，……她的称赞对我来说好似天堂，她觉得我是她人生中很重要的一位年长的绅士。"②而实际上，安徒生虽然非常喜欢身边围绕着各色的女人，而且比起同男人们相处，跟女人们相处得更融洽，但从来不会认真对待这些感情。安徒生在情场上一直保持较清醒的头脑。与跟女士们调情相比，他更喜欢与她们闲聊。与建立一个属于自己的家相比，安徒生更乐意住在几个亲密朋友的家里。他还有一大群像爱亲生父亲一样爱他的孩子。安徒生最喜欢爱德华·科林的女儿米妮。哪怕只为跑过去看她一眼，安徒生每天都乐此不疲。

终于，安徒生成名了，他心中最大的愿望实现了。安徒生大喊道："上帝啊，现在我心中满是人生的幸福。每天我都感觉有越来越多的人认可我！"即使是以前的对手和伤害过他的人，现在也开始向安徒生伸出友谊之手。1837年圣诞节期间，安徒生的老校长西蒙·梅斯林在街上拦住了安徒生，对以前在学校虐待安徒生的行为道歉，并用最卑微的方式恳求安徒生原谅自己。这一幕让安徒生感动得流下了眼泪。在约翰·路德维希·海

---

① 比勒和比约夫：《致安徒生》，第1卷，第421页。——原注
② 比勒和比约夫：《致安徒生》，第1卷，第391页。——原注

伯格发起的一次晚宴上，安徒生邀请克里斯蒂安·莫尔贝克一起出席，两人相处得非常融洽。晚餐结束时，两人热切地握手，其亲密程度不禁让人浮想联翩。考虑到当时约翰·路德维希·海伯格的盛情款待，安徒生评价说，客人们就好像畅游在昂贵的葡萄酒海洋中。安徒生从来没想到一位丹麦诗人会拥有如此高级的酒窖。事实上，安徒生现在受到的款待都是高规格的。他已经迈入了上流社会，成了盛大公共集会上的焦点人物。因此，1838年贝特尔·托瓦尔森重返丹麦时，一场举国欢庆的盛大宴会在安格特瑞酒店举行，以庆祝这位荣归故里的伟大雕塑家。宴会上有诗人、艺术家、政治家、外交家等当时丹麦社会各界精英，而安徒生作为丹麦文学界的代表人物之一，也被邀请到欢迎会的现场。在众多热情观众面前，安徒生声情并茂地朗诵了一首为贝特尔·托瓦尔森写好的赞歌。然而，他的喜悦被约翰·路德维希·海伯格"恶魔一般"的行为打消了。约翰·路德维希·海伯格在安徒生朗诵结束时对他说："你说得太快了，没人能跟上你的速度，我敢打赌没几个人能听懂这首诗。不过，这又怎样呢！真正的诗歌是不被大多数人理解的！"安徒生补充道："那一刻，我非常讨厌他。"[①]

值得一提的是，安徒生看似笨拙和胆怯，实际上只是害羞，似乎从来不知道紧张是什么意思。相反，他很会推销自己，并且他还有一个令人羡慕的本领，那就是可以找到那些对他有用的人，寻求他们的同情和援助，而安徒生这么做的时候又不会显得过于殷勤或令人厌烦。如果因此说安徒生是个势利小人，那就是对他的污蔑和中伤了。安徒生从不为出身低微而感到羞耻，也不逢迎富人或贵族。他总是特别温和、慷慨地对待那些容易被忽视、受苦受难的人。

但与此同时，安徒生又喜欢游走在上流社会，因为他讨厌被忽视。他对自己的崇拜者和同僚极其严苛。与此同时，他非常害怕与低俗的群体交往。如果说他真是爱慕虚荣，那我就给大家举一个非常有趣的例子，看看一件小事如何轻而易举地让他心烦。1838年11月底的一个晚上，安徒生在剧

---

① 比勒和比约夫：《致安徒生》，第1卷，第445页到第446页。——原注

院里看到自己的朋友贝特尔·托瓦尔森、亚当·欧兰施拉尔和欧里·布尔并排坐在前列，而他不得不屈尊坐在后面，这让他觉得很委屈。他写信给亨利埃塔·霍克说："我还不够出名，但总有一天我会坐到前面去。可现在一排铁椅子几乎把我和所有的熟人和朋友隔开，而我不得不坐在给我剪头发的那个人旁边，实在让我有些生气。"[1] 事实上，安徒生虽然取得了巨大的成功，但仍对所有事情都不满意，而他最不满意的就是自己。即使是自己的作品，安徒生也有各种不满意。安徒生曾说过，迄今为止他发表的作品，有一半他都想永远销毁。而他写的几首诗、《即兴诗人》《不过是个提琴手》《奥·特》中一些最好的场景，以及几篇童话故事则是他觉得可以留下的作品。他甚至有些做作地表示，他最满意的《即兴诗人》和《不过是个提琴手》充其量是实验性的创作。至于童话故事，他轻蔑地将它们戏称为"仅仅是用来练手、开发想象的金苹果"。确实如此，他不断屈尊写童话故事，只是为了保持写作的熟练度，为以后可以写出绝无仅有的杰作做准备。这种奇怪的无视导致他几乎瞧不起迄今为止全世界都仰慕的东西。1838年夏，安徒生完成了《带来好运的拖鞋》。1838年圣诞节，《雏菊》《坚定的锡兵》和《野天鹅》[2]问世。1839年，安徒生又完成了《天国花园》《飞箱》和《鹳鸟》。现在公众已经习惯读这些故事，甚至已经开始喜欢它们。而像汉斯·克里斯蒂安·奥斯特、亨利埃塔·霍克和其他一些具有远见的人从一开始就发现了这些故事独特的美[3]。但安徒生并不满足写这些故事。他渴望写出一些气势宏伟的东西，可以让亚当·欧兰施拉尔和约翰·路德维希·海伯格这种伟大作家的作品黯然失色。安徒生说，他觉得自己的内心收藏了很多珍宝，只是一直没有显现出来，这让他很绝望。成千上万的想法在安徒生心中绽放，千奇百怪的画面从安徒生脑海中掠过。着手写一部具有划时代意义的传奇小说时，他甚至想写出一位比拿破仑·波拿巴还

---

[1] 比勒和比约夫：《致安徒生》，第1卷，第460页。——原注
[2] 安徒生从马蒂亚斯·温瑟（Matthias Winther）创作的《汉斯·克里斯蒂安·安徒生童话故事》系列故事中，得到了灵感，从而写出了这个美好的故事。——原注
[3] 比勒和比约夫：《致安徒生》，第1卷，第422页。——原注

要伟大的英雄①。只是后来他的思路逐渐转向戏剧——这个领域对安徒生来说始终有一种致命的魅力。安徒生怎么会在乎那些批评家呢？他们曾预言安徒生永远无法成为一名伟大的小说家。安徒生随即用《即兴诗人》给了他们有力的回击。安徒生说，他想向丹麦人民证明他还是一位伟大的剧作家，强迫众人承认上帝赋予了他独有的天赋。

---

① 比勒和比约夫：《致安徒生》，第1卷，第426页。——原注

第 7 章

《黑白混血儿》和《摩尔人的女孩》——安徒生在东方

精彩看点

安徒生对舞台的热情——戏剧上的修改——第一部原创戏剧《黑白混血儿》——克里斯蒂安·莫尔贝克的评价——安徒生回击克里斯蒂安·莫尔贝克——剧院接受《黑白混血儿》——国王腓特烈六世驾崩——《黑白混血儿》大获成功——《摩尔人的女孩》——约翰·路德维希·海伯格讽刺安徒生——安徒生踏上旅途——安徒生遇见弗朗茨·李斯特——第一次坐火车——喜剧性的冒险——粗鲁的英国人——安徒生抱病——从希腊出发——波斯人和小鸟——安徒生对雅典的印象——安徒生学骑马——君士坦丁堡——穆罕穆德诞辰——黑海的迷雾——多瑙河上的无聊之旅——遭遇检疫隔离——与威廉·弗朗西斯·安斯沃思同住一室——普及蒸汽机原理——安徒生回到哥本哈根——《诗人的市场》——评论家的观点

安徒生对舞台有着浓厚的热情。除了创作喜剧，他更喜欢看到演员将其表演出来。晚上，你总能在剧院找到安徒生。他对任何剧目、剧作家和男女演员都了如指掌。安徒生一生中最大的理想就是能成为一名剧作家，让自己写的戏剧在欧洲顶级的剧院上演。虽然这个理想还没实现，但他从未放弃。没有什么事情可以阻挡安徒生向理想前进的脚步，他靠着坚韧不拔的精神支撑自己，坚持着看似无望的理想。虽然1835年至1839年是他一生中最忙碌的五年，但他还是会抽时间练习写作戏剧，或者用他自己更诗意的话来形容："在攀登艺术之山的过程中休息一段时间，用阿尔卑斯山脉的鲜花去编织一个小花环。"①1835年至1839年初，安徒生用简明的英语翻译并改编了德语、法语和意大利语版的七部歌剧、舞曲②。克里斯蒂

---

① 比勒和比约夫：《致安徒生》，第1卷，第320页。——原注
② 这七部歌剧、舞剧分别是：《小克斯登》（1835年1月）、《一个欢乐的夜晚》（1836年6月）、《伦佐的婚礼》（1836年6月）、《真正的战士》（1836年4月）、《提词员的利益》（1837年2月）、《浪子》（1836年5月）和《雅各布德》。——原注

安·莫尔贝克无所畏惧、毫不留情地批判了这七部作品①。安徒生的感受自然可想而知。他经常抱怨道，如果他职业生涯的成功取决于克里斯蒂安·莫尔贝克的评价，自己很可能早就饿死了。不过，所有的失望让安徒生更加坚定地去完成一部绝无仅有的佳作，从而堵住那些无礼的评论家的嘴，同时让所有人，哪怕是精神贫乏的人在看到佳作的第一眼都会为之惊叹。先前安徒生只是用边边角角的时间写戏剧，而现在他将全身心投入到戏剧创作中。因而在1838年，安徒生决定心无旁骛地创作戏剧。为了做好创作的准备，安徒生阅读了图书馆中所有关于非洲和美洲的书籍，全面了解当地的风俗习惯。由于剧中的英雄是一位来自马提尼克岛②的黑白混血儿，安徒生便来到西印度群岛上寻求灵感。他兴高采烈地告诉他的朋友们，他现在就住在黑人和鸵鸟的故乡。每到夜晚，安徒生就会梦到蟒蛇在自己身旁的泥泞中蠕动，透明的夜空中飞驰着流星。随着创作深入，安徒生的热情也日益高涨。这段时间是安徒生继完成《即兴诗人》之后新的创作巅峰。安徒生解释道："这部戏剧中不会再有安徒生原先的影子，拥有熊熊烈火般能量的英雄恰好弥补了我之前小说中的不足。"③安徒生确信这部戏剧将是他最新颖、最完美的作品。他说，在写作过程中，热带的阳光一直在他的胸膛里燃烧，使他完全忘记了此时的丹麦正值严冬，反倒觉得寒冷其实也没什么不好。安徒生的朋友，尤其是他的女性朋友们，在读过剧中很长的一段摘录后，似乎也对这部作品很满意。演员尼尔森和妻子

---

① 克里斯蒂安·莫尔贝克认为《小克斯登》平淡无奇，甚至比安徒生以前的作品更乏味；《一个欢乐的夜晚》在戏剧张力和舞台表现力上没有任何亮点；《伦佐的婚礼》让克里斯蒂安·莫尔贝克很同情丹麦作曲家，因为他们要被迫接受安徒生的滥剧本；《真正的战士》语言过于幼稚；《提词员的利益》内容过时；克里斯蒂安·莫尔贝克拒绝对《浪子》发表评论，并称《雅各布德》为"琐碎的、愚蠢的无稽之谈"。不过，克里斯蒂安·莫尔贝克对于《雅各布德》的评价有失偏颇。经安徒生后期认真修改，1839年9月，《雅各布德》以新剧名《斯波如古的幽灵》重新提交给剧院并通过审核。弗索姆用其独特的喜剧表现力，令全场观众捧腹大笑，最终这部剧一共演出二十一场。内斯特·L.穆勒说过，如果按照统一的标准来评价作品完美与否，《斯波如古的幽灵》要比安徒生之前为剧院写的任何剧本都优秀。——原注
② 马提尼克岛，位于小安的列斯群岛中向风群岛的最北部。1502年，西班牙航海家克里斯托弗·哥伦布发现了这个岛屿。
③ 比勒和比约夫：《致安徒生》，第1卷，第477页。——原注

预言这部戏剧一定会大获成功。台词作家坦言，他带着极大的期望开始阅读这部声名远扬的戏剧，但认真、仔细地读过后，他觉得自己被欺骗了。新作品最终被命名为《黑白混血儿》。这个标题就像在原住民保护协会的报告中提到的名字，听上去确实不够文艺。剧中的英雄霍雷肖是一位来自马提尼克的黑白混血儿，他营救了两位女士——埃利奥诺拉和塞西莉亚。她们是种植园主拉雷贝里埃的妻子和养女。霍雷肖把她们从一个受尽种植园主折磨、充满仇恨的逃奴手下拯救了出来，因此赢得了两位女士的感激之情。两位女士惊讶地发现，这个年轻人身上有一种古典的韵味，并且志向远大。而她们两个人尤其是女儿塞西莉亚，在清醒地认识到这一点之前就已经爱上了他。但恶魔种植园主百般阻挠，发誓要将这场恋情变成悲剧。他对霍雷肖既嫉妒又憎恨，于是决定第二天将他鞭打至死。霍雷肖虽然已经被打倒在地，但并没有死去。就在这个不幸的混血儿即将面对自己人生中最后一刻的时候，成年的塞西莉亚鼓起勇气与他举行了婚礼，彻底打乱了凶恶的种植园主的计划。这就是由五个非常平常的押韵诗节组成的《黑白混血儿》的情节。毫无疑问，《黑白混血儿》是安徒生所有作品中最逊色的一部。即使是集所有缺点于一身的《埃格内特和美人鱼》，也不乏一些很抒情的词句，比《黑白混血儿》优秀许多。像安徒生这种极具诗歌天赋的作者，写出一本不少于一百零六页的诗，却没有一句值得读者记住，看似难以置信，但确实如此。《黑白混血儿》不仅内容单薄，而且作者很自以为是，难免会让批评家克里斯蒂安·莫尔贝克抓住把柄，也就少不了一顿尖酸刻薄的指责。简要概括情节之后，克里斯蒂安·莫尔贝克继续列出《黑白混血儿》的不足之处。克里斯蒂安·莫尔贝克称"书中的描写"琐碎、单调，没有任何真正戏剧性的趣味，更未体现出真正诗意的生活。克里斯蒂安·莫尔贝克认为剧中的人物设定也有问题——主角好像头脑有些问题，装腔作势，含糊其词，语无伦次，心不在焉，只会说些夸大其词的话。克里斯蒂安·莫尔贝克还觉得《黑白混血儿》的故事情节非常牵强、做作。最后，克里斯蒂安·莫尔贝克认为《黑白混血儿》比安徒生五年前写的《欧登塞的西班牙人》更烂，简直和低俗的歌舞杂耍表演没有什么区别。出于公平原则，克里斯蒂安·莫尔贝克确实无法说服自己向丹麦皇家剧院的导演推荐《黑白混血儿》。实际上，安徒生没有真正看到克里斯蒂安·莫尔贝克的批评，只是听闻乔纳斯·科林的转述——乔纳斯·科林是《黑白混血儿》的联合审查者。听到这个消息时，安徒生的第一反应既不是悲伤，也不是愤怒，而是彻彻底底的惊讶。因为对自己这部新作品的评价很高，所以安徒生根本不敢相信自己的耳朵。克里斯蒂安·莫尔贝克胆敢如此评论《黑白混血儿》[1]，安徒生怎么可能继续听之任之！毕竟他不再是五年前那个可怜的作家了。现在安徒生身边有许多具有影响力的赞助人及慕名而来的民众支持他，所以他决定反击克里斯蒂安·莫尔贝克。安徒生给亨利埃塔·霍克写信时提到："克里斯蒂安·莫尔贝克简直就是把我往泥土里踩，但我并不想让他影响到我的生活，他对我作品中的每一句评价都无足轻重。上帝站在我这边，他应该在我面前鞠躬致敬，就像约瑟梦里的太阳和月亮做的那样。"安徒生告诉朋友爱德华·科林："我不想让克里斯蒂安·莫尔贝克这个'暴君'继续踩躏我，我会继续保持这种强硬的作风。"他还说道："必须演出我的作品！我不能忍受这种不公。我的朋友们要么站在我这边帮我，要么就离我而去吧。"[2] 安徒生的朋友们自然选择支持他。有人将《黑白混血儿》推荐给了丹麦皇家剧院的总导演张伯伦·荷尔斯泰因，这就像上诉到了最高法院一样。安徒生则跟演员尼尔森赌了一瓶香槟，他觉得过去二十年里没有任何其他作品能与《黑白混血儿》媲美，《黑白混血儿》将创造一场空前绝后的狂热，让那个令人厌恶的克里斯蒂安·莫尔贝克声誉扫地[3]。

---

[1] 比勒和比约夫：《致安徒生》，第1卷，第482页。——原注
[2] 爱德华·科林：《汉斯·克里斯蒂安·安徒生与科林一家》，第311页。——原注
[3] 说到《黑白混血儿》，乔纳斯·科林向我们讲述了一件逸事。这件事告诉我们，安徒生在自己的作品上是多么固执己见，以及他如何巧妙地作答。一位来自丹麦的西印度群岛的人反对剧中的情节，说一个白人女人和一个黑人男人之间不可能有爱情，因为黑白混血儿有一种恶心的气味。"啊！"安徒生说，"不过我可以把这句话插入到适当的位置：你的味道真难闻，但我依然爱你。"——原注

张伯伦·荷尔斯泰因读完了《黑白混血儿》，虽然总体上很喜欢这个剧本，但实际上还是比较认同克里斯蒂安·莫尔贝克的观点。他也认为这部剧没有焦点，不切合高雅的品位，并且剧中的英雄只是个夸夸其谈之人。不过，张伯伦·荷尔斯泰因认为这部剧中也有许多有趣的人物、激动人心的事件、刺激的场景和新奇的创意。他判断这部剧尽管存在缺陷，但仍会获得观众的认同，并引起人们关注剧中涉及的问题。于是，张伯伦·荷尔斯泰因决定接受《黑白混血儿》[①]。

1839年4月，张伯伦·荷尔斯泰因向丹麦皇家剧院董事会推荐了《黑白混血儿》。但直到1839年12月，剧院才开始排练这部剧。安徒生观看了最后的彩排，对演员们扮演角色的方式甚是满意。尤其是扮演塞西莉亚的海伯格夫人[②]，她以独有的方式向观众诠释了种植园主的养女这个角色。观看彩排的那天晚上，安徒生极度兴奋，无法眨眼。他其至担心国王腓特烈六世会在这部剧上演之前驾崩，因为国王腓特烈六世久病缠身，最新消息称他的身体每况愈下。然而，尽管是在寒冬，老国王腓特烈六世还是在黎明时分起床了。他站在窗前，看着机械师们搬运棕榈树、男主人公的床和奴隶市场场景的道具进入丹麦皇家剧院，直到黄昏时刻。《黑白混血儿》现在成了整个哥本哈根城的热门话题，城中各处都贴满了这部剧的海报，越来越多的人开始满怀期待地聚集在票房门口等待售票。就在这时，骑马的信差在街头飞奔，城门被关闭，悲伤的人群聚集在街角，不幸的消息传遍了大街小巷——国王腓特烈六世已于1839年12月3日8时30分驾崩了[③]。接下来的一个月，哥本哈根仿佛一座巨大的哀悼之城。国王腓特烈

[①] 此外，张伯伦·荷尔斯泰因对安徒生借鉴一本二流法国小说《帕特拉斯》中的情节来构写《黑白混血儿》感到相当惊讶。他对安徒生说："我真是不明白，你自己明明也写爱情故事，为何不把你自己写的那些爱情故事改写成喜剧？没有人会阻止你改编自己的作品。"克里斯蒂安·莫尔贝克和张伯伦·荷尔斯泰因的反馈都可以在《汉斯·克里斯蒂安·安徒生与科林一家》第305页到第309页看到。——原注

[②] 海伯格夫人既美丽又多才多艺，她在丹麦舞台上的表现几乎堪比她才华横溢的丈夫约翰·路德维希·海伯格。安徒生曾说过，如果她出生在法兰西或普鲁士而不是丹麦这样的小国，她一定会成为欧洲最杰出的女演员之一。——原注

[③] 比勒和比约夫：《致安徒生》，第1卷，第518页到第519页。——原注

六世深受人们爱戴，他的驾崩被视为全民的不幸①。所有剧院因哀悼事宜暂停营业，令安徒生深感失望。他显然忘记了国王腓特烈六世也曾是自己的恩人。安徒生觉得自己好委屈，国王腓特烈六世怎么能在这个不合时宜的时间驾崩呢？随后的几天里，安徒生心里很不舒服，对任何事情都提不起兴趣。悲伤的月份似乎提前结束了。1840年2月初，《黑白混血儿》经过漫长的等待终于迎来了它的首演。安徒生像往常一样坐在剧院里，心里始终忐忑不安。随着剧情的发展，安徒生感到越来越愤怒。第一幕演完后，观众们"非常安静"，即使是最精彩的场景也没能感染他们。可怜的作者开始变得非常愤怒。但当演到第四幕时，"南方的血流入观众们的血管"。到第五幕开始时，整座剧院充斥着悲伤的气氛，这显然是个积极的信号②。最终幕布在一阵热烈的掌声中缓缓落下。安徒生从来没有听过这么热烈的掌声，实在是受宠若惊。几天后，新国王克里斯蒂安八世③邀请安徒生会面，衷心祝贺他的剧本大获成功。安徒生与亚当·欧兰施拉尔和贝特尔·托瓦尔森并肩坐在宫廷第一排的席位，这是人们梦寐以求的荣誉。所有报纸盛赞这部新剧，简直要把作者捧上天。一连串的伯爵和精英人物也向安徒生表示祝贺。不过，还是有一些非常优秀的评论家持反对意见。譬如相较于贝特尔·托瓦尔森对这部戏大加赏赞，甚至看完后手都拍疼了，亚当·欧兰施拉尔就显得没有那么热情高涨。而安徒生一向非常看重的约翰·路德维希·海伯格先生此刻很谨慎，没有给出任何评价。至于克里斯蒂安·莫尔贝克，压根就没有来剧院看过部剧。尽管如此，《黑白混血儿》仍旧带给安徒生迄今为止最大的成功。接下来的两天晚上，剧场里挤满了前来观看《黑白混血儿》的观众，观众们乐于掏腰包，一睹这部精彩的爱情剧。从头到尾，所有观众都深陷剧中，不能自拔。后来，新国王克里斯蒂安八

---

① 国王腓特烈六世生命中最后一句话彰显出他身上最高尚的品质。他感到死亡的寒意在身上爬来爬去，最后说道："天冷了，我们必须让穷人有足够的燃料取暖。"——原注
② 比勒和比约夫：《致安徒生》，第1卷，第526页到第527页。——原注
③ 克里斯蒂安八世（Christian VIII, 1786—1848），1839年至1848年任丹麦国王。1814年，他曾以克里斯蒂安·弗雷德里克（Christian Frederik）的名号继位为挪威国王。

世又专门派人请来安徒生，当面送给他一枚胸针。胸针上镶着十九颗钻石，是已故国王腓特烈六世留下的纪念品。对安徒生来说，这是来自王室的无上恩宠，同时意味着新国王克里斯蒂安八世非常认可他的才华。与安徒生的谈话内容转向《黑白混血儿》时，国王克里斯蒂安八世说要亲自去看这部戏剧①。在第十一个演出日的晚上，国王克里斯蒂安八世如约来到皇室包厢观看了《黑白混血儿》。幕间休息的时候，国王克里斯蒂安八世望向坐在观众席前排的安徒生，向他点点头。丹麦皇家剧院里从未发生过这种事情。安徒生简直不敢想象国王克里斯蒂安八世是在向他点头问候。直到国王克里斯蒂安八世一再郑重地向他点头，他才敢相信这是真的。

当时，《黑白混血儿》共演出二十一场，取得了非凡的成功，印证了张伯伦·荷尔斯泰因的预测。安徒生必须承认，《黑白混血儿》赚的钱远远超过他预想的一千多利克斯银元，已经足以支撑他去东方旅游了。他终于可以实现从意大利回来后的梦想了。与此同时，《黑白混血儿》开始流行起来。这部剧很快被翻译成瑞典语，在斯德哥尔摩的皇家剧院上演，并收获了热烈的掌声。1840年安徒生为了摆脱圣周②的沉闷，逃去斯堪尼亚③的时候，隆德大学的学生给予了他热烈的掌声和欢呼。在欢迎演讲中，校长称赞《黑白混血儿》完美地展现了富足的精神可以战胜恶劣的环境。

如此糟糕的剧本竟能轻易赢得公众的青睐，《黑白混血儿》的成功看似古怪，实际不仅要归因于海伯格夫人和尼尔森的出色表演，还要归因于其背后所蕴藏的那份公正、高尚的情感。而这部剧最大的优点就是剧中人物超越了种族和肤色的界限，与当时的自由主义思想不谋而合。然而，安徒生错误地认为《黑白混血儿》的成功完全归功于其内在价值，并立即着手写一部新戏剧来提升自己的声誉。《黑白混血儿》上演期间，剧院人满

---

① 这里体现出安徒生的虚荣和天真。他自信地告诉国王克里斯蒂安八世，一些媒体对《黑白混血儿》的评价不太友好。国王克里斯蒂安八世了解安徒生的为人，对此表示难过，并在两次送安徒生离开时安慰了他。——原注
② 复活节的前一周。——原注
③ 瑞典最南端的省。——原注

腓特烈六世驾崩

克里斯蒂安八世继位

为患。此时，安徒生已经在为另一部新剧《摩尔人的女孩》做准备了。他向爱慕自己、钟情自己的女性朋友们保证，这部剧绝对会比《黑白混血儿》更好。海蒂·伍尔夫小姐认为这不可能。安徒生回答道："不，一定会更好，一定比之前的所有都好，否则我会对自己感到失望。"安徒生用十八个月的时间完成了《黑白混血儿》，如今却仅用七个月时间完成了《摩尔人的女孩》。他对新作《摩尔人的女孩》很满意。这次，整部剧的构想完全是他自己的。没有人能责备他，就像责备他之前创作的"原创戏剧"是从法国小说或其他地方偷来的创意。"这部剧远远超越了《黑白混血儿》，"安徒生大声说道："这是我有生以来第一次确信自己是个剧作家。"①

我们不得不承认，《摩尔人的女孩》不仅更具独创性，而且比之前的作品更加有趣。《摩尔人的女孩》讲述了英勇的西班牙农民女孩拉斐尔拉的故事。拉斐尔拉在战斗中救了科尔瓦多国王的生命，并与之相爱。随后，她又逃离了险恶的宫廷，回到了与世无争的山间小屋，并跟一无是处的西班牙低级贵族扎瓦拉结为伴侣。但扎瓦拉很快就厌倦了拉斐尔拉，并在摩尔人的宫中寻欢作乐。后来，扎瓦拉通敌叛国，通过秘密山道，率摩尔人反攻自己的家乡科尔瓦多。拉斐尔拉率领英勇的农民阻止了这场叛乱，并射杀了扎瓦拉。摩尔人国王最终获救，后来得知他就是拉斐尔拉的父亲。科尔瓦多国王把王位和生命都归功于拉斐尔拉，并带她回到首都完婚。然而，科尔瓦多国王早已与法兰西公主订婚，并且未婚妻也已抵达首都。大主教不同意科尔瓦多国王娶一位出身农家、带有摩尔人血统的女孩，因为这么做很有可能引发与法兰西的战争。面对科尔瓦多国王非拉斐尔拉不娶的决心，英勇的拉斐尔拉于是跟大主教共同谋划，让法兰西公主穿上她亲手制作的本该属于她的新娘礼服，与国王完婚，而她则会飞身跃下山涧，让所有麻烦烟消云散。虽然《摩尔人的女孩》歌曲优美，风光别致，仿佛一股淡淡的柑橘花香，从头到尾都萦绕在文字间，但对戏剧故事情节的开展并没有多大作用，更像是作者在故弄玄虚。剧中的人物形象过于抽象且

---

① 爱德华·科林：《汉斯·克里斯蒂安·安徒生与科林一家》，第320页。——原注

缺乏个性。剧中的情节也缺乏足够的素材，连两幕剧都显得单薄，更别提五幕剧了。而最后既牵强又暴力的结尾就好像是作者才思枯竭后不得已要摆脱女主人公而为之。只能说《摩尔人的女孩》文理不通，不合潮流。

1840年8月初，安徒生写完了《摩尔人的女孩》，并随即将其送到丹麦皇家剧院审查。对于《摩尔人的女孩》的优点，克里斯蒂安·莫尔贝克拒绝发表任何意见。从他的便笺可以明显看出，克里斯蒂安·莫尔贝克对《黑白混血儿》下了否定的结论，但该剧却大获成功，这显然是他回忆中的一个痛处。克里斯蒂安·莫尔贝克只是指出，《摩尔人的女孩》中并没有出现违反道德或政治的问题，但建议剧院的导演谨慎考虑是否能负担起布景和道具中可能额外增加的昂贵费用，尤其是阿尔罕布拉宫场景的布置。同时，乔纳斯·科林预言《摩尔人的女孩》至少会取得像《黑白混血儿》一样的成功，因此向丹麦皇家剧院强烈推荐《摩尔人的女孩》。无论是出于对安徒生的同情，还是对他如父亲般的关怀，戏剧审查员乔纳斯·科林都在这个场合给《摩尔人的女孩》投了支持票。但他其实仍然采取了一些预防措施，向约翰·路德维希·海伯格这位剧作界的权威请教。这位目光尖锐的批评家，同时是当代最伟大的剧作家，对《摩尔人的女孩》持怀疑态度。约翰·路德维希·海伯格说，他希望《黑白混血儿》的作者可以做得更好。作者自己知道他写这部作品的目的吗？他为什么要写呢？是什么使他热衷于此呢？这部剧里面有什么能吸引公众注意或者激起人们同情的地方呢？如约翰·路德维希·海伯格所见，这部剧什么都没有，剧中的诗意指向也非常模糊。这是一部悲剧，但约翰·路德维希·海伯格并不能理解为什么结局一定要这样充满悲情色彩。整部剧情节发展异常匆忙，风格和韵律也都不尽如人意。总之，约翰·路德维希·海伯格认为《摩尔人的女孩》并不具备优秀戏剧应具备的条件，或者说这部戏剧的优点表现得太隐晦，让人们无从发现。安徒生隐约感觉到，约翰·路德维希·海伯格这位权威评论家的评价相当于直接判处《摩尔人的女孩》死刑[1]。一直仰慕和钦佩的

---

[1] 爱德华·科林：《汉斯·克里斯蒂安·安徒生与科林一家》，第323页到第324页。——原注

约翰·路德维希·海伯格竟对他如此"冷酷无情",这让他失望之极。但安徒生并不质疑约翰·路德维希·海伯格对他剧本的评判,只是降低了对《摩尔人的女孩》的期望。他原本寄予厚望的杰作在自己眼中已经失去价值和趣味。他本人也日渐暴躁不安,不堪忍受周围的环境,极度厌恶家里的一切。作为安徒生的朋友,爱德华·科林、汉斯·克里斯蒂安·奥斯特和亚当·欧兰施拉尔认为,他们能为安徒生做的最好的安排就是再次送他出国。安徒生不想再做任何辩解,只好把人生的不如意暂且交给上帝。于是,他带着执念——那些审美派和忌妒他的阴谋派决心要毁掉他[1]——离开了丹麦,甚至坦言现在他最大的心愿就是死在国外。然而,离开哥本哈根之前,安徒生做了一件极其愚蠢的事,这让他在以后的时光中总是后悔不已。他出版了《摩尔人的女孩》,并为之写了一篇序言。爱德华·科林不得不承认,安徒生的这篇序言简直就是啰啰嗦嗦地抱怨过去和现在遭受的苦难。这篇序言就像是一个绝佳的里程碑,记录下了安徒生孩子气的自负、受伤的虚荣心和泪眼婆娑的告诫[2]。在这篇序言中,安徒生悉数提到了他那"艰苦的童年"及他在国内遭受的嘲笑和讽刺。那些恶意的批评、追到国外的信无不充斥着狠毒的诗句和中伤的语言。他进而又讲述了所获的成就和荣誉。安徒生说,他写的爱情故事被译成瑞典语和德语,并在普鲁士的报纸上发表。在外国人眼中,安徒生是丹麦屈指可数的名人。他的生平被翻译成不同国家的语言,他本人也被人们争相追捧。甚至还没等他本人抵达君士坦丁堡,他的名声就会先行一步,提前传播到那里。安徒生又补充道:"两位国王也认可他的才华。"他发现"丹麦最高贵、最伟大的人都是正直的朋友",而反对他的只是"少数几个孤僻的人"。公众作为一个整体,是他强有力的支持者。对安徒生用这种愚蠢的方式发起的挑战,评论家们毫不手软地迅速回击。其中一位评论家说道:"现在安徒生已经总结出自己

---

[1] 汉斯·克里斯蒂安·安徒生:《我的童话人生》,第233页。当然不能仅从字面上理解这些内容。——原注

[2] 如果好奇,你可以在大英博物馆里看到第一版《摩尔人的女孩》的序言。后来的版本中均无序言。——原注

所有的得失。毫无疑问,他记录得非常认真。在平衡得失后,他发现上至国王和伟人,下至公众都站在他那边。如他所言,他还有什么可抱怨的?大可不必为忘记一件微不足道的小事,兴师动众赴土耳其旅行。"① 随后,这位评论家放下调侃的口吻,认为安徒生现在是在为"文学虚荣"而写作,而这种"文学虚荣"已经摧毁了安徒生所有的灵感。他总结道:"在安徒生的作品中,诗歌的亮点和个性之间永远存在一种晦涩的关联,而安徒生本人就像一位不受欢迎的入侵者,把所有的光芒都聚焦到自己身上。"虽然良言逆耳,但本应从中吸取教训的安徒生选择忽略了这些意见。

尽管《摩尔人的女孩》饱受诟病,但演出工作仍在准备中。这部倒霉的作品似乎从诞生之日起就不断遭受厄运。就连安徒生曾指望能扮演女主角的约翰·路德维希·海伯格夫人也不看好这部作品,断然拒绝出演《摩尔人的女孩》。安徒生深受伤害,非常难过地向自己的密友抱怨:"约翰·路德维希·海伯格夫人真是太狠心了。"尽管如此,乔纳斯·科林和安徒生的其他朋友为了维护安徒生的体面,仍然坚持在安徒生离开的这段日子策划演出,可谓不遗余力②。1840年12月18日,《摩尔人的女孩》在丹麦皇家剧院首演。安徒生当时正在罗马度假。观众一致赞赏剧中精致的装饰品和精美的礼服,以及哈特曼制作的配乐。霍伊斯特夫人也通过自己的演绎,尽其所能地为观众呈现出了这部剧的主要内容。但即使有再多的闪光点,《摩尔人的女孩》也逃避不了惨败的命运。这部剧没能引起观众的兴趣,加之表演过程中经常突然插入无休止的演唱、舞蹈和队列进行,令观众一头雾水,所以只上演了两次,就下档了。丹麦皇家剧院无疑会因此损失一大笔钱③。

---

① 爱德华·科林:《汉斯·克里斯蒂安·安徒生与科林一家》,第325页到第327页。——原注
② 然而,安徒生在自传中毫无感激地抱怨道,舞台布景还是有不足之处,这也是造成这部戏剧失败的原因之一。——原注
③ 比勒和比约夫:《致安徒生》,第114页到第115页。我们可以看到乔纳斯·科林写给安徒生饱含深情的慰问信。同时,在爱德华·科林:《汉斯·克里斯蒂安·安徒生与科林一家》第328页,对于《摩尔人的女孩》的失败,乔纳斯·科林写道:"我亲爱的安徒生,不需要言语说明,我们所有人对这一结果都感到十分悲痛,尤其是你对这部作品寄予厚望,甚至你的旅行都是为完成这部剧而计划的。"——原注

其实，《摩尔人的女孩》惨败并不足以让安徒生痛不欲生。真正令他无法忍受的是新一轮的嘲讽及那些嘲讽他的人。

1841 年初，约翰·路德维希·海伯格出版了大量作品。这些作品不仅展现了作者的才华，还传达出作者最快乐的灵感。这最主要的作品是一部幽默意味和深刻内涵兼具的诗意讽刺喜剧《死后灵魂》。《死后灵魂》的主要内容就是假设地狱中的生活与绝大多数在这个地球上漫无目的、无所事事的富人过的生活完全相同。《死后灵魂》的主人公是一位自私、肤浅的非利士人，身上富有一种现代自由主义[①]的色彩。在遭遇基督教的天堂和异教徒的极乐世界拒绝后，他发现自己可以和地狱里那些恶魔和谐相处。靡菲斯特[②]认为他完全有资格在地狱中继续世俗生活，便带他参观了地狱，向他展示并讲解了陈列在地狱的珍品。与此同时，靡菲斯特滔滔不绝地发表了长篇大论。这段评论被称为"完美的讽刺性诠释"，讥讽了当时丹麦愚蠢的政治、戏剧和教育。安徒生也是约翰·路德维希·海伯格创造的地狱中的展品之一，但不是作为童话故事作者，而是作为戏剧家——安徒生的戏剧作品充斥着陈词滥调，貌似很有品位，实则是不入流的杂技表演。于是，在非利士人的要求下，靡菲斯特开始用诗歌直击安徒生的灵魂[③]。

> 在君士坦丁堡，他想要
> 写一部新的巨作提高名望。
> 在土耳其的宫殿里，不受评论家的打扰，
> 他站在那里，像一个长长的问号，
> 当宦官擦拭供奉在神殿里的皇冠时，
> 乌合之众像尾巴一样谦恭地拜祭，

---

① 现代自由主义，也称社会自由主义或平等自由主义，是一种政治意识形态。它支持市场经济，扩大公民权利和政治权利，同时相信政府可以利用合法手段解决贫困、医疗、教育等经济和社会问题。
② 靡菲斯特原为《浮士德》中的一个魔鬼。——原注
③ 翻译这些诙谐的诗句时一定要慎重，因为很有可能在翻译过程中丢掉一些非常重要的内容。——原注

魔鬼靡菲斯特

安徒生的《黑白混血儿》，灵感源于他读的《天方夜谭》，
而他的《摩尔人的女孩》对土耳其人来说是一种折磨。

不难看出，这些诗句中充满了欢乐而不是恶意。不过爱德华·科林很清楚安徒生当时的心情是多么烦躁，如果可能的话，在安徒生归来之前，他会想尽一切办法阻止安徒生看到这些内容。事实证明，如果他们提前把约翰·路德维希·海伯格的作品集寄给安徒生，情况会好很多。安徒生的女性朋友最乐于向安徒生汇报哥本哈根的八卦要闻。虽然并不详细，但她们告诉安徒生，约翰·路德维希·海伯格给了他一顿恶评，哥本哈根因为这件事充满了欢声笑语，她们对安徒生外出期间遭受的侮辱感到愤愤不平。安徒生说，一个人不知道别人为什么嘲笑自己的时候，痛苦会加深一倍。于是他立刻得出结论：一定是约翰·路德维希·海伯格对他妄加非议。而比被泼了一盆冷水更让他难受的是，他手里的《摩尔人的女孩》现在就像"熔化的铅浇到敞开的伤口上"[1]。安徒生要反击[2]。他愤怒地坐下来，胡乱写了一篇攻击约翰·路德维希·海伯格的打油诗想要寄给他，字里行间充满了怨恨和敌意。还好诗人霍伊斯特与安徒生同行，阻止了安徒生寄出这封信。接着，安徒生用下流的话不停地咒骂约翰·路德维希·海伯格，恨不得亲手撕了他。不一会儿，安徒生便平息了怒火，因为他当时正遭受神经痛和消化不良的折磨，需要平心静气。安徒生似乎自始至终都明白，约翰·路德维希·海伯格是一位值得敬重的诗人和评论家，并且他评价安徒生的戏剧时比较客观。安徒生纵使对约翰·路德维希·海伯格给予的批评深恶痛绝，也永远不会像对待暴躁、孤僻的克里斯蒂安·莫尔贝克那样对待约翰·路德维希·海伯格。约翰·路德维希·海伯格温文尔雅、犀利而不失礼节的气质深深地吸引了安徒生。加之约翰·路德维希·海伯格的房子对安徒生

---

[1] 汉斯·克里斯蒂安·安徒生：《我的童话人生》，第240页。——原注
[2] 详见霍伊斯特写给爱德华·科林的那封有趣的信（爱德华·科林：《汉斯·克里斯蒂安·安徒生与科林一家》，第330页到第331页）。——原注

具有一种独特且不可抗拒的吸引力,是任何其他地方都无法比拟的①。于是,安徒生不断安慰自己,说《摩尔人的女孩》的失败只是他不得不吞下的苦酒中的一滴而已。随着时间的推移,他甚至可以自娱自乐。他开玩笑地说,他的儿子们,诸如《即兴诗人》《黑白混血儿》和《不过是个提琴手》,为他加分不少,而他的女儿们——《埃格内特和美人鱼》和《摩尔人的女孩》——迄今为止对他来说更像是一种负担。他有点儿担心未来的女儿们,因为他预见未来肯定会有更多的女儿。旅行归来之后,安徒生第一次通读了约翰·路德维希·海伯格写的诗,也承认里面确实没有冒犯他的地方。不过,安徒生认为自己如果有幸为约翰·路德维希·海伯格提供创作灵感,那就该受到所有人的感谢。

现在让我们跟随安徒生去旅行。

1840年秋,安徒生离开哥本哈根,在位于荷尔斯泰因的兰特瑙伯爵城堡里住了几天。他在那里受到了贵族般的款待。随后他去了汉堡②。在汉堡,安徒生第一次遇见享誉世界的弗朗茨·李斯特③。弗朗茨·李斯特美妙的狂想曲给安徒生留下了深刻的印象。在安徒生看来,这个瘦弱的年轻人面容苍白,长发乌黑,看起来颇有狂傲不羁之感。这个为艺术癫狂的人只有在钢琴上自由地弹奏时,才能释放自己的灵魂。随后,历经三十六个小时的艰苦跋涉,安徒生终于到达了马格德堡。虽然有些疑虑,但他还是在马格德堡买了一张去德累斯顿的火车票。火车旅行对他来说是一场全新的体验。车站热闹非凡,同时也混乱不堪,这让安徒生不知所措,几乎忘了该如何挪动脚步。安徒生傻傻地盯着车厢和火车头——安徒生称之为"行走的烟囱"——看了许久。而当他鼓起勇气进入车厢时,他内心深处萌生了一个想法:这段路程,

---

① 约翰·路德维希·海伯格也很喜欢安徒生,并且充分肯定了他的天赋。——原注
② 截至目前,《诗人的市场》是有关这段历时八个月的旅行最好的记载。同时可参考比勒和比约夫所著《致安徒生》第1页到第46页、爱德华·科林所著《汉斯·克里斯蒂安·安徒生与科林一家》第329页到第335页和汉斯·克里斯蒂安·安徒生自传《我的童话人生》第234页到第252页。——原注
③ 弗朗茨·李斯特(Franz Liszt,1811—1886),匈牙利著名作曲家、钢琴家、指挥家,伟大的浪漫主义大师,浪漫主义前期的杰出代表之一。

弗朗茨·李斯特

马格德堡

要么被炸飞,要么被挤成碎片。发车的信号声似乎与"猪被屠夫用刀划开喉咙时发出的最后一声叫喊"有异曲同工之妙。后来他发现列车滑过轨道就像雪橇划在雪上一样轻松,这才逐渐恢复了信心,而且旅行进程之快也让他非常高兴。安徒生说,他一直渴望这种旅行状态,现在他真正体会到了人在途中漂泊的感觉。他详细地记录了旅途中遇见的许多趣事。乘车途中,他看见了一些似乎要加工成木桩的木板。接着,一个坐在他旁边的人说:"你看见了吗?那是一个地标。我们现在已经进入安霍尔特公国了!"那人说完又把鼻烟盒递给了安徒生。安徒生点了点头,试了一下鼻烟,打了个喷嚏,然后问:"我们还要在安霍尔特公国行驶多久?"那人回答道:"哦,你打喷嚏的时候,我们已经离开了!"安徒生从一开始就接受了这种新的旅行方式。从各方面来说,火车旅行都比原先的马车旅行舒适得多。而且他认为铁路很可能会破坏旅行的诗意这一想法简直荒谬。到达莱比锡后,安徒生拜访了菲利克斯·门德尔松①。菲利克斯·门德尔松仔细阅读过《不过是个提琴手》,非常喜欢这部作品,因而向安徒生发出了诚挚的邀请。菲利克斯·门德尔松虽然确实很忙,但仍对安徒生的到访张开了热情的双臂,并赠给安徒生一张自己的专辑。安徒生在慕尼黑一个书店的橱窗里看到了德语版的《即兴诗人》,这是"外国经典微型图书馆系列"的一部分。他立刻走进店里,要了这本书。年轻的店员于是给了他第一卷。

"但我想要整部作品。"安徒生说。

年轻店员回答道:"这就是整部作品,没有其他了。我知道的,因为我自己读过。"

"但你不觉得这本书的结尾很突兀吗?而且没有结局吗?"安徒生问道。

"嗯,确实如此。"店员承认了这一点,接着说:"但你知道,它的风格和法国的传奇故事一样。作者只是提出了一个推论,让读者自己在脑海里继续完成它。"

---

① 菲利克斯·门德尔松(Felix Mendelssohn,1809—1847),普鲁士犹太裔作曲家、浪漫乐派代表之一,被誉为浪漫主义杰出的"抒情风景画大师",其作品以精美、优雅、华丽著称。

安徒生打断他说："无论如何，这本书肯定不是这样的，你给我的只是这本书的第一部分。"

店员生气地喊道："我告诉你，这就是全部。我读过它！"

安徒生反驳道："可这本书是我写的！"

1840年12月初，安徒生到达了深爱的意大利。对他来说，意大利的一切是那么熟悉，仿佛他只离开了一天而已。从佛罗伦萨乘车，同行的人中有一位又矮又胖，长着一双大眼睛和沙色络腮胡子的英国人①。尽管这个人一开始冷酷无礼的行为看上去很幽默，但后来他的行为十分粗鲁，让人难以忍受。后来很长的一段时间，安徒生只要想到他就会勃然大怒。还有一位应邀前往卡玛尔迪斯的面色苍白的年轻英国牧师。从早到晚，这位牧师除了读书，闭眼画十字，默默祈祷，什么也不做。而另外一位年轻的意大利牧师则更善于交际。车上还有一对来自罗马的夫妇，丈夫有着细长的双腿，穿得像个神父。第一天晚上，安徒生和这些人在一个偏僻的小旅馆里过夜。他们抵达小旅馆的时候全身几乎湿透了，身体也快冻透了。在大家找到树枝木棍点起壁炉之前，他们在空空的客房哆哆嗦嗦地等了很久。最后好不容易生起火来，络腮胡子英国人立刻将他的湿衣服脱了下来，挂在壁炉上方。他摆出高人一等的样子说："我想好好烤干这些衣服。"其他人选择忍受这种厚颜无耻的行径，安徒生也不得不忍受，于是这个英国人的湿衣服霸占了炉火的所有温暖。那天晚上，安徒生和络腮胡子的英国人住在同一间卧室里。络腮胡子的英国人一开始就悄悄地先溜进了屋子。等安徒生进到房间时，络腮胡子的英国人正站在安徒生已经铺好的床单上，还擅自拿了安徒生的两个枕头以垫高自己的枕头。

"我睡觉不喜欢枕头太低。"络腮胡子的英国人解释起来。

安徒生说："我也不喜欢！"随后安徒生就把自己的枕头挪回原来的地方，这让络腮胡子的英国人大吃一惊。

---

① 安徒生在别处提过这个人，形容这个人高傲自大，好像别人都是他的奴才一样，但他不过是个卖蜡烛的。——原注

莱比锡

菲利克斯·门德尔松(左)与歌德

第二天，在卡斯特利昂停下来吃饭时，络腮胡子英国人发了一通脾气，狠狠地责骂了饭店的服务员。安徒生等人都以为他起码是一位乔装改扮的王子，所以任由他差遣，祈求从他这里得到皇家的赏赐。他说什么，大家都笑眯眯地听着；他做什么，大家都恭恭敬敬地候着。可就算这样，他也分文不赏。他说："因为我很不满意，事实上，我对食物、这个屋子和所有的一切都不满意。"屋子里的人灰溜溜地把腰弯得更低。两位牧师甚至很钦佩他。等他再次上车时，他们竟然向他脱帽致敬。在阿西西，安徒生和这些人拜访了天使大教堂。由于个子太矮，站在人群中什么也看不见，络腮胡子英国人便坚持让导游单独给他讲解。但为他煞费苦心讲解后，导游既没得到一分钱，也没听到他的一句感谢。络腮胡子英国人还说："反正这些家伙没有别的事可做。"来自罗马的夫人此前一直对络腮胡子英国人很友好，但她实在忍受不了，便开始责备络腮胡子英国人过于吝啬。自此以后，两人一直冷战。他们不再一起合唱了。来自罗马的夫人也不像以前那样，给他提供甜饼干吃。到阿垂克里后，"那里的人行道像经历过地震一样"，旅馆也非常脏乱。安徒生宁可去马厩吃饭。络腮胡子的英国人言行粗鲁，这让本来充满愉悦的旅程越来越像一趟赎罪的朝圣之行。他不仅抢了另一队游客的食物，还侮辱了那位好心的牧师，甚至开始对来自罗马的夫人说脏话。抵达奇维塔卡斯泰拉纳后，安徒生断然拒绝和这位野蛮的络腮胡子同住一间屋。牧师和来自罗马的夫妇只好把两把椅子合在一起，给络腮胡子英国人搭个沙发床。他们铺床的时候，络腮胡子英国人火冒三丈地冲了进来，把所有的怒火和怨气都发泄在安徒生身上，责怪安徒生不跟他睡同一个房间。他叫道："什么！你竟然让我自己睡？你是想让他们杀了我吗？你不是一个好人，以后我再也不会跟你说话了。"安徒生说："如果真有人这么做了，那我该从心底里感谢他。"而故事的高潮发生在安徒生一行人抵达拉斯特塔之后。络腮胡子英国人径直走到壁炉前，从煮着食物的锅里盛他喜欢吃的东西。女房东实在看不下去了，激战随之而来。女房东拿着菜刀朝络腮胡子英国人扑了过去，络腮胡子英国人抓起一把椅子。

就在所有人都以为要出人命的时候，女房东的丈夫赶过来，一把抓住她丰盈的腰，把她抱了起来，从而救了络腮胡子英国人。女房东恨恨地臭骂了络腮胡子英国人，而络腮胡子英国人则选择吃三份饭只付一份钱来报复她，还对来自罗马的夫妇恶语相加。于是他们一行人把络腮胡子英国人送到考文垂后，就分道扬镳，再也没搭理他。安徒生说："我从来没有见过这种恬不知耻的人。全世界所有的事情都得围着他转，每个人都得为他的方便让路。他从来没有说过一句感激的话，却不认为这很无礼。最后，这个络腮胡子英国人的事不禁让我想到一个关于恶毒继母的故事。继母将继女丢进井里，后来继女回家后每说一个字，嘴里便蹦出金子与玫瑰花。于是继母将自己的亲生女儿也丢进井里，以为这样就能像继女一样，但结果惨不忍睹——她的亲生女儿每说一句话，嘴里都会蹦出青蛙与蜥蜴。随着我与这个男人见面次数的增多，听他说了更多话后，我就更加确信，他一定是那个恶毒继母的亲生儿子。"

安徒生在罗马过得相当凄惨。那里气候潮湿寒冷，他的牙也痛得厉害。他很想念贝特尔·托瓦尔森及其他艺术家朋友，一个人在房间度过了圣诞节，晚饭吃了点儿葡萄、面包和奶酪。消磨时间之余，他读了《圣经》、歌德的《浮士德》及卡尔·L.贝克尔的《世界文化史》。《摩尔人的女孩》的惨败令他沮丧，于是到达那不勒斯的时候，他听从了当地一位医生的建议，同意做放血治疗。"死神在盯着我的房门，"安徒生说，"但我的阳寿未尽，所以死神又离开了。"与此同时，经济上的困难一直困扰着安徒生。他原本指望拿着他第二部戏剧的稿费赴东方旅行，但现在能否离开那不勒斯继续前行都是问题。此时，国王克里斯蒂安八世通过乔纳斯·科林资助给安徒生三百利克斯银元，加上从《黑白混血儿》所得的稿费中省下的二百利克斯银元，安徒生得以继续自己的旅程。他很开心，同时他的健康状况、精神状态也有所改善。他告诉我们，现在一些苦涩病态的回忆已经模糊不清，他又可以骄傲自信地抬起头。1841年3月15日，安徒生乘坐法国汽船"列奥尼达斯"号离开了那不勒斯。汽船在马耳他停泊期间，他与一位俄罗斯官员一同下船，欣赏了所有的美景。在海上观看埃特纳火山的景观给安徒生留下了深刻的印象。埃特纳火山犹如高高在上的众神拥有的圆形剧场，维苏威火山跟它一比就像个小沙丘。与安徒生同行的有西班牙的清教徒、意大利的神父，还有各色东方人。在汽船上，安徒生找不到会说丹麦语或德语的人交谈，他说法语的时候，还有人误以为他是美国人。不过，他还是交到了朋友——一位来自赫拉特的波斯人吸引了安徒生的注意。这位朋友身穿绿色长袍，围着白色的披肩，坐在甲板的红毯上，一整天都在玩自己的耳环和弯刀，自顾自地寻开心。一天，安徒生从波斯人身边走过的时候，波斯人突然抓住他的胳膊，笑着对他点点头，手指指向一处。安徒生顺着波斯人指的方向看去，只见一只小鸟筋疲力尽地掉在了船上。一群人立马围上去，其中一位肥胖的罗马神父还提出要把这只肥美的小鸟煮来吃了。安徒生听了非常生气，大喊道："我们不能吃带翅膀的小朝圣者。"他把小鸟保护起来，并一直照顾它，给它喂食，等到它足够强壮，便将它放飞。这个小插曲巩固了安徒生与波斯人的友谊，他们互换水果，打手势比划交流。有一次，安徒生觉得自己一定要清楚地表达意思。他觉得希伯来语与波斯语相近——他并不是语言学家，就以希伯来语《创世纪》中第一行的内容跟这位来自东方的朋友交流。事实证明，他还不如直接跟波斯人说丹麦语。于是他用手指着星星，说："天上的星星太美了。"波斯人笑着点点头，也迫切地想要准确沟通，于是用他仅知道的一点英语，回应道："是的，先生。"

1841年3月底，安徒生到达了向往已久的雅典。但真正到达后，他有点儿幻想破灭的感觉。这让安徒生想起自己说过的一句话："桃源梦碎。"不过，他还是尽情享受了一切，就连令人窒息的灰尘也被他称为"经典的灰尘"。他还为"崇高的荒野"——他自己起的名——鲜明的景色深深着迷。帕特农神殿的台阶上长满了繁茂的野黄瓜，灌木半遮着石狮雕像，乌龟在灌木中爬行[①]；从坟墓中挖掘出的土耳其人与希腊人的头盖骨散落在威尼

[①] 这里还提到了一则说明安徒生极其喜爱动物的逸事。在乘马车去彭忒利科斯山大理石厂的路上，看到路上有一只乌龟，他毫不犹豫的捡起乌龟带上马车，防止其他马车辗轧到它，也算是助它在这大千世界中安然存活了。——原注

斯时代的迫击炮和重炮中间；伊瑞克修斯神殿遗址上有个破败不堪的清真寺，清真寺中间竖着一个骨架。这一切都令安徒生涕泪横流。他在雅典待了一个月，整个行程十分惬意。他发现很多同胞在那里身居高位，并竭尽所能让他感觉宾至如归。安徒生本想在帕纳塞斯山山顶上过生日，但由于大雪封山，无法登顶，所以只能在城镇里办个生日晚宴。尽管如此，安徒生也很心满意足。生日宴会上，各色美酒佳肴应有尽有。两位希腊著名朗诵家的光临为安徒生的宴会增光添彩。国王与王后接见了他，奥地利外交官安东·冯·普鲁克希－奥斯特①还亲自教他骑马。安徒生写信给爱德华·科林道："我真希望你能看到我骑马的样子，我戴着希腊的高帽，帽子上长长的流苏随风飘动。第一天骑马时，我的紧张之情无以言表。不骗你，马稍微偏离跑道，我就大喊大叫，但现在好多了。"

安徒生现在面临着两难选择。他要么继续在雅典待到1841年10月就返回普鲁士，要么继续前往君士坦丁堡，于1841年7月回家。经过一番思想斗争，安徒生选择了后者。然而，等待他的是一连串不愉快的经历。他在群岛上经历了人生中第一次猛烈的暴风雨。当时船像漩涡中的小麻雀一样颤颤悠悠。他甚至看破了生死，认为整船人都要命丧大海。这么一想，他又感觉到一种释然的平静。次日早上一睁眼，他发现船安然无恙地停靠在士麦那码头。隔日6时，船驶过达达尼尔海峡。看到君士坦丁堡的第一眼，安徒生就认定眼前的景色将毕生难忘。君士坦丁堡的景色给安徒生带来的震撼远胜于那不勒斯，却跟斯德哥尔摩有几分相似，只是景色更加生动别致——错乱有致的红瓦屋顶、苍劲的松柏、雪白的尖塔。安徒生在这里享受了十一天的美好时光，傍晚时分多数在丹麦外交家许布施男爵或希腊官员克里斯蒂的沙龙里度过。白天，安徒生在集市闲逛，花了五先令雇了个导游，可谓考虑得十分周全，并且一整天的游逛绝对让这五先令花得值。他在斯库塔里的一座清真寺中观看了托钵僧

---

① 安东·冯·普罗克希－奥斯特（Anton von Prokesch-Osten, 1795—1876），奥地利外交官、政治家、将军。

埃特纳火山

伊瑞克修斯神殿遗址与破败不堪的清真寺

帕纳塞斯山

安东·冯·普罗克希－奥斯特

的舞蹈表演。整个表演让他既恐惧又厌恶。安徒生的导游却误解了他的感受，还小声跟他说："天哪，你千万不要笑，否则他们会杀了我们的。"安徒生惊叫道："笑！我哭都来不及，太糟糕了，太可怕了，我受不了了。"说完便匆忙转身离开了。

在穆罕默德诞辰这一天，安徒生有幸欣赏到了土耳其苏丹阿卜杜勒·迈吉丹一世和大臣们前往索菲亚清真寺祈福的盛况。皇室官员光彩夺目的华丽服饰使安徒生想起了阿拉丁神灯的奇迹。阿卜杜勒·迈吉丹一世年仅十九岁，骑着一匹阿拉伯骏马，边上簇拥着一群手握翠扇的随行少年。他身穿双排扣的绿色长礼服，衣服上除了一颗大宝石，别无装饰，而天堂鸟的羽毛则紧紧地粘在他的红毡帽上。他脸色苍白，面无表情，黑眸紧盯观众尤其是法兰西人。人们都脱帽向他敬礼，但他毫无反应。安徒生身旁一位年轻的土耳其人问道："为什么他不向我们点点头？他应该看到我们脱帽致敬。"另一位土耳其人回应道："你应该清楚，他当然看到了，还特意留意了那些人。"土耳其人似乎认为苏丹这样就够礼貌了。

在君士坦丁堡的日子大都很愉快，安徒生唯一抱怨过有些不便的就是冷空气——这是黑海的冷湿浓雾造成的。不过，即使这样，也比丹麦的天气要好。面对浓雾，安徒生动身前往康斯坦察时有些惊慌。安徒生将从康斯坦察走陆路到查尔纳沃答，接着再乘坐一辆汽船到维也纳。然而，黑海春天的时候刚"吞食"了几艘汽船，他希望黑海已经吃饱，能放过自己。没过多久，安徒生一行就来到了黑海。浓雾遮住了海岸，船长只能摸索着一遍遍尝试靠岸。甲板和索具潮湿无比，仿佛浸入过海底。寒冷的气候让安徒生感觉不像是5月在土耳其海岸的愉快之旅，而是在北极边上的斯匹次卑尔根岛探险。太阳终于出来了，他们安全抵达了多布罗加。

安徒生乘着运货牛车从康斯坦察出发，途经一片凄凉的荒野，到达查尔纳沃答。多瑙河上有汽船站，一艘奥地利汽船"阿尔戈"号正等着将他载向维也纳。现在的旅程变得单调、无聊，安徒生甚至希望返回哥本哈根。在船上的三十天里，安徒生看到两岸景色，幻想自己正穿梭于芦笋之中。

不过，除此之外，充斥眼帘的都是平淡无奇的卷心菜。这场"身心俱损的旅行"的高潮发生在奥尔绍瓦。安徒生在奥尔绍瓦经历了十日的隔离检疫，他与同伴像罪犯一样被关进潮湿、阴暗的房间，待遇和监狱没什么两样。白天，他就幻想自己身处威尼斯的铅灰色地下城；夜晚来临，他感觉自己仿佛身处约翰·路德维希·海伯格笔下的地狱。最后安徒生一行都病倒了，医生给的药像是给牲畜吃的，人的肠胃根本受不了。虽然环境让人备受煎熬，但同在一起的古怪的音乐艺术大师们的激情感染了安徒生。这些大师每天早上、中午、晚上都坚持吹保加利亚长笛。曲调大都一样，最多也就两三个高音音符，仿佛在吹郁金香梗的同时踩到了猫的尾巴。关押期间，安徒生唯一的慰藉就是遇到了贴心的伙伴威廉·弗朗西斯·安斯沃思。他是一位小说家的表弟，刚从库尔德斯坦传教回来，在隔离期间与安徒生同住一个屋。威廉·弗朗西斯·安斯沃思对安徒生很好奇[1]，他形象地描述安徒生是一个有魅力的人：虽然高高瘦瘦，面色苍白，却长得俊俏，有一头棕色头发；个性鲜明，走起路来有点儿没精打采，有时心不在焉还会走偏。安徒生虽然看起来焦躁不安、心事重重，但交谈起来和善可亲，整个人比较单纯，容易相信他人，让人不由自主地对他产生好感。在隔离的痛苦之中，威廉·弗朗西斯·安斯沃思认为自己有一个这么温文尔雅的同伴实属幸运。他说道："我用温文尔雅这个词形容安徒生，是因为他举止优雅，给人一种很有教养与学识的舒适感。"他们每天晚饭会在一起吃饭——早上通常忙着写信，安徒生则会准备一些古雅的奇思妙想或者幽默的故事。瘟疫后期，两人分手道别。鉴于威廉·弗朗西斯·安斯沃思是个漂泊不定的人，安徒生便给他写了几封介绍信[2]。

从奥尔绍瓦回程的路上，安徒生非常开心地发现景色变得更美了。靠近匈牙利的一边看起来犹如宽阔的果园，里面四处飞舞着白色的蝴蝶。安

---

[1] 《文艺公报》，英国伦敦，第1551期，第877页。——原注
[2] 威廉·弗朗西斯·安斯沃思惊叹安徒生的剪报手艺。他观察到安徒生本质上是个虔诚的人，安息日这一天谨遵规定，会放下纸笔休息一天。默契的是，安徒生也这么观察和评价过威廉·弗朗西斯·安斯沃思。——原注

徒生想象着果树正在重绽芳颜。而靠近塞尔维亚的一边则是成片的橡树林与栗林,放眼望去,看久了便会觉得眼睛疲劳。其实,这种旅行没有半点儿的舒适度可言。汽船上挤满了乘客,大多是害怕感染虫害而逃亡的人们,连走动的空间都没有。乘客都叠罗汉般地站在一起,有的一整天坐在长椅上,有的为了晚上能有个地方可以躺一下便坐在桌子角上。整艘汽船就像一大家人睡在一张大床上,兄弟姐妹成群,稍微动一下都可能会踩到其他人的脸。船上有个女士一直很紧张,担心船会随时爆炸——她并不理解蒸汽的运作原理。安徒生发挥自己擅长的讲解能力,跟她解释道:"女士,我们假设火上烧锅热水,锅上扣着大盖子。当热水沸腾翻滚,如果盖子牢牢固定在锅上,那么锅可能会因里面热蒸汽的压力而爆炸,但如果盖子只是松松地盖在上面,那么锅盖就会上下浮动,蒸汽就会从边沿跑出来,锅就不会炸裂。"女士听完大喊道:"上帝啊,帮帮我们吧!"她边说边指向甲板:"如你所言,如果说这个盖子随着蒸汽机上下浮动,那么我们都会葬身多瑙河!"她一边紧紧抱着蒸汽机旁的栏杆,一边颤抖不停。安徒生顽皮地说道:"我相信她一定会晕倒,除非她确信船不会爆炸。"

最后,安徒生在普拉特上岸,也算是终于松了一口气。他驾车前往维也纳,拜访了他的老朋友,并结交了新朋友,最后取道布拉格和德累斯顿回家。在汉堡一家旅馆吃饭的时候,安徒生遇到了自己的同胞。当他给同胞们讲述美丽的希腊、绚丽的东方时,一位坐在他身旁的哥本哈根老妇人转头看着他,说:"安徒生先生,请你跟我说说,你去了这么多地方,旅行了这么长时间,有没有像我们丹麦一样美丽的地方?""当然有,"安徒生回答道,"并且要美得多。""呸!"老妇人大喊,"我明白了,你不是个爱国者!"

回到哥本哈根后,安徒生的朋友热情招待了他。朋友的热情赶走了安徒生所有苦涩、阴郁的想法。回到哥本哈根后的第一周,安徒生都在忙着打电话与接电话。国王克里斯蒂安八世与王后接见了他,科林一家像欢迎亲人一般热情款待了他。然而,《摩尔人的女孩》的失败仍然压在他心上,让他带有偏见地看待所有的一切。哥本哈根气候寒冷，充满忧郁、陈腐的气息。安徒生抱怨说看不到别的，只看到雨点不停地拍打着窗户；听不到别的，只听到家长里短的闲谈。"这些人都缺乏热情，"他说道，"只会咧着嘴傻笑。"他对戏剧的兴趣锐减，甚至讽刺戏剧本身，挖苦戏剧表演者。当每个人为意大利歌剧中的女主角着迷时，他却称那些女主角为不值一提的虾兵蟹将，还说女主角让他想起了黑咖啡罐。丹麦皇家剧院更让他提不起兴致。诗人克里斯蒂安·温特①将古老的丹麦传说改编成戏剧。安徒生后来对剧本做了改动，添加了大量诙谐的情节，取名《马尔什国王的女儿》。《马尔什国王的女儿》上演时，安徒生前往剧院观看。这部剧是由人形玩偶演绎的。剧中美丽的埃及姑娘有一群邪恶的姐妹，按安徒生的话来说，"像一捆吊在一起的萝卜"。由于机械师操作失误，其中一个玩偶突然从空中飞起，脸朝后转，傻傻地对着观众，看起来就像"要去天堂的克里斯蒂安·莫尔贝克"。这段时间，安徒生给法国朋友泽维尔·马尔米耶写了一封毫无价值的信。安徒生在信中过度自夸，对海伯格夫妇的评论尖酸刻薄②。不过，借此机会他释放了自己积累已久的负面情绪。安徒生发现，一边聊以慰藉，一边昼夜不分地撰写新书——主要记录自己的旅行。1842年初，安徒生完成了《诗人的市场》③。《诗人的市场》有三个美丽的故事，分别是《铜猪》《友谊的契约》《荷马墓上的一朵玫瑰》。书中还有一个幽默故事《我的靴子》，颇受读者青睐。汉斯·克里斯蒂安·奥斯特和亚当·欧兰施拉尔对《诗人的市场》很满意。评论家们虽然抱怨故事中偶有语法错误，但夸赞故事中的景色生动美丽，风俗引人入胜，并且内容丰富多彩、光鲜华丽。安徒生还将《诗人的市场》送给了瑞典国王奥斯卡一世。诗人兼历史学家的伯纳德·冯·贝斯考④特别喜爱《诗人的市场》。尽管当时瑞典的官方译本也正准备发布，但伯纳德·冯·贝斯考还是忍不住将书中的一些精彩情

---

① 克里斯蒂安·温特（Christian Winther, 1796—1876），丹麦抒情诗人。
② 比勒和比约夫：《致安徒生》，第2卷，第54页。——原注
③ 贝克威思在1846年将其翻译成英文。——原注
④ 伯纳德·冯·贝斯考（Bernhard von Beskow, 1796—1868），瑞典剧作家和历史学家。

奥尔绍瓦

克里斯蒂安·温特

节翻译成了瑞典语。"希望其他人能够跟我一起享受这份美丽的礼物"。普鲁士读者也非常喜爱《诗人的市场》。后文谈到安徒生在英国旅行时，我们将会看到英国评论家们对《诗人的市场》不约而同的赞誉①。

---

① 《诗人的市场》刚在丹麦发行时，人们津津乐道于书里九位名人的献辞，也有人将这种与众不同视为虚荣的表现。我个人非常感激这些久负盛名的人。不过，一本书有九段献辞确实很奇特，就如同七条恶龙和二条怪犬。因为很多人不怀好意地嘲笑这本书，所以之后的版本中再无这九段献辞。——原注

第 8 章

童话故事逐渐风靡——喜与悲——安徒生成为欧洲名流

精彩看点

第二本童话故事——安徒生声名大噪——贝特尔·托瓦尔森钟情童话故事——《丑小鸭》大受欢迎——童话故事在普鲁士大获成功——《国王的梦想》和《新房产》——安徒生痴迷于戏剧创作——送审匿名戏剧——《幸福之花》遭拒绝——《拉斯姆森先生》反响冷淡——第二次巴黎之行——众多巴黎名流——安徒生的法语——普鲁士之行——会见格林——克里斯蒂安八世的座上宾——安徒生对金钱小心谨慎——普鲁士国王腓特烈·威廉四世授予安徒生红鹰勋章——安徒生和珍妮·林德——魏玛公爵查尔斯·弗雷德里克——路过意大利——返回丹麦

尽管安徒生不屑地称自己写的是"小童话故事"①，但这些童话故事就像善良的小精灵，在不知不觉中让安徒生名声大噪。如前文所述，安徒生的童话故事在丹麦起初并不受大众认可，只有幼儿园的小孩愿意看，并且只在幼儿机构有点儿市场。但在普鲁士和瑞典，这些童话故事受到追捧和热烈欢迎。后来，丹麦皇家剧院的演员们在下午的茶话会上大声诵读这些童话故事，这才让它们逐渐流行开来。其实，如果演员菲斯特对《顽皮的孩子》《猪倌》多点儿重视，或是海伯格夫人自己写出了《卖火柴的小女孩》，那么童话故事早就家喻户晓了。渐渐地，人们不再嘲笑这些童话故事，并开始阅读。直到1845年《安徒生童话故事》第三版出版，安徒生的童话才在丹麦流行起来，享受到了与其他国家同样的欢迎度。1838年圣诞节到1842年圣诞节期间，安徒生出版了自己的第二本童话故事集，其中包括《雏菊》《坚定的锡兵》《野天鹅》《天国花园》《飞箱》《鹳鸟》《梦神》《玫瑰花精》《猪倌》和《荞麦》。在这本童话故事集中，《雏菊》《坚定的锡兵》和《梦神》是安徒生的原创作品，其他则由安徒生根据小时候

---

① 在《我的童话人生》中，安徒生暗示自己对童话故事信心满满，对于其最初所受冷遇万分悲痛。但实际上并非如此。从他的信中截取一段为例："《黑白混血儿》以来，我就只写了戏剧和童话。简直是一无是处。所以可以说，过去两个月，我就是个'植物人'。"摘自比勒和比约夫所著《致安徒生》第1卷第489页。——原注

听来的传说改编而成①。这本童话故事集其实是安徒生为自己的母亲而作，因为她才是为数不多真正地欣赏安徒生童话故事的人。安徒生不得不承认，正是因为母亲时常鼓励，再加上汉斯·克里斯蒂安·奥斯特不时夸赞自己的小说妙趣横生，他才能在一片批评声中继续自己的创作②。此外，即使在丹麦，有些大人物也是《打火匣》的忠实粉丝。就像诗人约翰·卡斯滕·豪克告诉安徒生的那样，只要能赢得大人物喜欢，小人物的批评根本无关紧要。1845年，安徒生出版了自己的第三本童话故事集——《新童话集》。《新童话集》的第一卷包含了《安琪儿》《夜莺》《恋人》和《丑小鸭》四个故事。这四个故事让安徒生声名鹊起，《丑小鸭》更是家喻户晓③。约翰·卡斯滕·豪克在给安徒生的信中写道："我认为你所有的故事中，《丑小鸭》写得最好，希望你能创作出更多类似的作品。"④亨利克·赫兹也非常认可安徒生的作品，认为《新童话集》写得比当时流行的《普鲁士童话故事》要好，甚至可以和《格林童话》平分秋色。只是这种言论与当时的主流观点背道而驰。

　　亨利克·赫兹格外欣赏安徒生童话中的风趣幽默和辛辣的讽刺。英格曼浪漫有余，而幽默不足，所以才被"那些神圣故事"中流露的真情打动。伟大的雕塑家贝特尔·托瓦尔森也钟情于童话中的童趣，他常说："能再给我们读一篇童话吗？"1846年夏，贝特尔·托瓦尔森与安徒生相遇，一起高声诵读了《情人》和《丑小鸭》。贝特尔·托瓦尔森告诉安徒生："真期待你的新作，我觉得你可以写一篇关于织补针的故事。"后来，安徒生果然写了一篇名为《织补针》的童话，并相继写出了《冰雪皇后》和《枞树》，最终完成了童话故事集《沙丘的故事》的创作。《沙丘的故事》中包括了《红鞋》《拇指姑娘》《扫烟囱的人》和《丹麦人荷尔格》。安徒生称《沙

---

① 《飞箱》实际上选自《一千零一夜》。——原注
② 自此揭开了1874年完整版"童话故事"的创作帷幕。——原注
③ 一位普鲁士译者认为丹麦语中"丑陋"在德语中是"嫩绿"的意思，所以错译了《丑小鸭》这个标题。一位法国译者看了这个翻译后，也错译成《小绿鸭》，认为丹麦的鸭子大部分都是绿色的。——原注
④ 比勒和比约夫：《致安徒生》，第1卷，第667页。——原注

丘的故事》是为他的好朋友亨利克·赫兹而作，他说："写这本童话集是为了感谢亨利克·赫兹诗一般的灵魂，感谢他的聪慧，感谢他的风趣。"①此外，安徒生补充道："《接骨木树妈妈》是为《盖亚》期刊而作，而《钟声》是为格尔森和卡拉伦德的《月刊》而作。"一位伟大的丹麦评论家曾说："安徒生写得最好的故事就是《钟声》。"在这里，我不得不提一下安徒生另外一本代表作《月亮看见了》。尽管人们通常视《月亮看见了》是一本旅行手册而不是一部童话故事，但我认为这本1840年出版的旅行手册风格奇特，无与伦比。"简直就是一部《伊利亚特》。"一位英国评论家如是说。在创作《月亮看见了》时，安徒生对能否得到人们的认可尚存疑虑。"我不敢说这是我写得最好的一本书，"安徒生说，"但我一直想写这类书，我也期待它能得到大众的认可。"②最终安徒生梦想成真。他写的童话故事书都大受欢迎，广泛传阅。安徒生一直想扩写《一千零一夜》，只是最终未能如愿。虽然扩写未成，但安徒生写了一本与《一千零一夜》体裁类似的《瑞典风光》。《瑞典风光》用诙谐的语言描写了瑞典如诗如画的风光。由于安徒生的童话故事在普鲁士一经发售便广受欢迎，所以安徒生对普鲁士读者一直心存感激。安徒生的童话故事在丹麦出版后，在普鲁士九年就再版了七次。也是在普鲁士，这些童话故事首次得到大众的认可。1839年，菲韦格出版社发行了安徒生童话故事德语第一版，里面配有三幅钢板画，精美的扉页上印有安徒生的名字③。安徒生喜出望外，主动向朋友描述这些图画。后来，安徒生自己也乐于给他人讲解自己的童话故事，不但乐于讲，还要讲得好。

安徒生认为自己的童话故事虽然写得很好，但尚不足以反映自己的才华。他要证明自己是比亚当·欧兰施拉尔还要伟大的诗人，是比约翰·路德维希·海伯格还要优秀的剧作家。安徒生笔耕不辍，用四年时间写成了伟大的史诗《亚哈随鲁》。他期待这部史诗能搬上舞台，不久便如愿以偿，

---

① 此段是1874年"童话故事"丹麦版的附言。——原注
② 比勒和比约夫：《致安徒生》，第1卷，第514页。——原注
③ 比勒和比约夫：《致安徒生》，第1卷，第472页。——原注

《卖火柴的小女孩》插图

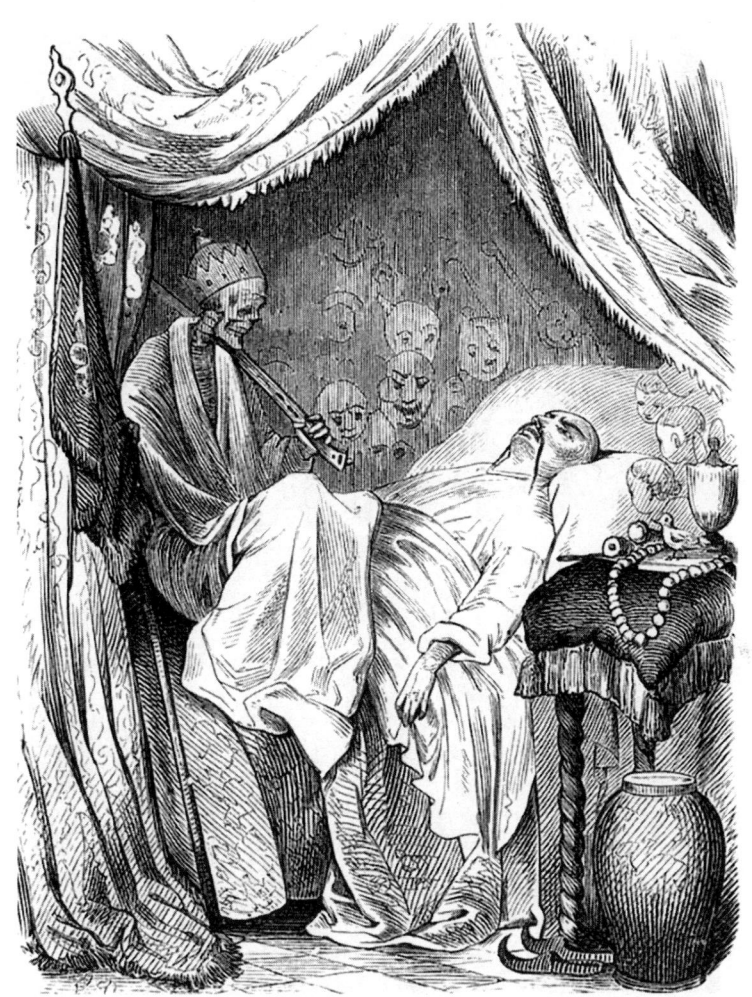

《夜莺》插图

《野天鹅》插图

《坚定的锡兵》插图

但随后便跳出了一只让他害怕的"拦路虎"。这只"拦路虎"正是约翰·路德维希·海伯格本人。当时，约翰·路德维希·海伯格已经取代克里斯蒂安·莫尔贝克成为首席戏剧审查官。在安徒生看来，约翰·路德维希·海伯格担任首席戏剧审查官对他有害无益。虽然约翰·路德维希·海伯格不像克里斯蒂安·莫尔贝克一样性格粗鲁，但评论戏剧并不是克里斯蒂安·莫尔贝克的强项。虽然已经有人敢于对克里斯蒂安·莫尔贝克的评判进行上诉，但没有人敢质疑约翰·路德维希·海伯格的看法。伟大的审查官即使拥有无懈可击的批判能力，也会出现严重纰漏。换言之，安徒生认为凡是署了自己名字的戏剧都不会得到约翰·路德维希·海伯格的欣赏。像自己这样出生卑微的剧作家怎样才能得到公正的对待呢？最终，安徒生想出了一个权宜之计。1843年11月，安徒生将新创作的悲剧《国王的梦想》匿名送去丹麦皇家剧院审查。1845年1月，他如法炮制，又把自己的喜剧《新房产》送去丹麦皇家剧院审查。虽然安徒生两次都通过了审查，但长远来看，这两次成功的经历对安徒生而言弊大于益。因为这样以来，安徒生便确信约翰·路德维希·海伯格忌妒自己的才华，从而生出了一种偏见，误以为自己之前的戏剧没有搬上舞台，纯粹是约翰·路德维希·海伯格忌妒所为。而实际上这种猜测纯属无稽之谈。对热爱舞台的作家而言，他需要在自己能力范围内，尽可能激发自己创作的灵感，否则将前功尽弃。不难看出，安徒生也是如此。安徒生的戏剧创作止步不前，前景惨淡。因为他根本没有这方面的能力，他无法辨认角色，无法理清队列，无法将一幕幕场景整合起来，无法安排角色和场景协调一致，无法统领剧情的发展。一言以蔽之，安徒生缺乏足够专注和充分的想象力。普通的五幕剧对他来说过于复杂，已经超出他的能力范围。虽然安徒生善于描写角色的外貌特征，深谙如何制造舞台效果，有丰富的戏剧创作经验，但我们通常只关注他的童话故事，尤其是那些短篇故事[①]，看他如何用简单的场景创造出戏剧性或翻转效果。

[①] 长篇故事创作则不那么令人愉快。《沼泽王的女儿》就是很好的例子。如我所想，安徒生创作时，定是绞尽脑汁地想怎么完结这个故事。——原注

所以，在有灵感的情况下，安徒生确有能力写出优秀的独幕剧，譬如《国王的梦想》和《新房产》。

《新房产》搬上舞台后大受欢迎，至少演出了四十七场。奇怪的是，尽管整部剧略有安徒生式的幽默，但没有一个人猜到这部剧的作者是安徒生。汉斯·克里斯蒂安·奥斯特和乔纳斯·科林虽然已经替安徒生保密，但仍觉得一旦戏剧得到认可，安徒生就不会再保持沉默。然而，安徒生果断地拒绝了这种诱惑。市议员阿德勒挖苦安徒生，嘲笑他的剧本《幸福之花》写得一无是处。阿德勒说："现在上映的《新房产》，那才是真正优秀的戏剧。你要是能模仿那种风格就好了，哪怕是一点点。遗憾的是你又没这个天赋，就只会写点儿情诗，根本不是那块料。"《新房产》首次公演的晚上，一个崭露头角的评论家冲到了安徒生的家中，口中满是赞美之词。安徒生害怕自己的声音和神情会暴露自己原作者的身份，便立马说："我知道那个作者是谁。""是谁？"评论家几乎泣不成声。安徒生回应道："那个作者就是你。"评论家的脸立刻变红了，连忙摆手说不是自己。安徒生微笑着说："好啦好啦。"接着换了个话题聊了起来。

安徒生还写了《幸福之花》。这部两幕剧是他的得意之作。1844年，他把《幸福之花》送去丹麦皇家剧院审查，完全没有意识到这部剧本形式完全抄袭了约翰·路德维希·海伯格的代表作《七睡仙节》。"无论这部剧本怎么模仿我的拙作，怎么取悦我，"约翰·路德维希·海伯格在这部剧的审查报告中写道，"我都觉得不舒服，不会给它上舞台的机会，太荒谬了。"《幸福之花》没有搬上舞台让安徒生怒火中烧。在安徒生看来，约翰·路德维希·海伯格的决定毫无道理，这是成心把他的作品排除在舞台之外。"我脑子一片空白，"安徒生哭道，"我再也坚持不住了！"安徒生不停地咆哮、叫嚷，最后直接冲到约翰·路德维希·海伯格的家中，质问他为什么跟自己过不去。约翰·路德维希·海伯格非常热情地接待了安徒生，详细解释了为什么不让《幸福之花》通过审查的原因。听到约翰·路德维希·海伯格有理有据的解释，安徒生无法反驳，只能作罢。安徒生本想和约翰·路德维希·海伯格摊牌，抛开一切宿怨，但他的记性太好了，最终那些创伤无论真假都一直保留在他的脑海中。"为什么？"安徒生问，"难道你一直认为我的作品都是抄袭的？我告诉你，我所有的作品都是我自己亲手完成的，而且你也说了你之前没读过。""没错，"约翰·路德维希·海伯格回应道，"你说得很对，我确实从未读过，但我很快就会去读。""然后呢？"安徒生的情绪异常激动地追问道，"你嘲笑我写的《诗人的市场》，说我钟情于风景秀丽的达达尼尔海峡①。现在告诉你，我根本就不觉得那儿的风景有什么美的，博斯普鲁斯海峡才深得我心。你显然从来没有注意到这一点，要么就压根没读过。没错，你没读过什么大著作。""哈，是博斯普鲁斯海峡吗？"约翰·路德维希·海伯格带着特有的微笑说，"我不记得了，而且其他人也不记得。我倒是想看看你的风流韵事，长短都行。"安徒生这样记录了当时的情景："他的回答很坦诚，很特别，让我忍不住想笑。我看着他充满智慧的双眼，回想起他曾写过那么多美好的故事，我无法容忍他有任何怨恨和恶意。"这场激烈的辩论逐渐缓和。二人开始像朋友般交谈。约翰·路德维希·海伯格高度赞扬了自己读过的《安徒生童话故事》。尽管二人分别时依依不舍，但只要安徒生还钟情于戏剧创作，约翰·路德维希·海伯格还负责戏剧审查，他们之间就免不了发生冲突。1846年新年伊始，安徒生又给丹麦皇家剧院寄了自己的喜剧剧本《拉斯姆森先生》去审查。这部剧虽然没有得到约翰·路德维希·海伯格的赞成，但得到了乔纳斯·科林的认可。安徒生在国外的时候，这部戏剧被搬上舞台。但结果是灾难性的，第一幕自始至终都没人鼓掌。当第一幕落下帷幕时，全场嘘声不断。爱德华·科林坐在一群狂躁的观众之间，不一会儿便起身离开了。他根本接受不了这种情况，觉得一切都无可挽回了。等到最后一幕，观众开始按捺不住了。全场人声鼎沸，从来没

---

① 安徒生抱怨约翰·路德维希·海伯格的诗行：可能，你就是个傻子/没错，你们都是傻子/你们一边狂喜，一边吞噬/安徒生对达达尼尔海峡的所有描写/在安徒生的奥斯曼市场上/他百无聊赖，万分苦恼/你们无心经过/那些夺人眼球的风景/在我们海峡/如果你们对它有所了解/那些被误会的诗歌苦苦哀嚎/我们都让它烟消云散。——原注

有出现过如此混乱的局面。爱德华·科林给安徒生写信，说："你如果认为丹麦人就是不欣赏或者讨厌你的作品，那么就大错特错了。我无意指责你。你知道的，我非常喜欢《拉斯姆森先生》，能够看到剧本也非常不易。我满怀期待来到剧院，本以为它会大获成功，能够让观众笑一整场。但其实这部戏非常乏味，场景布置简单，角色没有吸引力。我坐在那里感觉很尴尬。我相信如果你亲眼看到这部剧上演的样子，那么你就会知道我所说的并无假话。我唯一感觉对不起的就是我的父亲，因为他力排众议，坚持要把你的剧搬上舞台，结果却让他寒心。"①

安徒生本就非常反感丹麦人对自己戏剧的评价，甚至哭着要为此报仇。失之桑榆，收之东隅。1843年至1846年，安徒生在海外得到了人们的充分认可。1843年3月，安徒生重访巴黎。他第一次去巴黎已经是九年前的事情了。他当时还是个无名小卒，现在则成了欧洲知名的大作家。虽然他在法国从未享受过在日耳曼那样隆重的欢迎②，但他的名声早已四海皆知。访问巴黎期间，他为自己受到的接待感到满意。一些作家见到安徒生，便是满嘴赞美之词。漂亮的女演员们在沙龙上争着招待他。安徒生用生动诙谐的语言刻画了这些人的形象③。安徒生拜访了维克多·雨果和海因里希·海涅。维克多·雨果和海因里希·海涅的态度都非常友善。但安徒生觉得维克多·雨果这位"诗歌领域骄傲的国王"气度不凡，很有威慑力。维克多·雨果带安徒生看了刚上演的戏剧《老顽固》。安徒生感觉《老顽固》非常无趣，又不好意思向维克多·雨果吐露心声。海因里希·海涅让安徒生觉得如沐春风。这些年来，安徒生对海因里希·海涅的看法发生了

---

① 比勒和比约夫：《致安徒生》第1卷，第97页到第98页。通过这封信可以看出，安徒生在自传中暗示自己的剧作家生涯被这个小团体毁了。这完全是子虚乌有。——原注
② 格奥尔格·勃兰克斯博士的著作就直观地体现了这一点：安徒生对法国人而言，不过是"无名小卒"，他为数不多的作品被翻译成法语、意大利语和西班牙语，数量比匈牙利语和斯拉夫语还少。——原注
③ 安徒生第二次巴黎之行的材料来自爱德华·科林所著《汉斯·克里斯蒂安·安徒生与科林一家》第341页第6行、比勒和比约夫所著《致安徒生》第1卷第65页到第86页及汉斯·克里斯蒂安·安徒生自传《我的童话人生》。——原注

极大的改变。他先是赞美海因里希·海涅，并开始模仿海因里希·海涅，后来又对自己的赞赏感到难为情，就好像是某种异端崇拜。所以第一次游历巴黎时，安徒生并未拜访海因里希·海涅。但现在安徒生对世界认识得更加深刻，也懂得不少待人接物的道理[①]。安徒生在巴黎期间，海因里希·海涅诚恳自然，热情洋溢，让安徒生非常欣赏，特别是当安徒生知道海涅夫人喜欢读自己的《坚定的锡兵》时。不久，海因里希·海涅就正式介绍安徒生给自己的夫人认识。安徒生发现，海涅夫人在同一大帮小孩子玩耍。海因里希·海涅解释道，这些孩子都是从邻居那儿"借"来的，因为他们目前还没有自己的小孩。海因里希·海涅在隔壁房间在安徒生随身携带的小册子上写下一首美丽的"悲情诗"作为纪念。安徒生则和海涅夫人一起同小孩们玩耍。

其间，安徒生相继认识了奥诺雷·德·巴尔扎克、阿尔封斯·德·拉马丁、阿尔弗雷德·德·维尼和大仲马等文学名流。在一次晚会上，安徒生经人介绍认识了巴尔扎克。晚会的女主人安排安徒生同她坐在沙发上，而奥诺雷·德·巴尔扎克恰好就坐在另一边。女主人拉着安徒生和奥诺雷·德·巴尔扎克的手，激动地大声说："我多么幸运啊。坐在两位名家之间，真有点儿惭愧。""不不不，夫人。"安徒生温和地说道。他向夫人道了声冒昧，称自己并非名人，转过身时，恰好发现奥诺雷·德·巴尔扎克脸上挂着"讽刺"的微笑。安徒生是这么描述奥诺雷·德·巴尔扎克的：穿着讲究，一口洁白的大龅牙，嘴巴半开半闭，十分滑稽。在晚会上，安徒生同样遇见了"风度翩翩"的阿尔弗雷德·德·维尼。这位"和蔼可亲"的名人爬了许多层楼梯才到达安徒生住的小阁楼，手里面拿着自己写的作品，送给安徒生当作告别礼物。阿尔弗雷德·德·维尼此举很快赢得了安徒生的好感。安徒生描写了两人见面的场景："我无法告诉你，他是如何直直地盯着我

[①] 安徒生在1865年写给乔纳斯·科林的信中表达了自己对海因里希·海涅作为作家的看法：海因里希·海涅是黑夜里闪闪发光的焰火，是个机智的谈话者，不虔诚，有些轻浮，但他是真正的诗人。他的书是裹着纱布和丝绸的精灵女孩，里面都是害虫，所以不能让它在满是衣着得体的人的屋子里乱飞。爱德华·科林：《汉斯·克里斯蒂安·安徒生与科林一家》，第108页。——原注

的，又是如何用力拉我手的。但我确定，他是一个灵魂高尚的伟人。"在这些人中，安徒生"最亲密"的挚友是大仲马。安徒生发现，大仲马经常躺在床上，有时甚至能躺到下午，就在床上创作自己的小说和戏剧。一天，安徒生拜访大仲马，发现他还躺在床上。大仲马冲他点点头，然后说："随便坐吧，我刚和'缪斯'女神碰了面，她马上就走。"后来，经大仲马介绍，安徒生认识了演员雷切尔·费利克斯。安徒生在舞台后面的小房间内第一次看见了当时正在准备登台表演的雷切尔·费利克斯。雷切尔·费利克斯年轻美丽，气质高贵，令安徒生惊讶不已。后来，安徒生还参加了雷切尔·费利克斯举行的沙龙——"尽管这可能是刻意安排的"。雷切尔·费利克斯身着黑衣，给了安徒生最高规格的接待，亲切地安排安徒生坐在自己身边，然后给安徒生倒茶，请安徒生给她介绍丹麦文学。当安徒生不知道该说什么时，雷切尔·费利克斯就会用最巧妙的方式称赞、鼓励他。分别时，雷切尔·费利克斯在安徒生的随身携带的小册子上写道："这才是真正的艺术。我希望您一帆风顺，安徒生先生。"在舞台后面，安徒生还认识了演员波利娜·维尔日妮·德雅泽，但她并没有前来取悦他。在他看来，波利娜·维尔日妮·德雅泽是"大家闺秀"，难以交往。"真是费解，"安徒生写道，"怎么还会有人喜欢这么烂的戏，像她那样的大小姐演烂戏有什么意思？"安徒生又听说朱莉娅·格里希出演《奥赛罗》和《亚历山大》，但他觉得格里希不过完全照搬玛丽亚·马里布兰的演技罢了。因此，安徒生去看卡洛塔·格格里希饰演的《诺曼》时本想好好批判一番，可看完之后却情绪高昂。朱莉娅·格里希嗓音优美有力，表演宏伟壮观，满场都是"悦耳的旋律"，这彻底征服了安徒生。总的来说，安徒生第二次巴黎之旅是一生中最美妙的经历之一。他给爱德华·科林写信时说自己正在学习人性、与人相处的知识，希望能够有所收获。巴黎之行所遇到的每个人几乎都异常亲切又善解人意，让安徒生如沐春风。或许是因为乔纳斯·科林对语法要求太严苛，所以过分夸大了安徒生的语言障碍。实际上，比安徒生法语好的丹麦人不胜枚举，但安徒生依然能灵活变通，与法国人"无障碍"地交

奥诺雷·德·巴尔扎克

阿尔封斯·德·拉马丁

阿尔弗雷德·德·维尼

大仲马

雷切尔·费利克斯

朱莉娅·格里希

流。安徒生曾试图跟雷切尔·费利克斯交谈。雷切尔·费利克斯说的是"最纯正的法语"。安徒生笑着说:"法语说得好的人大有人在,但我说的是我原创的法语。"如安徒生所说,雷切尔·费利克斯非常乐意同他交谈,还称赞他话里有大智慧。短暂的异国之行极大地愉悦了安徒生的精神。但回国后,琐碎的烦心事接踵而至,把他的喜悦冲得一干二净。安徒生甚至写道:"丹麦人冷血邪恶。他们只配待在这个'潮湿发霉'的破岛上。我讨厌丹麦,就像丹麦讨厌我一样。"① 这是因为之前的《埃格内特和美人鱼》在哥本哈根上演后没能取悦观众。但公平地说,安徒生该为这一切感到羞愧。

1843年,安徒生回到丹麦。1844年3月,他又动身去普鲁士待了四个月,并与魏玛公爵查尔斯·弗雷德里克及其家人成了好朋友。安徒生在布伦瑞克经历了戏剧性的一幕。一位女士告诉安徒生:"我不尊敬你,我爱你。"安徒生后来说:"她非常漂亮,但已经结婚了。我不知道如何回她的话,只好亲了亲她的手,然后把它递给她的丈夫,以免她的丈夫寒心。"② 安徒生与雅各布·格林的会面更具戏剧性。当时雅各布·格林的《格林童话》与安徒生的童话故事难分伯仲。雅各布·格林是安徒生唯一一位没有见过面的柏林名人。所以尽管没人介绍,安徒生还是主动拜访了他。"我知道我在普鲁士很有名气,"安徒生写道,"所以我确信雅各布·格林愿意听说我。我把名片递给他,脑子还想着要是他不知道我怎么办。但当他问我都写了哪些书,我觉得自己就是个傻瓜。得知他其实会丹麦语后,我变得更生气了。他很坦诚地告诉我,确实没听过我这号人。"安徒生在柏林的朋友只好安慰他,说他至少要比雅各布·格林年轻三十岁啊。

回国途中,安徒生收到了国王克里斯蒂安八世的邀请。国王克里斯蒂安八世邀请安徒生去弗尔岛赴宴。约翰·克里斯多夫·比尔纳茨基和安徒生都在自己的小说中描写过那里奇特的风景。安徒生在那里有宾至如归的感觉。他与王室成员一同用餐,和他们共同外出远游。每天晚上,安徒生

---

① 比勒和比约夫:《致安徒生》,第2卷,第83页。——原注
② 爱德华·科林:《汉斯·克里斯蒂安·安徒生与科林一家》,第365页。——原注

都要给他们读上几个童话故事。国王克里斯蒂安八世格外喜欢《夜莺》和《猪倌》，所以安徒生连着好几个晚上都在讲这两个故事。在维克奥夫的时光就像"诗一般美妙，一去不复返"。1844年9月5日，这一天对安徒生有着独特的意义。二十五年前，他只身到哥本哈根，穷困潦倒，无依无靠。兰特瑙伯爵知道这个日子对安徒生很有意义，便一五一十地告知王后，并让王后转告给国王克里斯蒂安八世。晚宴后，国王克里斯蒂安八世和王后衷心地称赞安徒生克服了这么多艰难。随后国王克里斯蒂安八世又同安徒生促膝长谈，询问他童年的遭遇，真诚祝贺他在普鲁士大获成功。国王克里斯蒂安八世又问安徒生每年要花费多少钱才能维持生计。安徒生说除了写作所获，一年还需二百英镑。国王克里斯蒂安八世大声回道："那也太少了。"兰特瑙伯爵提醒安徒生，国王克里斯蒂安八世此番是希望他能向国王请求增加补助金，但安徒生打心眼里不想那么做。在安徒生看来，以这种直截了当的方式向国王要钱，实在有损气节。国王克里斯蒂安八世等了好一会儿，见安徒生没有回答，便说："如果你需要帮助，请务必让我知道。""现在，"安徒生回答道，"我无欲无求。我只想告诉您，我非常感谢您的招待，我非常开心。"后来，在给爱德华·科林的信中，安徒生写道："我知道这样做有些傻，但我决不会违背自己的意愿。"

1845年10月，安徒生又动身去中欧和南欧游历了两个月。对他而言，生活就像一场旅行。安徒生回到普鲁士后，诗人、哲学家紧紧地围在他身边。出版社为了见他争得不可开交。连王子都同他握手。安徒生旅行的第一站是奥尔登堡。抵达奥尔登堡的第一天，安徒生就受到公爵的接见，并用德语读了《冰雪皇后》《坚定的锡兵》《夜莺》和《猪倌》①。在柏林，安徒生发现自己的童话故事风靡一时，受到人们热切的追捧。用他的话来说，柏林人把安徒生赞誉为"社会名流"或"男版的珍妮·林德"。普鲁士国王腓特烈·威廉四世②邀请他共进晚餐，并授予他红鹰勋章。王储威廉·腓

---

① 此事让安徒生深感自豪。他在给乔纳斯·科林的信中写道："不知道这些小朋友觉得我的德语说得怎么样？"——原注
② 腓特烈·威廉四世（Frederick William IV，1795—1861），普鲁士国王，1840年至1861年在位。

腓特烈·威廉四世

亚历山大·冯·洪堡

特烈·路德维希的夫人赠与他一份蓝色的签名册。安徒生在波茨坦和国王、王后、亚历山大·冯·洪堡①共饮下午茶。拉齐维乌公爵亲自负责他的人身安全；三位大画家坚持要与他坐在一起；部长们争着请他到家中做客，同他交谈。在波茨坦，安徒生遇到了六年前在哥本哈根相识的珍妮·林德。他与珍妮·林德共度圣诞节，还一起做了小圣诞树。珍妮·林德钟情《安徒生童话故事》，视安徒生为手足。他们二人性情相近。安徒生称珍妮·林德为"瑞典的夜莺"，令他非常动心，因而他的一些女性朋友都在考虑要不要赶紧向他表示祝贺。但安徒生很快就骗了这些女性朋友。他写道：""珍妮·林德，像耀眼的明珠。她不仅是优秀的歌手，还是杰出的演员。她是我遇到的脾气最好的人。她在我心中就是高贵的灰姑娘。别误解我，她已经结婚了。"安徒生甚至说过，每个人看了珍妮·林德演的戏剧，都会心有所动。

在柏林，各种社交活动让安徒生身心俱疲。他离开柏林去德累斯顿，坐在火车上犹如置身憩所之中。抵达萨克森公国②时，安徒生同样受到热烈的欢迎。萨克森国王约翰③和王后阿玛丽·奥古斯特请安徒生给他们读童话故事《枞树》和《丹麦人荷尔格》。安徒生惊喜地发现萨克森国王约翰之子原来早就读过自己的童话故事。到了魏玛公国④，安徒生的喜悦达到了顶峰。如他所说，在那里度过的一个月是人生中最美妙的一段时光。在魏玛公国，安徒生住着装有洛可可风格家具的豪华寓所，还有一个仆人随时听候调遣⑤。所有公爵都把安徒生当作"最亲密的朋友"。如果安徒

---

① 亚历山大·冯·洪堡（Alexander von Humboldt，1769—1859），著名博物学家、自然地理学家、旅行家。其科学生涯漫长，活动领域广泛，涉及地理学、地质学、地球物理学、气象学和生物学等，并且均有不俗的建树。著有《1799年到1804年新大陆热带区域旅行记》《新西班牙王国地理图集》《植物地理论文集》等。
② 萨克森公国是中欧历史上著名古国，靠近北海，领土涵盖不来梅、汉堡等及萨安州和大部石勒苏益格-荷尔斯泰因州。
③ 萨克森国王约翰（John of Saxony，1801—1873），萨克森国王马克西米利安之子。他爱好文学、艺术、历史、法律等，以诗歌创作为乐。
④ 魏玛公国是中欧历史上著名古国，由魏玛地区的一座小城市发展成公国。魏玛公国虽面积狭小，人口稀少，但文化气息浓厚，在德意志历史文化上占有举足轻重的位置。
⑤ 在魏玛公国，安徒生第一次饰配件，穿宫廷服，戴三角帽。——原注

生所言无虚，那么魏玛公国一定是当时欧洲大陆上最感情用事的地方。据说，年轻的卢森堡大公威廉二世①同安徒生促膝长谈，令安徒生感动不已。开朗的卢森堡大公威廉二世在心中暗自"祷告"，祈求安徒生和自己一直待在一起。卢森堡大公威廉二世还带着安徒生去拜访伊德尔伯爵夫人，并遇到了珍妮·林德。当时珍妮·林德唱了一首感情真挚的瑞典歌曲，令在场众人无不动容。伊德尔伯爵夫人的眼泪落到珍妮·林德身上。珍妮·林德自己也泪如泉涌。年轻的卢森堡大公威廉二世拉过珍妮·林德的手，轻轻地吻了一下，这一幕触动了安徒生。"生活多么美妙！"安徒生赞叹道，"所有人都很善良。我相信他们从未被任何人欺骗。"

然而，安徒生有时会觉得"仿佛笔尖被塞住，写不出东西"。他生气地认为现在的生活过得太舒适了，从而缺少写作的动力。在他看来，他确实必须在国内遭受许多不公正的待遇，否则怎么能对比出伟大的普鲁士人和小小的丹麦人的智商差距呢。乔纳斯·科林暗示安徒生不要和普鲁士王室相交甚密。安徒生得知后，很是恼火。爱德华·科林提了个明智的建议，他认为比起普鲁士人给安徒生戴上的"桂冠"，哥本哈根对安徒生的批评之声更能激励安徒生。安徒生认为这纯属无稽之谈。更让安徒生不满的是，只有得到丹麦国王克里斯蒂安八世的允许，他才能被授予普鲁士的红鹰勋章。安徒生对这些毫无了解，还表达了自己无比的惊讶，称自己竟然还是丹麦的一员②。乔纳斯·科林费了不少口舌，才让安徒生理解这是丹麦人必须遵守的礼节。

即便是到了罗马，安徒生仍然能感受到普鲁士朋友的热切关怀。一路上，歌德的遗孀克里斯蒂安妮·维尔皮乌斯送给安徒生许多玫瑰花。满屋的花束芳香四溢，让安徒生有些晕眩。安徒生本来想直接去西班牙，但1846年夏欧洲南部炎热的天气让他不得不改变主意。在罗马，安徒生每天23

---

① 卢森堡大公威廉二世（William II，1792—1849），荷兰国王，兼任卢森堡大公。荷兰国王威廉一世的儿子，于1815年成为王储，1840年继承王位。在其统治期间，通过1848年推行新宪法，将荷兰变成了一个议会制民主国家。

② 外国先于丹麦给安徒生授勋，让安徒生感到心寒。——原注

萨克森国王约翰

阿玛丽·奥古斯特

时到次日4时都躺在沙发上，每天要吃四五份冰激凌，每次日落前上街都会热得发晕。到了那不勒斯后，情况更糟——空气里似乎一直弥漫着从非洲吹来的沙子。安徒生觉得自己如同烈日下被抛到岸上的一条鱼。到了马赛，他已经被折磨得瘦骨嶙峋。在比利牛斯山脉上的维尔内短暂停留之后，安徒生启程返回丹麦。他先是悄悄地穿过西班牙的边境——说着西班牙当地人都听不懂的西班牙语，然后途经法兰西到达维也纳。在维也纳住了一段时间后，安徒生又取道普鲁士回到哥本哈根。他顺便拜访了卢森堡大公威廉二世，受到了热情的款待。与以往不同，安徒生这次回哥本哈根是想再看一看自己的故土。"我真想飞回丹麦，"安徒生在给爱德华·科林的信中写道，"虽然一路走来有点儿被贵族、文人夸上天了，但亲爱的英格堡·科林① 很快就会用精神缰绳套住我这匹桀骜的马。"

然而，回到哥本哈根才六个月，安徒生躁动不安的心又开始向往远方了——这次他想前往英国。在下一章中，我们将了解安徒生对英国人的看法及英国人对他的看法。

---

① 众人中，安徒生最喜爱爱德华·科林的妹妹英格堡·科林，也最与她谈得来。——原注

第 9 章

英国之行

精彩看点

安徒生作品的英译版——《文艺公报》——《审查者报》——《阅览者报》——《观察家报》——泰晤士河最初的印象——伦敦交通状况——摩根夫人亲吻安徒生的手——初见查尔斯·狄更斯——来自故乡的谩骂讥讽——致敬死亡——蹩脚的英语——安徒生和玛丽·豪伊特——珍妮·林德——爱丁堡——赫瑞瓦特医院趣事——苏格兰高地——苏格兰安息日——拜访理查德·本特利——第二次英国之旅——与查尔斯·狄更斯的深情——住在盖德山庄——伯德特·库茨小姐——躲避伦敦——新作受冷遇——查尔斯·狄更斯的安慰——离开英国

安徒生在英国早已声名大噪。1845年，玛丽·豪伊特①将安徒生的《不过是个提琴手》和《即兴诗人》翻译成英文。1846年，《我一生真实的故事》英译本在英国独立发行不下四次。玛丽·豪伊特翻译的《美妙故事》固然是佳作，而佩奇小姐翻译的《丹麦神话传奇》就糟糕很多②。1846年，贝克威思独立翻译了安徒生的《诗人的市场》。到1847年，《我一生真实的故事》又有三个新译本。其中一版是普鲁士人翻译的，叫《没有画的画册》。安徒生还在这版德文版开篇部分加入了自己的故事集列表。还有一版是玛丽·豪伊特翻译的，叫《我真实的人生》③。英国所有评论家虽然钟情于安徒生写的童话故事，但对他写的小说仍然心存怀疑。威廉·杰丹④是当时快要倒闭的《文艺公报》⑤的编辑。作为第一个将安徒生作品翻译成英文的人，威廉·杰丹尝到了第一个吃螃蟹的好处。1846年，他与安徒生取得联系，并给安徒生寄去了一份自己的报纸，同时热情邀请安徒生到英国参观、游玩。

---

① 玛丽·豪伊特（Mary Howitt, 1799—1888），英国诗人、翻译家。以诗歌创作而闻名，代表作为《蜘蛛和苍蝇》，还翻译了大量文学作品。
② 有关《安徒生童话故事》的所有英译版的评价，请见附录3。——原注
③ 因而这是安徒生的第二部自传。第一部则是《小传》。《我的童话人生》第一卷直到1855年才问世，从未被翻译成英文。——原注
④ 威廉·杰丹（William Jerdan, 1782—1869），苏格兰著名记者、编辑。
⑤ 《文艺公报》由亨利·科尔本和威廉·杰丹于1817年创立，是1820年至1830年，伦敦文学评论领域的第一大报。19世纪30年代，《文艺公报》迅速衰落，《阅览者报》《观察家报》后来居上。——原注

安徒生给威廉·杰丹回了一封长信，信中，他热情洋溢地赞美了英国读者，着重表达了自己对威廉·杰丹的感谢①。《文艺公报》早就宣传过安徒生的童话②。从威廉·杰丹寄来的报纸中安徒生看到对自己的宣传毫无批评之声，感觉很受用。安徒生错将当时快要倒闭的《文艺公报》当成了英国首屈一指的大报，每当丹麦的批评人士挑衅他时，他就用《文艺公报》来公开反抗批评之言。好在英国的其他刊物也对安徒生的作品交口称赞。1846年7月4日，《审查者报》在刊登佩奇小姐的译文时就告知安徒生，从未见过任何作品能把宇宙万物带入其中，并毫无违和感。《审查者报》认为，在读这类童话时读者会发现，人的意识已经完全传递给宇宙万物。因为童话中的燕子、鹳、天鹅、美人鱼、鼻涕虫、墨鱼、鸭子和青豆——安徒生笔下的蔬菜和家禽一样有语言能力——都能用人的语言交流，并且思维非常清晰。就连他笔下的球和顶针都有自己的特质。《观察家报》赞颂《即兴诗人》生动详细地展现了意大利的美，称这些文字和拜伦、约翰·托马斯·贝克福德、歌德、乔治·桑③的诗歌散文一样，闪耀着绚烂的色彩。《观察家报》还认为，《诗人的市场》是一座图画的宝库，详实的内容和多样的表现形式让人目不暇接，爱不释手④。对安徒生的《我一生真实的故事》，《观察家报》坦言，任何批评都有失公允。"尽管童话看起来充满幻想，"《观察家报》的评论员写道："但我们应该珍视我们的奇思妙想。对这部作品最恰当的评论就如同卡尔·玛利亚·冯·韦伯⑤在《可怜的女孩》中为美人鱼编织的一串音乐小精灵，或者像弗朗茨·李斯特即兴创作时的温声细语。"报刊上的报道通常不是过于平淡就是过于激烈，都不太优美，因而性情温

---

① 比勒和比约夫：《致安徒生》，第2卷，第156页第9行。——原注
② 1846年1月20日、6月13日和10月10日，《文艺公报》上均有对安徒生的报道。——原注
③ 乔治·桑（George Sand，1804—1876），法国著名小说家。1832年，乔治·桑凭借第一部长篇小说《安蒂亚娜》一举成名。她在思想上号召女性解放，作品中孕育了女权主义的萌芽，故被称为"女权主义的先驱"。
④ 《观察家报》1846年11月7日和11月14日的报道。——原注
⑤ 卡尔·玛利亚·冯·韦伯（Carl Maria von Weber，1786—1826），普鲁士作曲家、钢琴家、指挥家、音乐评论家。其代表作有歌剧《自由射手》《奥伯龙》等。作品带有浓烈的普鲁士民间气息。

威廉·杰丹

乔治·桑

卡尔·玛利亚·冯·韦伯

和的读者无法领略童话中的魅力①。在众多报刊中,报道水平最高且最够吸引读者的当属《观察家报》。《观察家报》不仅认为这些"写给孩子看的童话故事"在安徒生众多作品中独具"精妙之美",并且认为《丑小鸭》堪称经典,无法超越。《观察家报》虽然认为《诗人的市场》标题古怪且炫耀味十足,但还是抱以认可的态度。而安徒生的看法是,评论家首先需要"亲切友善,赢得我们的爱,而不是强迫我们钦佩"。至于安徒生的小说,如《即兴诗人》《奥·特》《不过是个提琴手》,《观察家报》则不那么宽容,明确指出了安徒生作为一个小说家的主要缺陷。《观察家报》对《即兴诗人》发表的评论引用了克里斯蒂安·莫尔贝克的评价作为开场白②。克里斯蒂安·莫尔贝克提到:"在我们眼里,安徒生是丹麦的一个大人物,他具备诗人的气质,却无法带给我们诗歌的力量。他善于打造文字表面的华丽和流畅的修辞——这是天才即兴作诗的特征,却缺少真正天才诗人所需要的明智的判断、深邃的思想和合理的想象力。"③评论家恰好发现,尽管整个故事构架很好地展现了意大利的风土人情,但其中出现的人物都是外国人④。《观察家报》认为,与《即兴诗人》相比,《不过是个提琴手》更能称得上佳作,并且笃信它完全是基于作者的个人经历创作而成⑤。在《诺埃米和天主教徒》一节中,安徒生竭力"描绘孩童内心最深处的感受",最终收获了应得的赞誉。在故事的后半截,安徒生试图引发人们对社会边缘群体的同情,继而才会有类似"故事中的哲学已经远远超过安徒生的思维模式"之类的评价出现。对于《奥·特》,评论家用寥寥数语表达了不认同的观点——整个故事过于虚假荒谬。至于安徒生小说中狄更斯式的幽默和对欧登塞市场详尽的描述,评论家却只字不提。

---

① 《阅览者报》1846年6月6日报道。——原注
② 《观察家报》1845年3月15日的报道。——原注
③ 值得注意的是,当时安徒生的《童话故事》在英国尚未家喻户晓。——原注
④ 评论家还认为安徒生在《即兴诗人》中少用艺术表达的手法是因为借鉴了法国现代学派"情感和道德"理论。这种观点无疑是错的。安徒生创作这本书时,对法语一窍不通,书中情感都是他真情流露。——原注
⑤ 《观察家报》1845年8月30日的报道。——原注

《阅览者报》在《诗人的市场》的评价结尾处写道:"在英国人眼中,安徒生很可能是个朴实无华、无比聪明的丹麦作家,他不仅眼界宽广,而且怀有悲悯之心,着实令人好奇。"[1] 如我所想,读者的好奇心从未得到满足[2]。所以本章接下来的部分我会继续介绍安徒生的英国之旅。

安徒生的荷兰之旅顺利得堪称完美。1847年6月中旬,他从鹿特丹动身,在黑夜里乘坐"巴达维亚"号轮船前往伦敦[3]。第二天清晨,等他登上甲板,英国海岸已经横亘在他眼前。安徒生记下了自己对泰晤士河的初印象:"泰晤士河雄伟壮观,让人忍不住相信英国就是浪花的主人。朵朵浪花似乎永远在驱使船前行。无数船队就像带着烟囱帽的信使一样,一个炽热的红色花朵在上面燃烧着,一艘又一艘地从我们这里滑过。然后就是快艇,上面载着年轻、富裕的绅士们……越靠近泰晤士河上游,河道就越狭窄。我曾试图数一数究竟碰到了多少艘轮船,但很快就放弃了。到了格雷夫森德,我们仿佛一头扎进了巨大的篝火之中,其实那只是来自蒸汽机和烟囱里的烟雾。河道越来越拥挤,里面塞满了帆船、小艇和汽船。我实在想不明白,这么多船到底是如何在互不相撞的情况下进出这座城市的呢?不一会儿,退潮的迹象出现了。河岸附近显现出了泥泞的河底。我想到了查尔斯·狄更斯《老古玩店》中的丹尼尔·奎尔普[4]。我还想到了弗雷德里克·马里亚特[5]在这条河边画的生活素描。"

---

[1] 《阅览者报》1846年11月14日的报道。——原注
[2] 在英国之行前,安徒生就写完了《我一生真实的故事》。八年后完成了他《我的童话人生》的创作,但这本书一直没有翻译成英文。——原注
[3] 第一次英国之旅的记录主要源于:汉斯·克里斯蒂安·安徒生自传《我的童话人生》第421页到第463页、爱德华·科林所著《汉斯·克里斯蒂安·安徒生与科林一家》第420页第5行、比勒和比约夫所著《致安徒生》第2卷第170页到第191页、玛丽·豪伊特所著《玛丽·豪伊特自传》第182页到第184页。——原注
[4] 丹尼尔·奎尔普(Daniel Quilp)是查尔斯·狄更斯小说《老古玩店》中的反派人物。小说中,丹尼尔·奎尔普被塑造成"吸血鬼"的形象,贪得无厌,不仅利用高利贷夺走了老古玩店的全部财产,还想霸占美丽的奈尔,最后迫使奈尔逃离伦敦,不幸夭折。
[5] 弗雷德里克·马里亚特(Frederick Marryat,1792—1848),英国皇家海军上校、皇家科学院成员,著有《海军候补生伊齐先生》《新森林的孩子们》等。

过了海关，安徒生叫了辆出租车，要求司机不停地开，驶出这座"无尽的城中之城"。川流不息的热闹街景让安徒生目不暇接。他来到莱斯特广场上简朴的萨博洛尼埃旅馆，这是他的朋友汉斯·克里斯蒂安·奥斯特给他推荐的。忙忙碌碌的城市、熙熙攘攘的人流、来来往往的各式车辆都让安徒生惊讶不已。他望向繁忙拥挤的大街，仿佛看到整个伦敦一半的人都在涌向城市的一端，而另一半则涌向相反一端。城市的每个角落似乎都在同时举办活动，这也解释了为什么一波又一波公共汽车、出租车、小汽车都在这个宇宙中心不停地往返。安徒生在给丹麦朋友的信中写道，在他知道的所有城市中，只有伦敦和罗马担得起大都会的美誉，连巴黎都有点儿相形见绌。尽管他来到伦敦没有一封介绍信，但明天同他会面的弗雷德里克·德特勒夫·雷文特洛[①]告诉他根本就不需要任何人的介绍信，因为他的小说和童话就是最好的名片。当天晚上，安徒生与弗雷德里克·德特勒夫·雷文特洛一同前往帕默斯顿夫人埃米莉·坦普尔家赴宴。那是安徒生第一次在英国民众前公开亮相，虽然他对英国贵族的傲慢早有耳闻，但那时他已经称得上社会名流，所以一点儿都不胆怯。安徒生在宴会上遇到的第一个人就是朋友魏玛公爵查尔斯·弗雷德里克。随后，魏玛公爵查尔斯·弗雷德里克向萨福克夫人介绍了安徒生。不一会儿，一群读过《恋人》《丑小鸭》的贵妇就围了上来。安徒生彬彬有礼，诚恳地与她们交谈。随后，剑桥公爵阿道弗斯王子走上前来，同安徒生谈论丹麦国王克里斯蒂安八世。同时，安徒生之前在罗马遇到的普鲁士大使卡尔·约西亚·本辛也在，他还跟安徒生探讨了斯堪的纳维亚艺术家聚居地的情况。在短短的时间里，安徒生仿佛置身自己家中，怡然自得。没过几天，帕默斯顿夫人埃米莉·坦普尔家中举办维多利亚女王生日宴会时，安徒生再次亮相。宴会上，名流们紧坐在安徒生旁边，就像"花瓶里的玫瑰叶"。周围人发出的热气和不断的拥簇令他头晕目眩。接下来几周，安徒生仿佛置身于兴奋的漩涡。

[①] 弗雷德里克·德特勒夫·雷文特洛（Frederik Detlef Reventlow, 1791—1851），丹麦外交大使、枢密院委员，曾出任丹麦驻英国大使。

他虚荣心发作，神经高度亢奋。阿尔伯特亲王邀请他到马尔堡做客，并热情地招待了他。安徒生甚至觉得自己打心底喜欢阿尔伯特亲王。爱德华·史密斯－斯坦利[1]设宴招待了安徒生。爱德华·布尔沃·利顿当时恰好在英国进行选举拉票活动，也向安徒生发来问候。安徒生还在罗斯柴尔德家吃过饭。那里的盘子几乎都是银的，让安徒生觉得自己"被金钱迷住了"。弗雷德里克·德特勒夫·雷文特洛带安徒生去见摩根夫人。安徒生说，摩根夫人是个非常活泼和快乐的老妇人，她面色发红，颇有几分法兰西人的味道。短时间内，整个英国社会都觉得安徒生是"当时最伟大、最风趣的人"。但名声大噪之际，安徒生也不得不忍受社交折磨。每天清晨，一日三餐的请柬纷纷寄到他的住所。门铃叮叮作响，长久不绝，扰他清梦。安徒生告诉我们，那是漫长的一天。炎热的客厅里和楼梯上都挤满了访客。这种日子持续了三周。其间，安徒生只记得华丽的沙龙、盛开的玫瑰花、美丽的天鹅绒和翩翩起舞的金色蕾丝花边。伦敦之行虽然没有什么奇遇，但还是发生了一件趣事。有一座豪宅，里面所有的东西都是"丝绸和银器做的"。安徒正准备离开时，豪宅的女主人拉起安徒生的手，放到唇边亲吻了一下，说："我必须要亲一下，因为这只宝贵的手写出了无尽的欢乐和宽慰。"安徒生试图抽回自己的手，但没成功。由于思绪一片混乱，他只好拉起女主人的手，也吻了一下。其他贵妇也很热情，但不像豪宅女主人那么直接。一些贵妇说现实中的安徒生比画上的英俊一千倍，那副烂画真是把人画得既僵硬又憔悴。只有雕塑家约瑟夫·德拉姆给安徒生塑的半身像才对得上她们的品位。这尊安徒生半身像显然有些理想化了，因为安徒生说它看起来高大英俊，令人肃然起敬。"没错，"安徒生说，"这才是我本来的样子，将来在天堂，我也应该是这样。"

威廉·杰丹带安徒生到布莱辛顿伯爵夫人玛格丽特·加德纳[2]家中。

---

[1] 爱德华·史密斯-斯坦利（Edward Smith-Stanley, 1799—1869），英国政治家，曾三次担任英国首相。
[2] 玛格丽特·加德纳（Marguerite Gardiner, 1789—1849），爱尔兰小说家、记者、文学评论家。

泰晤士河边的格雷夫森德

莱斯特广场

埃米莉·坦普尔

查尔斯·弗雷德里克

阿尔伯特亲王

爱德华·史密斯·斯坦利

爱德华·布尔沃·利顿

摩根夫人

在那里，安徒生遇到了最崇敬、最想拜访的人——查尔斯·狄更斯。安徒生早已对查尔斯·狄更斯的小说看得烂熟于心。他描述了与查尔斯·狄更斯的这次会面："昨天我到布莱辛顿伯爵夫人家中。你能猜猜我邻座坐的是谁吗？就餐前，布莱辛顿伯爵夫人给我一本《我真实的人生》的英文版，请我在上面签名。正签名时，一名男子走了进来，长得就像画像上那样。他来这里是为了见我，他说，'我必须要见安徒生！'见他正向同伴致礼，我就立马离开写字台，快步朝他走去。我们相互握手，对视而笑。尽管是第一次见面，但彼此间却毫无陌生感。那个男人就是查尔斯·狄更斯。他和我想象中的一模一样①。房子外面是条跟房子等长的精致的走廊。我们在此驻足良久，彼此用英文交流。他对我很是了解，我也同样如此。"在谈论过程中，查尔斯·狄更斯提到了《小美人鱼》。这个童话刚由露西·达夫－戈尔丹②女士翻译成英文，刊登在《宾利杂志》上。查尔斯·狄更斯高度赞扬了《诗人的市场》和《即兴诗人》，还在宴会上问候安徒生的健康。随后，杜罗侯爵也向安徒生表达了自己的问候。宴会之后，查尔斯·狄更斯又专程到伦敦拜访安徒生。他给安徒生带了一套装订精美的作品，还在每一卷都写上"送给安徒生，来自朋友和崇拜者查尔斯·狄更斯"。

安徒生在伦敦受到热情招待，这让他沉迷其中、欣喜不已。面对这些崇拜，安徒生认为与其视之为一种个人的胜利，不如当作礼物来回敬那些不欣赏自己的同胞。难怪他从伦敦给丹麦朋友寄去的信中都夹杂着复杂的情绪——既有感激和狂喜，又有怨恨和愤怒。在安徒生的信中，英国人是世界上最优秀、最和蔼、最高尚的人。英国人授予安徒生各种头衔，从而让他的名望达到顶峰，令安徒生十分感激。他已经在伦敦获得足够的希望，岂敢奢求更多！"在这里，"他说，"我就是无比杰出的小说家。而在丹麦，我不过是个不受人待见的三流作家，远不及经典作家亨利克·赫兹和完美

---

① 安徒生曾描述查尔斯·狄更斯是个长相英俊的年轻男子，说他面容和善，为人机敏，长发垂在面颊两侧。——原注
② 露西·达夫·戈尔丹（Lucy Duff Gordon, 1821—1869），英国著名作家、翻译家。因其作品《埃及来信》而闻名。

的约翰·路德维希·海伯格。"丹麦报纸很少报道英国给予安徒生的荣耀，这让安徒生气不打一处来。他深受这些卑劣行为的伤害，结果思想上出现了病态，觉得自己在祖国根本无足轻重。安徒生把遭受的黑暗完全归咎于同胞——上帝竟然原谅了他们。他觉得这些人"朝着萤火虫吐口水，仅仅是因为萤火虫会发光"。"天啊！"安徒生说，"直到今天，我还承受着痛苦，甚至想哭泣。现在我必须带着一颗病态的心离开，去参加欢快的盛宴，因为宴会上的人都会为我倾倒。"安徒生对丹麦同胞的积怨终于在旅行途中爆发，好在他对上帝和英国人尚存感激之心。他觉得越是受到伦敦的热情招待，越要展现自己谦逊的一面。遗憾的是，安徒生因为体格瘦弱，经不起旅途的奔波，所以旅程快结束的时候就病倒了。此外，安徒生的英语并不精通，这也妨碍他收获更多的快乐。尽管他能看懂英文，也能用英文勉强写点儿东西，但要让他用英文流利地进行面对面的交流，那就有些强人所难了。安徒生因为掌握的英文单词有限，所以一旦遇到词穷的情况，就巧妙地用手势帮忙。尽管如此，不够纯熟的英语的确成为安徒生与人交流的障碍。由于一直没能克服，这个障碍就成了安徒生难以启齿的烦恼，也成了安徒生秘密的烦恼[①]。

《玛丽·豪伊特自传》记录了安徒生去海盖特拜访史密斯医生和吉利斯的事，字里行间流露着玛丽·豪伊特对安徒生的刻薄。这完全是因为玛丽·豪伊特根本不了解安徒生的身体状况和英语交流能力。她在自传中描述了安徒生在海盖特的山坡拜访史密斯医生和吉利斯的经历[②]。如前文所述，玛丽·豪伊特是第一个把安徒生的作品翻译成英文的人。按照安徒生的口吻，他那时视玛丽·豪伊特为自己的朋友，并在众多文学伙伴中选定她来翻译自己的作品。面对安徒生的区别看待，多才多艺的玛丽·豪伊特自然非常满意。安徒生抵达英国前一周，玛丽·豪伊特在报纸上发表了一

---

① 安徒生的朋友好心鼓励他相信自己进步明显，一些女士甚至还夸赞他的口音。但安徒生对这些宽慰半信半疑，还总是不厌其烦地把这些话复述给丹麦的朋友听。安徒生虽然知道自身不足，但还是被英国朋友们善意的谎言欺骗了。——原注
② 玛丽·豪伊特：《玛丽·豪伊特自传》，第183页，第4行。——原注

布莱辛顿伯爵夫人玛格丽特·加德纳

露西·达夫·戈尔丹

篇文章，骄傲地说安徒生是"一个伟人，一个天才"，还附上了安徒生的画像和相关介绍。安徒生一到英国，玛丽·豪伊特和她的女儿就邀请他去克莱普顿的小屋做客。安徒生欣然前往，受到热情招待，并答应接下来几天会再去几次。但在这炎热的天气中乘坐巴士前往克莱普顿，安徒生深感疲惫。安徒生第二次拜访玛丽·豪伊特时，因为要去位于海盖特的史密斯医生的大别墅，所以只好在马车的车厢里举行宴会。马车速度很快，再加上路上车辆拥挤，天气炎热不堪，安徒生的身体有些不堪重负，但最终还是到达了目的地。史密斯医生的别墅前有块大草地。人们在草地上等待安徒生这位贵客的到来，其中还有一群想听安徒生讲故事的孩子。安徒生到达的时候，孩子们正围着一棵巨大的山毛榉树跳舞。听到有人介绍说这位来客就是童话作家安徒生时，这群孩子便挤到安徒生面前。看到这群孩子围了上来，安徒生倍感尴尬，因为他没法用童真的语言跟他们交流。尽管如此，他还是凭借自己熟练的手艺，尽最大努力给孩子们做了个花束。在这个面容憔悴又不爱说话的陌生人面前，孩子们难免觉得拘束，所以又跑回去玩游戏了。而安徒生则和其他人一起待在既闷又小的凉亭里。炽热的阳光几乎快把安徒生烤"熟"了，但他只能眼巴巴地看着大树下的阴凉地。最后，安徒生实在受不了这种煎熬，便躲在房子后面一间凉快的小房间里。等到太阳下山，他才出来呼吸了一点儿新鲜空气①。以上发生的事情主要都由安徒生自己描述。我认为这些当属事实，没有杜撰。此外，玛丽·豪伊特曾暗示，安徒生是因为忌妒美国作家亨利·克拉克·赖特②才一个人待着③。亨利·克拉克·赖特当时恰好在场，"一点儿都不傲慢"，全身心地投入到孩子们的快乐之中。而安徒生在孩子们面前略显僵硬，又不说话，所以孩子们都觉得这个陌生人缺少亲和力。玛丽·豪伊特又补充道：

---

① 玛丽·豪伊特：《玛丽·豪伊特自传》，第183页，第4行。——原注
② 亨利·克拉克·赖特（Henry Clarke Wright, 1797—1870），美国废奴主义者、无政府主义者、女权主义者。
③ 在亨利·克拉克·赖特关于价值取向的书籍中，《一击之吻》在英国最出名。1851年至1874年，《一击之吻》共发行四版。实际上，作为指导手册这本书用处极大，但没什么文学价值。——原注

"过了一会儿，可怜的安徒生觉得自己被抛弃了，抱怨头很痛，坚持要到屋里去。玛丽·吉利斯①和我想尽快消除所有令人不快的印象，也就陪着他进了屋子。尽管如此，他看起来依然焦躁不安。"事实上，玛丽·豪伊特在撰写自传中这一部分时，对安徒生有点儿怨言，也就不可能从有利于安徒生的角度来评价他②。事情是这样的。安徒生在普鲁士时就确信豪伊特一家通过翻译他的作品赚了不少钱，因此他此次来访是想跟他们谈谈作品收益的分配。这样一来，玛丽·豪伊特对安徒生的到来难免有些焦虑不安。安徒生用自己一贯微妙的言辞给玛丽·豪伊特写信，感谢她把自己的作品成功地翻译成英文，同时说尽管自己不想和朋友有金钱交易，但还是会安排自己的同胞丹麦银行家卡尔·约阿希姆·汉布罗③来处理相关事宜。随后，卡尔·约阿希姆·汉布罗拜访了豪伊特一家，但他很快就说服自己和安徒生相信豪伊特一家的收入被夸大其词了。在我看来，豪伊特一家的翻译收入不可能低于安徒生的写作收入。安徒生当真相信豪伊特一家的翻译收入十分微薄，便在离开英国前慷慨地邀请玛丽·豪伊特翻译他所有的童话故事，并把自己精装木刻版的德语版童话故事送给了玛丽·豪伊特。玛丽·豪伊特"愚蠢地"——正如她自己承认的那般——"拒绝了安徒生的提议"④。此时，安徒生已经可以在伦敦各大出版商之间进行挑选，随后向理查德·本特利⑤发出了邀请。玛丽·豪伊特似乎深感不满。在她和威廉·豪伊特先生后来出版的一部名为《北欧文学与浪漫》的作品中，我们发现安徒生后来的所有作品都被不分青红皂白地贬低，甚至他本人也被描述成一个利己主义者。安徒生虽然敏锐地察觉到自己遭受了不公正的评价，但还是包容了豪伊特夫妇的过分之举。几年后，安徒生的瑞典朋友布雷默夫人从美国

---

① 玛丽·吉利斯（Mary Gillies, 1800—1870），苏格兰画家玛格丽特·吉利斯（Margaret Gillies）的姐姐。
② 玛丽·豪伊特：《玛丽·豪伊特自传》，第182页，第3行；汉斯·克里斯蒂安·安徒生：《我的童话人生》，第517页，第20行。——原注
③ 卡尔·约阿希姆·汉布罗（Carl Joachim Hambro, 1807—1877），丹麦银行家。
④ 出于公平，此处我完全引用了玛丽·豪伊特关于此事的评论。——原注
⑤ 理查德·本特利（Richard Bentley, 1794—1871），19世纪英国著名出版商。

返回瑞典时，途经伦敦，顺道拜访了玛丽·豪伊特[①]。布雷默夫人后来告诉安徒生，玛丽·豪伊特说安徒生为人友好，甚至含泪哀叹安徒生再也不联系她了。

珍妮·林德与安徒生堪称"文学兄妹"。二人交往过程中，安徒生总能收获无尽的乐趣。当时，珍妮·林德虽然风靡一时，但为了过上不被打扰的生活，呼吸清新的空气，只好躲进老布朗普顿路旁的一座小房子里。安徒生通过警察找到了意大利剧院的收银员——这位收银员很有可能知道珍妮·林德的消息，并把自己下榻的旅馆地址留给这位收银员。第二天上午，安徒生果然收到了珍妮·林德饱含深情的来信。珍妮·林德在信中邀请安徒生做客。珍妮·林德透过百叶窗看到安徒生驱车前来，便冲到花园门口，把他从车里拉了下来。拥簇在门口的珍妮·林德的粉丝见她跑了出来，便一拥而上一睹她的芳容。但珍妮·林德毫不理睬这些粉丝，只顾着拉安徒生进屋。按安徒生所言，这个屋子"真棒，既高雅又舒适"。桌子上放着一本装帧精美的《我真实的人生》，这是玛丽·豪伊特送给珍妮·林德的。桌上还有一幅珍妮·林德本人的漫画。漫画中，珍妮·林德被画成了一个长着女孩脸的大夜莺，她尾巴旁站着的拉姆利撒着金币，让她唱歌。珍妮·林德答应只要有她的演出，就给安徒生一张门票。但门票"太贵"，安徒生从没有付钱的意思。珍妮·林德便说："那你至少得每天给我读个童话故事吧。"安徒生只看过珍妮·林德的两次演出——《梦游女》和《我最爱你》。后来在看戏剧《礼服》时，安徒生第一次见到了著名的玛丽·塔廖尼[②]。"在她上台前，"安徒生说，"我满怀期待，心跳剧烈。每次在盼着重大事情时，我都会激动不已。等她走近，我看到了一个年纪稍大但长相非常标致的女士。她在宴会上一定是个美丽的女主人，但现在她就像年轻的女神富

[①] 与丹麦语相比，玛丽·豪伊特更精通瑞典语。她还把布雷默夫人的一些优秀小说翻译成了英语。——原注
[②] 玛丽·塔廖尼（Marie Taglioni, 1804—1884），瑞典著名芭蕾舞演员，浪漫主义芭蕾舞的领军人物。

玛丽·豪伊特

珍妮・林德

玛丽·塔廖尼

穆斯·特洛伊①！她的舞蹈就像飞舞的燕子般优雅，像范妮·切里托②的表演那样充满魅力！"

　　安徒生对伦敦的整体印象并不差。"伦敦，"他说，"是礼仪之邦。而警察则在这方面充当楷模。无论你向大街上哪位警察提出请求，他都能给予帮助，并妥善处理。不管什么商店，一进门都能得到最热切的问候。至于伦敦天空都是铅灰色的，飘着煤烟的味道，这些都是夸大其词③。没错，在人口稠密的地区，空气中确实掺杂着大量煤烟，但大多数地区空气清新，没有烟味，与巴黎相差无几。在伦敦，我见过不少阳光普照的晴天，也遇到过许多繁星满天的夜晚。在我看来，伦敦就是万城之城。这里没有贬低罗马的意思。罗马是一座代表夜晚世界的浮雕，其中满是嘈杂、喧嚣的梦。而伦敦则是一座代表白昼世界的浮雕，一切都忙忙碌碌，就像织布机一样。"

　　伦敦之行接近尾声。安徒生松了一口气，准备动身前往苏格兰。他将成为丹麦银行家卡尔·约阿希姆·汉布罗的贵宾。卡尔·约阿希姆·汉布罗住在爱丁堡附近的利克斯山中。英国的列车速度奇快，途中还要穿过一段一英里长的隧道，这些让安徒生觉得既新鲜又害怕。他说："以前我们常常翻越山岭前行，现在则是直接从中穿过。"英国的景色富有绿意且辽阔壮丽，给安徒生留下了深刻的印象。"事实上，英国的一切都是那么令人难忘。"在约克车站，一位先生向安徒生打招呼，并把他介绍给两位女士。这位先生就是杜罗侯爵阿瑟·韦尔斯利④，安徒生之前在布莱辛顿伯爵夫人玛格丽特·加德纳家里见过他。安徒生在约克停留了一天，他非常喜欢这里精美的大教堂和风景如画的筑有山墙的老房子。安徒生认为爱丁堡的风光特别像希腊，山的形状也让他回忆起了雅典周围村庄的风光。安徒生说："从新城区俯视整座老城，景色壮观，令人怦然心动。从艺术的角度看，

---

① 《富穆斯·特洛伊》是英国戏剧家雅斯佩尔·费舍尔的戏剧作品，根据尤利乌斯·恺撒远征不列颠的历史事件创作而成，因其无韵诗而闻名。
② 范妮·切里托（Fanny Cerrito，1817—1909），意大利著名舞蹈演员、编舞者。因其舞蹈天赋异禀，最终成为当时为数不多的女性编舞者。
③ 第二次英国之行后，安徒生的看法有所改变。——原注
④ 后被册封为威灵顿公爵。

爱丁堡与君士坦丁堡、斯德哥尔摩不相上下。爱丁堡临海的地方有座叫"亚瑟王座"的高山。"亚瑟王座"因沃尔特·司各特的小说《密得洛西恩监狱》中的相关记述被世人熟知。整个古城都在向世人展示着这片土地的浪漫风情。因此沃尔特·司各特英俊的雕像就该竖立在城市的最高处,俯瞰全景。"

著名医生詹姆斯·辛普森[①]是安徒生在爱丁堡的导游。荷里路德宫里长长的大厅和恼人的房间令安徒生心烦意乱,更别说墙上那些差劲的画像了。他唯一感兴趣的就是一个地板上有血迹的小房间,那是大卫·里齐奥被谋杀的地方。修道院的废墟中满是繁茂的常春藤,这是继意大利之后安徒生第二次见到这种植物。安徒生和卡尔·约阿希姆·汉布罗一起去了赫瑞瓦特医院,在那里经历了一件趣事。他们在访客名单上签了名。领路的门童把精神矍铄、头发花白的卡尔·约阿希姆·汉布罗认成"安徒生",然后到处跟着,十分殷勤地招待他。"这就是丹麦大作家的样子,"门童叫道,"嗯,他跟我想象中的一模一样,容光焕发,满头白发,让人心生敬意。""不,"同行的一位老人指着安徒生说,"这位才是大作家。""上帝啊,竟然这么年轻!"门童不禁惊讶道。老人回应道:"没错,我常读他的书,也让我的孩子读。能见到这位大作家,实属幸事。作家在出名前通常不是年岁已高,就是埋到黄土了。"安徒生很感动,走到老人跟前,握住他的手,然后转过身偷偷抹去了眼泪。安徒生在爱丁堡停留了七天。其间,他拜访了杰弗里斯勋爵,还常到詹姆斯·辛普森家中做客。在詹姆斯·辛普森家中,安徒生经人引荐,认识了一些爱丁堡的名流,如约翰·威尔逊[②]、里格比小姐和克朗夫人。苏格兰朋友坚持称安徒生为"丹麦的沃尔特·司各特"。在卡尔·约阿希姆·汉布罗的陪同下,安徒生开始了苏格兰高地的旅程。两人途中经过了柯科迪、斯特林城堡、班诺克本、卡伦德、卡特琳湖、特罗萨克斯湖、洛蒙德湖和邓巴顿湖。在邓巴顿湖,安徒生与卡尔·约阿希

---

① 詹姆斯·辛普森(James Simpson, 1811—1870),苏格兰产科医生,医学史上的著名人物。他是第一个证明氯仿能用于人体麻醉的医生,并帮助推广氯仿在医学上的应用。
② 约翰·威尔逊(John Wilson, 1785—1854),苏格兰文学评论家和作家,曾担任爱丁堡大学的道德哲学教授。

詹姆斯·辛普森

约翰·威尔逊

音德路里荷

斯特林城堡

姆·汉布罗分别，然后乘船沿克莱德河到达格拉斯哥，随后又乘火车回到爱丁堡。由于没时间去阿伯茨福德看望在伦敦认识的约翰·吉本森·洛克哈特，安徒生感到很难过。为期三周的苏格兰之行虽然非常愉快，但和安徒生之前想的仍有不同。安徒生认为在苏格兰旅行花费也很高。"不过，"他继续说道，"你确实可以用钱在这儿买到一些东西。所有的东西都不错，当地人也很照顾你。无论下榻何处，我都会觉得舒适。即使是最小的乡村客栈，也同样如此。"在这片"长满繁茂大树的褐色"土地上，安徒生随遇而安，怡然自得。唯独让他不悦的就是苏格兰安息日①。在邓巴顿湖，他亲身体验了一番苏格兰安息日。让我们看一看他是如何记述这段经历的。

那是星期天，我可以告诉你这在苏格兰到底意味着什么。一切都停止运作，连火车也不敢跑。事实上，对这些保守、正派的苏格兰人来说，从伦敦到爱丁堡的快车在安息日并未停运，这是他们无法容忍的。家家户户大门紧闭，人们在家中要么阅读《圣经》，要么喝得烂醉如泥。这一点，我在各处都有耳闻。整日坐在家中实在有违我的天性，所以我还是提议出去走一走。有人告诉我，出去走一走根本不可能，因为肯定会冒犯他人。到了晚上，我们实在坐不住了，于是决定去乡下逛逛，但外面万籁俱寂。我感觉有人像间谍一样从家中的窗户内不断盯着我们，只好立马返回住处。一位和我聊过天的法国年轻人对我说，不久前，他和朋友在某个星期天带着鱼竿出去了，路上碰到了一位老先生。这位老先生非常生气，严厉地指责了他们，说他们不该在这个特殊的日子光顾着玩，应当在家中虔诚地诵读《圣经》。老先生说，无论如何他们都不该跑出去玩，这不仅会让他们蒙羞，还会诱导其他人变得不虔诚。一旦在星期日做祷告成为一种规定，人们就不

---

① 安息日是指专门用来休息、做礼拜的日子。按照《出埃及记》记载，在安息日这天，也就是犹太历每周的第七天，人们要停止工作。摩西十诫中也强调："牢记安息日，以保持圣洁。"

会太虔诚。虽然我十分尊重此项传统，但它作为一项传承下来的风俗往往会变成一个面具，掩饰其中虚伪的本质。

返回伦敦途中，安徒生发现，无论是经济发达地区还是沿海地区，人们都不在星期日做祷告。他盼望早日回到丹麦，因为他所有"亲密的伙伴"都在丹麦。离开英国之前，安徒生和出版商理查德·本特利在七橡树住了几天①，然后动身去拉姆斯盖特，准备从拉姆斯盖特乘坐去奥斯坦德的船。途中，安徒生收到了查尔斯·狄更斯的邀请函。当时，查尔斯·狄更斯和家人正住在布罗德斯泰。安徒生和查尔斯·狄更斯一直聊到深夜，分别时非常不舍。但正如安徒生想的那样，离开前两人还能再见一面。第二天早晨，查尔斯·狄更斯果然从布罗德斯泰步行到拉姆斯盖特码头，送别安徒生，并答应安徒生以后常写信联系。"我们相互拉着手，"安徒生说，"他亲切地看着我，眼神充满睿智又饱含同情。船开动时，他站在原地向我挥帽，是那么英俊潇洒。查尔斯·狄更斯是最后一个送我离开英国的人。"

从文学角度来看，安徒生的第一次英国之旅并未取得成果。1848 年至 1852 年，理查德·本特利出版了安徒生的两本童话集②，还将安徒生的新作《两位男爵夫人》翻译成英文出版。而查尔斯·博纳③独立翻译的第三版小说④则由格兰特和格里菲斯出版社出版。

1857 年，安徒生重访英国⑤。其间，他一直住在查尔斯·狄更斯的盖

---

① 理查德·本特利的雄厚财力和殷勤招待都让安徒生印象深刻。"他的住处很舒适，"安徒生给哥本哈根的一位朋友写信说，"也很体面。他穿着丝袜等待我们，就像你的书商一样！"——原注
② 《向我的英国朋友致以圣诞问候》和《一个诗人的白日梦》都是安徒生为查尔斯·狄更斯而作。前者有七个新故事，后者有十四个新故事。安徒生在前者的序言中写道："长期以来，我一直渴望把我诗意花园的第一朵花献给我亲爱的、崇高的查尔斯·狄更斯。你的作品一直是我的挚爱。"这则序言也是安徒生英语写作能力的典范，不过极有可能是经过爱德华·科林修订的。——原注
③ 查尔斯·博纳（Charles Boner, 1815—1870），英国游记作家、诗人、翻译家。
④ 《小杜克和其他童话》里有七个故事。查尔斯·博纳先生翻译的版本则有所不同。——原注
⑤ 安徒生第二次英国之旅的材料源于比勒和比约夫所著《致安徒生》第 2 卷第 362 页到第 380 页。比勒和比约夫：《致安徒生》，第 1 卷，第 122 页到第 126 页（其中包含三封查尔斯·狄更斯的信）。——原注

德山庄。起初,安徒生不确定是否应该接受查尔斯·狄更斯的邀请。"我们会面时,你会发现一件事,"安徒生写道,"那就是我英语说得很糟,甚至比我们第一次在宴会上遇见时说得更差。因为第一次见面那会儿,我在英国已经待了快三个月,而现在都快过去十年了。我在丹麦找不到机会说英文,但还是决定直接来见你。"所以安徒生才会说,他重访英国只为了能见到查尔斯·狄更斯。"我来英国就是为了见你,"他写道,"如果收不到你的邀请信,我就去瑞士了。"查尔斯·狄更斯立马写了一封热情洋溢的信,寄给安徒生。"我希望,"查尔斯·狄更斯写道,"我的回信能让你做出决定:夏天再来英国与我重逢。届时,我们应该住在一间乡村小宅内。你会有一个舒适的房间,能看到迷人的景色,拥有宾至如归的感觉。无论何时,只要你想和我们一起在伦敦过夜,这座房子从屋顶到地窖,都由你支配,所以请你再来一次英国。现在我的孩子们,无论是年纪稍大的还是小不点儿,都很喜欢你。你会发现这座房子里的人都很敬慕你。记住,别再想着去瑞士了,你得来找我们。"

  这封信消除了安徒生最后的顾虑。1857年6月初,安徒生抵达盖德山庄,同查尔斯·狄更斯一家人亲切拥抱。回想起这次重逢,安徒生常说那是他一生中最快乐的时光。他说根本不觉得自己身处异国他乡,就跟在家里一样。在给丹麦王后卡洛琳·阿玛丽的一封信中,安徒生称查尔斯·狄更斯学识渊博,心地善良,是自己遇到过的最和蔼可亲的人。虽然安徒生写作时往往会带有个人情感,难免有些夸张,但查尔斯·狄更斯在安徒生心目中的确有崇高的地位。安徒生公开宣称,比起阿德莱德·里斯托里[1],他更喜欢查尔斯·狄更斯的表演。查尔斯·狄更斯号召大家为道格拉斯·威廉·杰罗尔德[2]的遗孀募捐,遭人讽刺成动机不纯。安徒生听说此事后,为查尔斯·狄更斯深感不平。

---

[1] 阿德莱德·里斯托里(Adelaide Ristori, 1822—1906),意大利著名悲剧作家。
[2] 道格拉斯·威廉·杰罗尔德(Douglas William Jerrold, 1803—1857),英国剧作家、作家、记者,曾坚决捍卫英国本土戏剧的创作,抵制法国喜剧的翻译浪潮。

为确保安徒生重访英国能身心愉悦，狄更斯夫妇花了不少心思。整个旅程中，安徒生做了不少自己喜欢做的事。他去景观别致的水晶宫听汉德尔音乐节，同查尔斯·狄更斯一起在博德特·库茨①小姐的豪宅②里逗留了一天。然而，对于是否接受这种邀请，安徒生的态度总是很谨慎。此外，安徒生旅行时总是设法绕过伦敦，仿佛躲避瘟疫一样。夏天的伦敦浓雾重重，闷热难耐，因而每次安徒生到伦敦都会身体不适。甚至连跟查尔斯·狄更斯并肩走在伦敦大道上的这番乐趣，也无法帮助安徒生适应伦敦的环境。安徒生喜欢带着小狗漫步在满是绿茵的肯特郡小道上，或者跟孩子们一起在三叶草田里打滚。在安徒生看来，盖德山庄就像美丽的大花园，里面新鲜的干草和野玫瑰令他着迷。然而，即使徜徉在这世外桃源般的美景中，安徒生也有过一段黑暗的痛苦时光。哥本哈根传来消息，他最新写的小说《生存还是毁灭》读者反应冷淡，这着实让安徒生一度焦虑不安。他泣不成声，内心痛苦难忍，不断搓着双手。最后，在查尔斯·狄更斯的安慰下，安徒生的精神才慢慢好转。查尔斯·狄更斯拥抱着他，用兄弟般的口吻安慰他，劝他想一想自己在全世界已是家喻户晓，这本来就是一种内在的补偿，何况上天已经赋予他宝贵的天赋。接着，查尔斯·狄更斯拿起棍子在沙子上比画，并说："看，人们的批评就像这样！"然后，查尔斯·狄更斯用脚把沙子抹平，继续说道："现在批评不见了，但作者的作品仍然存世。"安徒生说："查尔斯·狄更斯可能是这个时代最了不起的作家，在这个时刻还这么高度赞扬我。我觉得我在上帝眼中真的太渺小、太卑微，所以我必须心怀感恩。每次我受到赞誉，都觉得自己为上帝做出了微小的奉献。唉，只有查尔斯·狄更斯才是唯一懂我的人啊！"

1857年7月中旬，安徒生离开了英国，余生再未回来过。他与查尔斯·狄

---

① 安吉拉·博德特·库茨（Angela Burdett Coutts, 1814—1906），英国著名慈善家、收藏家、银行家。
② 安徒生对博德特·库茨小姐的优雅别墅似乎感到惊讶。"这是我见过的最优雅的房子，"他说，"据说博德特·库茨小姐是英国最富有的女士之一。查尔斯·狄更斯说她的财富无法估量。卡尔·约阿希姆·汉布罗说她的年收入高得惊人。昨晚，我住在她的房子里，卧室里全是我没见过的昂贵地毯，卧室旁还有间浴室。整个房子占地面积非常大。"——原注

卡洛琳·阿玛丽

阿德莱德·里斯托里

更斯一家的离别令人心碎。而与英国人民的热情好客相比，接下来的巴黎之行就显得格外冷清。

"可怜的巴黎！"安徒生叫道，"你不过是个没有蜂蜜的蜂巢！"安徒生实在无法忍受这份冷清，只在巴黎停留了两天就去了普鲁士。除了英国，安徒生觉得在普鲁士最像在自己家中。他总是满怀感激地回忆起查尔斯·狄更斯[①]，也常在丹麦推广查尔斯·狄更斯的作品。然而，他对查尔斯·狄更斯的热情终是过了头，维持不了太久。此外，查尔斯·狄更斯经常不加选择地与丹麦人通信。这番不加选择的书信往来最终惹恼了本就对丹麦人不满的安徒生。无论如何，我们在安徒生生命最后十五年里写的信中，没有见到任何与查尔斯·狄更斯相关的记录。

---

① 1860年，安徒生把自己拜访查尔斯·狄更斯的所有记录全部寄给了丹麦《贝林时报》。——原注

第10章

《亚哈随鲁》—战争爆发—安徒生的瑞典之行

精彩看点

《亚哈随鲁》——撰写诗歌——《两位男爵夫人》——批评之声——新的童话故事——安徒生在娱乐城里的"童话剧"——北极星勋章和白隼勋章——石勒苏益格-荷尔斯泰因之战——安徒生对政治一窍不通——安徒生的爱国情怀——安徒生对战争与和平的反思——安徒生问候受伤士兵——瑞典之行——给瑞典王室读童话故事——伯纳德·冯·贝斯考——莱克桑德——剪纸——雨中的遭遇——孤独的旅馆——旅馆起火——瑞典人热情好客——《瑞典风光》

1848年5月，安徒生给自己的朋友亨利埃塔·伍尔夫小姐写信说："如果说去年夏天在英国是我人生中最明朗的时刻，那么在哥本哈根的冬天和春天则是一段无比黑暗的时光。我感觉四面八方的东西不断朝我挤来，挤得我焦头烂额、我的诗意之火仿佛在一天天地熄灭。"① 这段话表明，安徒生的最后几部作品反响平平，譬如史诗《亚哈随鲁》和小说《两位男爵夫人》。

　　苦作近六年，宣传已久的史诗《亚哈随鲁》终于问世②。读者满怀期待地开始阅读这部史诗，虽然大加赞赏第一部分的内容，也勉强接受第二部分的内容，但读到第三部分就读不下去了。作品到第四部分戛然而止，甚至连个明确的结局都没有。《亚哈随鲁》原本可以体现安徒生的诗歌才华，但结果让所有的人确信安徒生写不了长诗、史诗，甚至安徒生自己也这么认为。这个结果虽然出人意料，但大有裨益。此后，除了写几行小诗，安徒生再也没敢写长篇诗作了。于是，他一门心思创作童话，以此向那些史诗读者道歉，尽管《亚哈随鲁》开头写得很棒，前两部分也写得不错。开

---

① 比勒和比约夫：《致安徒生》，第2卷，第187页。——原注
② 1846年底，安徒生写完《亚哈随鲁》，委托爱德华·科林代为出版。1847年，《亚哈随鲁》出版。——原注

头介绍了撒旦的堕落。堕落天使中有一个怀疑天使，叫阿哈斯。阿哈斯一踏上大地，翅膀就消失了，前世的记忆也荡然无存。书中这部分内容的时间跨度很大，前后相隔约六千年。与此同时，耶稣在伯利恒出生。阿哈斯将哭泣的新生儿放在一位人类母亲的怀里，从此变成了救世主的化身。因而他的名字不再是阿哈斯，而是亚哈随鲁。这样看来，安徒生本意是想用一系列历史事件展示信仰和怀疑从创世以来的殊死搏斗。史诗的第一部分从耶路撒冷展开。鞋匠亚哈随鲁在耶路撒冷给人们讲述神话传说，譬如人民的审判官、神圣的先知、耶和华在古代的荣耀，牢牢地将大量听众吸引到自己的鞋匠铺前。就连法利赛人①也常在亚哈随鲁的鞋匠铺里徘徊，以期同他交谈。亚哈随鲁是坚定的爱国者。谈及气势汹汹、傲慢无礼的罗马军团，亚哈随鲁说道："神殿上最粗糙的钉子也比光彩夺目的黄金珍贵。"这番话令鞋匠铺里的听众倍感欣慰。

亚哈随鲁的听众里有个犹太女仆，叫维罗妮卡。维罗妮卡是以色列人的好女儿，尽管十分遵守宗教教义，但无法从中获得慰藉和信心。最后，维罗妮卡发现能从一位新的先知身上获得慰藉和信心。这位先知是位拿撒勒人②，深受很多普通人信奉。亚哈随鲁虽然也从他的朋友犹大③口中听说了这位奇怪的教义老师，但一直保持中立。直到这位拿撒勒人成功解放耶路撒冷，亚哈随鲁才最终确信，这位拿撒勒人就是终结罗马统治的救世主，于是站在游行队伍中不断鼓掌，赞美耶和华。

犹大讨厌法利赛人装腔作势，钦佩这位拿撒勒人像蛇一样聪明，又像鸽子一样无害，于是选择跟随这位拿撒勒人。这位拿撒勒人虽然最终成功解放耶路撒冷，但后来也没能干些实事。这场伟大的胜利难道只是踢翻神

---

① 法利赛人在不同时期分别表示一个政党，一个社会运动，以及在圣地的第二圣殿犹太教时期的一种思想学派。公元70年第二圣殿被毁后，法利赛教义成为拉比犹太教教义的基础、礼拜和仪式的基础。——原注
② 拿撒勒人是指完全信奉上帝，并祈祷自己能脱离俗世的信徒。
③ 犹大（Judas）是《圣经》中的人物，也是耶稣的十二个门徒之一。后来，犹大出卖耶稣，导致耶稣被钉死在十字架上。所以现在犹大这个名字也经常用来指代背叛。

殿前几张小商贩的凳子、治好几个病人、激怒牧师吗？永不可能。犹太公会被彻底激怒，开始了第一次反击。犹大催促弥赛亚①赶快行动，但弥赛亚有些动摇。如果这位拿撒勒人确实是弥赛亚，那么在关键时刻，一定会有许多天使围绕着他。如果这位拿撒勒人不是弥赛亚，那就让他堕落吧，因为他竟敢如此欺骗人民。亚哈随鲁自言自语道：

> 我没有恐惧。
> 哈！摩西曾经需要亚伦的帮助。
> 弥赛亚需要犹大，并且我们的名字
> 相生相辉，如闪闪双星，
> 降临大地，照亮大卫王国。②
> 我要走，我要走向该亚法。③④

接着灾难便发生了。犹大因悔恨而自杀。邪恶的亚哈随鲁觉得弥赛亚完全在弄虚作假，毁灭自己的希望，便怒气冲冲地赶走了弥赛亚。在前往各各他——耶稣受难地——的路上，亚哈随鲁身心俱疲，只好给自己下了永不安宁的诅咒，直到耶稣降临。

《亚哈随鲁》的第二部分开篇便介绍了图密善⑤统治下的罗马帝国。亚哈随鲁在耶路撒冷受困、被俘，而后一直寻死，但没能成功。后来，亚哈随鲁被送到角斗场，由于角斗时誓死不屈，无比英勇，所以重获自由。现

---

① 弥赛亚本在基督教中被称为基督。与犹太教和伊斯兰教中的弥赛亚不同，基督教中的弥赛亚是上帝之子。基督教徒通常指耶稣是"基督"或"弥赛亚"。基督徒相信，弥赛亚的预言是在耶稣的使命、死亡和复活中实现的，他会回来完成剩下的弥赛亚预言。
② 大卫王国是对以色列联合王国第二任国王大卫统治时期的通称。关于历史上是否存在大卫王国，仍存争议。
③ 该亚法在《圣经》中是指一个预言过耶稣死亡的祭祀。
④ 值得注意的是，安徒生品味高雅，并未把上帝写成自己笔下的角色。去各各他的情节完全是顺笔而写。——原注
⑤ 图密善（Domitian, 51—96），罗马帝国的第十一位皇帝。图密善改革了罗马货币，加强了帝国的边防，并试图重修罗马城，从而发展了经济。图密善统治表现出很强的威权主义特征。在位期间，其一系列方针虽然得到人民、军队的支持，但被罗马元老院视为暴君。

在，由于对基督教徒心存无法磨灭的仇恨，亚哈随鲁便开始折磨基督教徒，对他们施以酷刑。第二部分截止，史诗《亚哈随鲁》都巧妙地吸引了读者的兴趣。然而，《亚哈随鲁》的第三部分令读者兴致大减。如果采用一些权宜之计，譬如让复仇者亚哈随鲁先后将阿提拉和穆罕默德带到基督徒的世界中，这部史诗不是没可能继续写下去，但代价未免太大。不得不承认，这部史诗叙述断断续续，其中还夹杂着令人恼火的抒情段落。诗歌中混杂的木鸽、尼克斯教堂、乌鸦、燃烧的城镇、飓风和其他人格化的东西，看起来好像安徒生的守护神。由于对安徒生长时间的抛弃感到不耐烦，童话缪斯于是提醒他：他的飞马不是英勇的骏马，没有足够的马力带他穿破云层，来到诗歌殿堂的顶端，而是一只蝴蝶，只有在阳光明媚的花园里，才能展翅飞翔。到了第四部分，整个史诗的框架垮了。从亨利四世卡在诺萨城受辱，到活字印刷术在美因茨问世。亚哈随鲁不再是书中的主人公，而是各种事件的旁观者。

最后，安徒生绞尽脑汁也不知道如何撰写下文，便只好把主人公亚哈随鲁和哥伦布安排在同一艘船上——"圣玛丽亚"号，去发现美洲大陆。安徒生只能写到这个地步，也不得不承认自己确实完成不了这部史诗，只求后人能续写更好的下文[①]。

安徒生从英国归来，于1848年秋在菲英岛格洛斯楚普完成了自己的第四本小说《两位男爵夫人》。1848年底，《两位男爵夫人》首次在伦敦出版。1849年，《两位男爵夫人》在哥本哈根发行。由于安徒生在《两位男爵夫人》英文版序言[②]中含混不清的表述，英国评论家难免会相信安徒生是用英文创作小说的。《观察者报》甚至夸奖了安徒生的用词，称赞他已

---

① "会有一位更好的诗人，用更好的方式来告知世人这曲折的结局"。——原注
② "这是我用英文写成的第一段话，我决定把这份新的浪漫献给你。"《两位男爵夫人》的序言是安徒生1848年9月5日用丹麦文写给理查德·本特利信的翻译稿。1848年5月24日，安徒生还用丹麦文给理查德·本特利写了封信，信中写道："我现在正忙着完善这本书最后几章，不过快要完工。英文版的《丹麦小姐》写完已有一个月。我希望很快就能把这本书第一部分的初稿寄给你。"由此可见，安徒生是想告知世人，自己用英文写完了《丹麦小姐》。但如果安徒生能用英文写六百页的小说，定然不会用丹麦文给他的英文出版商写商务信函。——原注

经是个英语语言学家。然而，对安徒生而言，准确地用英文写出六个句子是不可能完成的壮举。事实上，他的《丹麦小姐》很有可能是爱德华·科林或汉斯·克里斯蒂安·奥斯特用英语写成的。更有趣的是，安徒生在序言称出版商为"亲爱的朋友"，并且十分感谢出版商能首先保护他这个"年轻不知名的外国作家"。和往常一样，安徒生对自己的新作评价很高。他告诉理查德·本特利，这部新作是他写得最好、完成度最高的作品，希望获得大众读者的认可。但实际上《两位男爵夫人》内容苍白，只是机械地重复了安徒生十一年前写的《奥·特》。和《奥·特》一样，《两位男爵夫人》没有什么情节，只是故事背景令人印象深刻些而已——故事发生在丹麦西海岸附近的哈利根群岛。两本书中的人物、事件、情节都惊人地相似，甚至都有一个类似的谜团和一个无法让人信服的解谜方案。此外，两本书中自始至终都有一个"落魄绅士"的角色，这显然是安徒生本人的化身。不仅如此，《两位男爵夫人》在各方面都逊于《奥·特》。读者无法从书中看到新内容，自然会觉得安徒生已经江郎才尽。尽管安徒生在书中不失本色地描写了哈林斯岛的美景，但还是无法与约翰·克里斯托夫·比尔纳茨基[①]对同一主题的处理手法相媲美。尽管书中埃利玛和伊丽莎白之间稚嫩的爱情被写得引人入胜，但仍然没有《不过是个提琴手》中基督教和诺米田园诗一节中那种独特的趣味。

幸运的是，《两位男爵夫人》并不像《亚哈随鲁》那般惨淡收场，仍然在英国和丹麦受到了一定读者的欢迎。除了觉得作品中的女性角色缺乏女性气质，约翰·卡斯滕·豪克极力称赞《两位男爵夫人》在民族文学中的价值，对其中哈林斯岛的描写也是赞不绝口。布雷默夫人坚定地认为《两位男爵夫人》是"安徒生文学创作的巅峰"。但她又补充道："如果你问我最喜欢安徒生的哪些作品，我认为一定是那些文字有活力，内容有新鲜感，能打动人心的作品。直白地说，就是他写的童话故事。他的童话故事

[①] 约翰·克里斯托夫·比尔纳茨基（Johann Christoph Biernatzki, 1795—1840），普鲁士作家，其所有最重要的文学作品都与哈林斯岛息息相关。

愤怒的亚哈随鲁

风暴中的哈利根群岛

就像沙漠中的绿洲、不断冒出新鲜泡沫的泉水、高高的棕榈叶、欢笑的花朵、虔诚顽皮的孩子，在我们还辨不清方向之前，就把我们领入天国。"①布雷默夫人还邀请安徒生到阿维斯塔的乡间别墅去发现古老的回忆，欣赏初绽的玫瑰，体会温暖的心，因为这些都会给他带来灵感，创作出更多好看的童话故事。

现在，最能让安徒生感到惬意的就是写作，所以根本不需要任何外在刺激，就能继续坚持写作。1847年至1848年，安徒生出版了《新童话集》。其中包括《老路灯》《邻居们》《织补针》《小杜克》和《影子》，以及一些大众认为写得最好的童话故事，如《老房子》《一滴水》《卖火柴的小女孩》《幸福的家庭》《母亲的故事》和《衬衫领子》。《新童话集》里大部分作品都是安徒生根据个人回忆写成的。一个小男孩来到旧房子里拜访了一位老先生，用锡纸折了个士兵送给这位老先生，以免这位老先生"觉得孤单"。一个小姑娘会伴随各类音乐翩翩起舞，无论是民间音乐还是宗教音乐。安徒生笔下的这些孩子在现实中都有原型，都是安徒生认识的孩子。讽刺性的科学小故事《一滴水》是安徒生为挚友汉斯·克里斯蒂安·奥斯特而作。安徒生在菲英岛格洛斯楚普豪华的码头上发现了胖胖的白蜗牛，而后在伦敦旅行期间写出了《幸福的家庭》。我们真该感谢这些蜗牛。有一次，安徒生走在大街上，突发灵感写出了《母亲的故事》。据说，《母亲的故事》是印度人最喜欢的童话故事。

安徒生尝试将童话与其他文学体裁联系起来，创作出了童话剧。结果大获成功。1849年起，安徒生开始为哥本哈根新开的综艺剧场和娱乐场撰写童话剧。第一场童话剧《比珠宝还珍贵》一连公演了一百一十四场。在观众的捧场下，第二场童话剧《梦神》公演了六十六场②。此后，安徒生不再为丹麦皇家剧院创作戏剧，也不愿写普通戏剧，而是用尽余生为娱乐场创作童话剧，记述童话仙境的趣闻。

---

① 比勒和比约夫：《致安徒生》，第1卷，第670页。——原注
② 爱德华·科林：《汉斯·克里斯蒂安·安徒生与科林一家》，第427页，第8行。——原注

1848年,安徒生收到了两枚外国君主授予的勋章——瑞典国王奥斯卡一世授予的北极星勋章和魏玛公爵查尔斯·弗雷德里克授予的白隼勋章。安徒生非常喜欢这些勋章,并急于抓住每个机会向别人展示。他十分感激魏玛公爵查尔斯·弗雷德里克授予的白隼勋章,因为这份荣誉把他与"普鲁士文学史上声名显赫的歌德和席勒更加紧密地联系在一起"。至于瑞典国王奥斯卡一世授予的北极星勋章,安徒生觉得上面的黑色绸带有不祥之兆。而安徒生接受瑞典国王奥斯卡一世授予的北极星勋章时,丹麦国王克里斯蒂安八世也已驾崩。

　　随后,一个重大的政治事件发生了。1848年至1851年,安徒生的思想深受政治环境扰乱,他甚至放弃了对文学的追求。丹麦新国王腓特烈七世刚登上王位,石勒苏益格和荷尔斯泰因公爵克里斯蒂安·奥古斯特二世①在普鲁士的秘密鼓动下,放弃效忠丹麦国王,重新成立了一个新政府,并在伦茨堡召开议会。接着在普鲁士军队的支持下,石勒苏益格-荷尔斯泰因起兵反抗丹麦。经过三场激战,石勒苏益格-荷尔斯泰因军队于1848年4月至1848年6月将丹麦军队赶走了。尽管如此,丹麦的政治家们并没有袖手旁观。由于丹麦受英国和俄国支持,加上瑞典从中斡旋,战争的鼓动者——普鲁士王国——最终同意接受停火谈判。丹麦在七个月的谈判期间得以喘息,并有效地采用外交攻势,在国内调集大军。1849年初,丹麦已经转劣势为优势。1849年春,战火重燃。当石勒苏益格-荷尔斯泰因军队入侵日德兰半岛南部时,卡尔·冯·普里特维茨②率领普鲁士军队攻占石勒苏益格,在科灵击败丹麦大军,然后逼近腓特烈西亚。进攻受阻后,普鲁士军队只好转攻为守。四天后,普鲁士与丹麦达成了一份新的停火协议。1850年6月2日,双方达成和平协定。这表明普鲁士不再插手石勒苏益格-荷尔斯泰因与丹麦之间的纠纷。石勒苏益格-荷尔斯

---

① 克里斯蒂安·奥古斯特二世(Christian August II,1798—1869),19世纪五六十年代石勒苏益格和荷尔斯泰因地区实际意义上的统治者,也曾是丹麦国王的候选人。
② 卡尔·冯·普里特维茨(Karl von Prittwitz,1790—1871),普鲁士将军,参加过第一次石勒苏益格战争。

腓特烈七世

克里斯蒂安·奥古斯特二世

泰因公爵克里斯蒂安·奥古斯特二世开始试图与丹麦谈判，但发现丹麦人绝不接受和谈，于是决心再次发动战争。卡尔·威廉·冯·威利森①率领三万普鲁士军队开始进攻石勒苏益格北部。1850 年 7 月 25 日，普鲁士军队在伊斯泰特战役中被丹麦军队彻底击溃，并被赶出了艾德河。丹麦统帅格哈德·克里斯托夫·冯·克罗②重新占领了整个石勒苏益格。由于打了两场败仗，卡尔·威廉·冯·威利森引咎辞职。1850 年 12 月 7 日，乌尔里希·冯·德·霍斯特③将军接过了他的指挥棒。现在，其他欧洲诸国认为丹麦王国的领土完整事关整个欧洲的利益，于是出面干涉，逼迫石勒苏益格-荷尔斯泰因人从丹麦撤军，解散武装。1852 年 5 月 8 日，欧洲诸国通过了《伦敦条约》，把石勒苏益格-荷尔斯泰因交还给丹麦统治。

对丹麦而言，能够凭借羸弱的国力战胜普鲁士和石勒苏益格-荷尔斯泰因的联军，真是一场伟大的胜利。能够取得这场伟大的胜利有三个原因。第一，丹麦积极采取应对措施，鼓足勇气对抗普鲁士。第二，普鲁士内部发生政治动荡。第三，石勒苏益格-荷尔斯泰因人作战能力不足。尽管如此，丹麦人还是避不开战争带来的灾难。同样，安徒生也深陷忧患之中。对于政治，安徒生不懂，也不想懂，而且根本毫无兴趣。他的许多信中几乎没有提到划时代的政治事件，譬如 1848 年革命、克里米亚战争、普奥战争和普法战争，令人十分费解。安徒生对研究人类的发展很感兴趣。他观察力非常敏锐，与常人相比，能看得更多。此外，他对世俗怀有十足的悲悯之心。安徒生虽然不是政治家，但绝对是充满正义的爱国者。虽然他经常批评自己的国家，但这些都充满了诙谐。从前，他的那些不满和抱怨不过是作家受伤的虚荣心在作怪，而非他自己的真情实感。当祖国荣誉和安全遭受威胁，没有人能比他更忠诚且具有自我牺牲精神。国难当头，安徒生

---

① 卡尔·威廉·威利森（Karl Wilhelm von Willisen, 1790—1879），普鲁士将军。
② 格哈德·克里斯托夫·冯·克罗（Gerhard Christoph von Krogh, 1785—1860），丹麦贵族、将军，指挥过第一次石勒苏益格战争，并取得胜利。
③ 乌尔里希·冯·德·霍斯特（Ulrich von der Horst, 1793—1867），普鲁士将军，参加过第一次石勒苏益格战争。

才意识到丹麦就是自己的家，心中怀着对丹麦无尽的热爱。但让他感到悲伤的是，普鲁士竟然也参与到这场冲突之中。普鲁士王国待他一向友善。很多普鲁士人对他也是敬爱有加。在和他人的通信中，安徒生经常吐露自己的心声。他渴望看到"火药味"消失的那天，和平的曙光再次照耀着各国。对于正在交战的丹麦和普鲁士，安徒生觉得自己和普鲁士音乐家卡尔·戈特尔夫·格莱泽合作的音乐剧就能很好地证明普鲁士人和丹麦人也能在艺术领域友好合作。但他的爱国心是坚定不渝、无法动摇的。作为一名丹麦人，但凡听闻或看到普鲁士小报上的虚假消息，安徒生的内心便会无比痛苦。他坚信终有一天，普鲁士人能认识到自己对丹麦的恶行[①]。安徒生也密切关注战争的进展。丹麦士兵展现出来的坚定、勇敢和乐观都让安徒生钦佩不已。有时，安徒生觉得战争就像宗教信仰，需要虔诚的奉献。他为爱国英雄的奉献精神"灵魂颤抖"，为爱国英雄的感人事迹热泪盈眶。在他眼里，这些普通的丹麦士兵和拿破仑·波拿巴的近卫军一样，值得人们牢记[②]。腓特烈西亚战役大捷，唤起了不好战的安徒生的战斗热情。他希望瑞典人"向敌人发起进攻"，并且希望"在这件事上，我们的主耶稣只要动动他的小手指，就至少抵得上五千士兵"。他说如果自己现在还年轻，一定会扛着枪，亲自奔赴前线。"你可能觉得好笑，"他对朋友写道，"但我郑重地向你保证，我绝不退缩。可能我会胆怯，但回想起来，胆怯的人不是懦夫。一个人是不是懦夫与是否害怕毫无关联，这完全取决于个人的意志。"关于参战，安徒生只是说说而已。他打心底里讨厌战争，热爱和平。他给另一个熟人写信说："每天我听着大炮轰鸣。每个晚上我都内心沉重，思考今天又有多少生命死去，我们又失去多少亲爱的同胞！我知道在战场上牺牲确实光荣而伟大，但那些活着的人受到战争的折磨，

[①] 不过，安徒生并非残酷粗暴之人。朋友英格曼在爱国上比他更狂热、愤慨。英格曼建议安徒生归还普鲁士国王腓特烈·威廉四世授予的红鹰勋章，安徒生并未照办。——原注

[②] 安徒生偶尔也能看见军队。譬如在战争早期，丹麦军队从石勒苏益格撤离，在安徒生的家乡——土地肥沃、草木繁茂的菲英岛——集结。此时，安徒生穿行于士兵之间，乐善好施，慈悲为怀，令士兵们非常感动。同时，他为士兵们创作了一些爱国歌曲，供其在营地附近吟唱。——原注

卡尔·威廉·冯·威利森

格哈德·克里斯托夫·冯·克罗

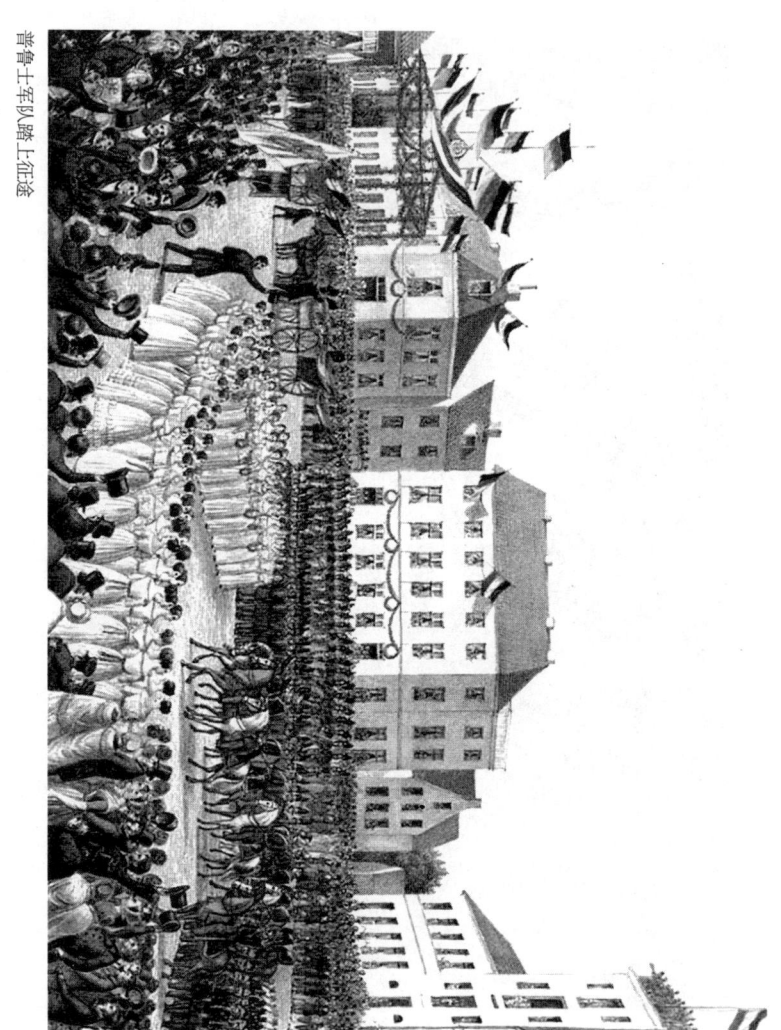

普鲁士军队踏上征途

丹麦军队得胜归来,受到哥本哈根市民热烈欢迎

以后又怎么办呢？战争让人受伤，致人残疾，多么恐怖，多么违背人性啊！战争就是一头恐怖的怪兽，烧毁城镇，以血为食。"[1]安徒生年轻的朋友莱瑟中尉在腓特烈西亚战役中不幸牺牲，这让安徒生无法冷静地反思"这场伟大的胜利"。安徒生不断想起在战争中受伤、牺牲的人，尤其是莱瑟中尉的老母亲。她老来丧子，悲痛欲绝。每当这时，安徒生就会把战争视为人类对上帝的背叛。"什么时候人类才能相互体谅，"安徒生不禁哭喊道，"我坚信我的同胞们品格高尚，所以我相信只要能做到人人相互体谅，那么友谊的种子就会遍地生根发芽。"[2]安徒生打心底里对能达成最终和平协议感到开心。此外，亚当·威廉·莫尔特克伯爵授权安徒生准备爱国节的所有事宜，这让安徒生心满意足。这场大规模的节日活动是为了纪念那些归乡的士兵，在亚当·威廉·莫尔特克伯爵位于菲英岛的乡间别墅里举行。

安徒生虽然没有切实体会过战争的恐怖，但感受到了战争带来的种种不便。1848 年至 1851 年，安徒生几乎没有写出新的文学作品。他既没有心思，也没有意愿去继续自己的写作事业。战争切断了安徒生与欧洲大陆的联系。安徒生在位于海峡对面的瑞典聊以慰藉。1849 年春夏之际，他住在美丽迷人、风景如画的瑞典[3]。

1849 年耶稣升天节，安徒生在最孤寂的春天来到瑞典。哥德堡兼具荷兰风情和英国风情。安徒生在那里短暂停留。这里让他觉得有些惊讶，因为在一次为他准备的盛大宴会上，他发现自己是现场唯一一位胸前没有佩戴"装饰品"的贵宾。随后他参观了特罗尔海坦瀑布，并邀请哥本哈根的朋友在瀑布被附近不断增多的工厂污染之前尽快来这里看一看。他又穿过

---

[1] 比勒和比约夫：《致安徒生》，第2卷，第199页。——原注
[2] 第一次战斗结束，士兵返回哥本哈根途中，安徒生有机会公开表明自己无比尊重这些国家的捍卫者。他透过窗户，望着士兵队伍。这时，他瞅见队伍里有个士兵失去了右手，便冲到街上，领着这个士兵穿过人群，让士兵坐到自己舒适的座椅上，而自己则下楼站在大街上。——原注
[3] 《瑞典风光》于1851年在哥本哈根出版。比勒和比约夫所著《致安徒生》第2卷第210页到第228页、汉斯·克里斯蒂安·安徒生自传《我的童话人生》第490页到第516页及爱德华·科林所著《汉斯·克里斯蒂安·安徒生与科林一家》第434页第5行。——原注

维纳恩湖来到了斯德哥尔摩。斯德哥尔摩罕见的秀丽风光给安徒生留下了深刻的印象。梅拉伦湖湖水清澈。安徒生从住所一眼望去，仿佛置身于美丽的土耳其风光。眼前的景色像极了君士坦丁堡的培拉区，只是没有尖塔而已，这让安徒生一度产生了错觉。旅馆的木制家具和发霉的墙纸让他不得不整天敞开窗户，这种遭遇让旅行的乐趣大打折扣。他很惊讶斯德哥尔摩竟然没有一家适合人类居住的酒店，并声称在居住上，斯德哥尔摩不如哥本哈根，就如同哥本哈根不如伦敦一样[①]。安徒生和老友伯纳德·冯·贝斯考待了一段时间。后来经伯纳德·冯·贝斯考引荐，安徒生得到瑞典国王奥斯卡一世的接见。瑞典国王奥斯卡一世十分热情，让安徒生觉得相见恨晚。他两次邀请安徒生共进晚餐，还把安徒生介绍给了王后卢森堡的约瑟芬和他孩子们。安徒生盛情难却，便给他们讲了《亚麻》《丑小鸭》《衬衫领子》《母亲的故事》《枞树》《卖火柴的小女孩》和《织补针》。讲到《母亲的故事》时，安徒生瞧见眼泪从王后卢森堡的约瑟芬眼角滑落。安徒生离开时，王后卢森堡的约瑟芬向他伸出手。安徒生心怀感激地亲了一下她的手。伯纳德·冯·贝斯考还把安徒生介绍给历史学家安德斯·弗里克塞尔和斯德哥尔摩其他知名文人。安徒生跟他们一起来到了斯德哥尔摩歌剧院。1792年3月16日午夜，瑞典国王古斯塔夫三世在斯德哥尔摩歌剧院被贵族刺杀。斯德哥尔摩歌剧院专门为安徒生举办了一场宴会。安徒生一出现，一群打扮漂亮的小女孩就在他入场的道路上挥撒鲜花。这位"大诗人"一开始觉得有些尴尬，但他假装把这一切当作玩笑，于是亲吻了几个漂亮的小女孩后，就赶快溜走了。

  安徒生先到了乌普萨拉大学。一群女大学生朝他唱情歌。没过多久他便动身离开，来到瑞典高原。穿过这片浪漫、美丽的土地后，他来到了芬马克的边境。安徒生总是钟情于辽阔壮丽的美景。所以现在的所见让他又惊又喜，称赞这里才是名副其实的瑞典。他觉得这里的服饰比"南方花花

[①] 斯德哥尔摩的住宿条件确实不如欧洲其他城市。不过，极有可能是安徒生在巴黎之行和伦敦之行后变得更娇气了。——原注

特罗尔海坦瀑布

斯德哥尔摩

奥斯卡一世

卢森堡的约瑟芬

公子"的衣着更华丽养眼。这里没有"茉莉花和香橙花令人窒息的气味",而是"桦树的清香"。安徒生驾着马车穿过广袤的森林。林中人迹罕至,长着繁茂大树的高地上偶尔可见一缕袅袅青烟飘到空中。达尔河"从森林里穿过,河水透明",水流湍急,因为地势起伏,所以形成了许多大大小小的瀑布。在安徒生眼中,达尔河比莱茵河更迷人。整个旅程就像"一首欢乐的诗",充满了刺激和趣味。安徒生一路兴致犹存。莱克桑德位于达尔河河谷地带。安徒生在这里意外地发现了一个很有趣的画面。附近村庄的农夫穿着华丽的服饰,用丝绸手绢小心翼翼地包好福音书,乘着装饰精美的船,穿过锡利扬湖,来到一座风景如画的老教堂做祷告[①]。"我当时就坐在旅馆的房间里,"安徒生继续说道,"旅馆主人是个老太太。她的小孙女跑进来看到我花哨的背包,哈哈大笑。我赶快给她剪了个土耳其清真寺形状的剪纸,还在上面剪了一个尖塔和几个开着的窗户。她便兴高采烈地出去了。不一会儿,我听到院子外面传来嘈杂的声音,我想这肯定跟我的剪纸有关。我赶忙轻手轻脚地走到木制阳台上,只见老太太站在楼下的花园里,还把我的剪纸举在空中,脸上露出笑容。老太太身边站了很多人,他们都一脸狂喜。在他们眼中,我的手工剪纸像是艺术珍品似的。老太太的小孙女一直在尖叫,不断伸手想要拿回属于自己的剪纸。但没人搭理她,大家都觉得这个剪纸真的太完美了。我有点儿受宠若惊,便又轻手轻脚地回到房间。很快便传来一阵敲门声。老太太给我送来整整一大盘姜饼。'这些是我能做出来的最好的姜饼了,'她说,'但姜饼的模子是从我祖父那儿传下来的,现在都太老了。先生,我知道您剪纸剪得很好,能麻烦您给我们剪一些新的模子吗?'那个仲夏的夜晚,我一直坐着剪姜饼模子,譬如穿着带刺靴子的胡桃夹子、小人和磨坊组成的风车模型、芭蕾舞女高抬腿指向昴宿星。我给老太太剪了不少模子。她拿着'芭蕾舞女'样的剪纸上下打量,不知道怎么才能做出这个模子。她觉得舞女的腿翘得太高了。于是,这些可怜的'芭蕾舞者'就变成了一条腿,三只手。'这些的确是

[①] 汉斯·克里斯蒂安·安徒生:《瑞典风光》:第126页到第128页。——原注

新的模子，'她说，'和旧的还真是不一样。'我回答道：'我希望我能在这里靠剪纸谋生。'"[1]

凭着敏锐的观察力，安徒生很快就发现了这个偏远地区的一些趣事。譬如，他在旅馆中写道："我们住的这个旅馆看起来像是被翻了个底朝天，因为所有东西都没放对位置。卧室里的白墙被飞来飞去的苍蝇涂成了一幅画。所有家具都年久失修，上面积了一层厚厚的灰尘。垃圾堆在路中间，把路堵死了。房主的女儿在垃圾堆里赌钱。她很年轻，身材魁梧，穿着红白相间的衣服，光着脚，耳朵还戴着大金耳环。大金耳环在阳光下闪闪发光，很衬她粉红色的脸颊。她的黄头发松松散散地搭在肩膀上。她如果能意识到自己的可爱之处，必定会好好地梳洗一番。"

天气异常炎热，甚至有些闷，但一旦下起雨来，又会下个没完。雨天也是安徒生最有趣的经历之一。乌普萨拉少尉借给安徒生一辆马车，本想让安徒生去美丽的塞特山谷游玩，但没想到给安徒生带来了不少麻烦。很早之前安徒生就学会了驾马车，靠当车夫谋生了。马车皮带总是爆裂，绳索也易断，车轮还得不时上油。所以安徒生时不时就得把车停下，检查其他部分是否能正常运转。如此这般，前进的速度自然放慢，再加上倾盆大雨，路面全是积水，仿佛要发洪水。最后，安徒生总算来到塞特山谷，但不爱去那些著名的山谷，偏爱沿着路边的小旅馆一路走走看看。无论是旅馆的院子里，还是田间和菜园里，所有东西都杂乱无章地映入眼帘，有几分随遇而安之感。母鸡们蜷在一起，被雨水冲刷成落汤鸡。鸭子们蹲在潮湿的墙壁下，羽毛上的水直往下滴。旅馆的马夫和清洁工怒气冲冲，所以很难同他们聊上一句。整个客栈楼梯很陡，地板也是斜的，看起来像不久前刚刚遭受了风暴。门外的路上到处盖着一层厚厚的沙。空气又冷又湿。路的另一侧不远就是著名的大峡谷。大峡谷是大自然的花园，那里灌木郁郁葱葱，泉水不时从地面冒出，小溪迤逦，堪称"三美"。大峡谷里有个山洞。山洞上覆盖着树冠的枝条。雨水顺着枝条倾泻下来，像是给山洞罩

---

[1] 汉斯·克里斯蒂安·安徒生：《瑞典风光》：第189页。——原注

上了一层厚厚的纱帘。整个漫长的下午，安徒生都坐在旅馆内，时不时地凝视着这个美丽的大峡谷。雨水不停地泼下来，仿佛维纳恩湖、韦特恩湖和附近几个湖泊的水此刻都加在一起，不断从云层中倾泻。安徒生点了些肉和喝的，但食物一直都没上桌。旅馆里，有人上楼，有人下楼，还有人坐在炉边烤火。姑娘们喋喋不休，任凭汤在锅里咕嘟咕嘟地叫着。游客们也回来了，显然是玩得很尽兴，他们心满意足地坐在炉子旁，一边烤火，一边煮东西吃。

几个钟头过去，安徒生终是耐心尽失，吆喝女招待过来，斥责她不该让自己等这么久。"为什么，先生！"女招待冷冰冰地回答道，"你一直都坐在那里，写啊写啊，怎么吃东西啊？"长夜漫漫，但黎明终将破晓。其他旅客在别处找到了更好的住宿，一早就走了。肮脏的酒吧房间里，安徒生透过半开的门看见几个长相粗野的家伙。他们正在玩沾满油渍的扑克牌。一条大狗趴在桌子下面，睁着红红的大眼瞪着安徒生。

厨房空空如也，非常破旧，地板被水泡得不成样子。旅馆外风雨交加，安徒生只好无奈地躺下睡觉。一两个小时后，旅馆外的路上传来一阵嘈杂声，吵醒了安徒生。当时差不多1时，周围一片漆黑。安徒生立刻起身，听到有人正在剧烈地捶门，一个低沉、刺耳的声音竭力嘶吼着。他猜想这可能是某个疯子大晚上跑了出来，于是便下床，小心翼翼地反锁上门，然后又听到一阵吵闹。这次他听到门外传来一阵敲门声，有个惊慌失措的妇女正在尖叫，牛羊发出阵阵低沉的叫声，木鞋踩在楼下院子的石头上，发出咯嗒咯嗒的响声。吵闹声似乎越来越大。

究竟是怎么回事？安徒生又从床上爬起来，冲到窗边。但除了雨水，他什么也没看到。这时，一阵"咚！咚！咚！"的声音从楼梯传来，接着隔壁的门被猛踢开。然后便是一片寂静。

安徒生仔细听着，忧心忡忡地盯着自己的房门，看到门后插着一根很粗的铁插销，心又稍稍放了回去。不一会儿，听见有人踢了安徒生房门一脚，然后传来了一个粗犷的声音："房间有人吗？旅馆着火啦！"安徒生来不及多想，迅速就把衣服套上，冲出房间，赶到楼下。但他一点烟都没看到，于是又跑回房间收拾随身物品，跑到楼下。但这时火苗已经从窗户里窜了出来。多亏消防车及时赶到，扑灭了火。这么一折腾，安徒生睡意全无，第二天6时就离开了旅馆。刚出发还没走多远，马车又坏了。幸运的是，他在好客的图纳牧师那里住了一晚，称"那是整个旅行中最舒服的地方"[①]。

如果可以被称作意外事故的话，那么旅馆遭遇火灾则是安徒生在瑞典之行中唯一不幸的经历。从始至终，他都玩得很开心。优美的风景、好客的瑞典人都让他心情大好。他还欣喜地发现，自己在瑞典比在其他国家还要出名。而在祖国丹麦，他的书就只能永远摆在最不起眼的角落里。在瑞典，他先是在书店一侧偶然发现自己写的《从霍尔门运河至阿迈厄岛东角步行记》，后又在另外一侧看到了《两位男爵夫人》。"所以，你会感觉书店从头到尾都摆着安徒生的书！"他欣喜若狂地写道。他所到之处都有美酒美食相伴。贵族和艺术圈里的名流殷勤地招待他。当地居民把他们的马车送给他。成百上千的人争着同他握手。年轻的女士跟在他身后撒花。吃早饭时，他还经常从他的盘子上发现一支美丽的玫瑰花。

安徒生对瑞典人民的盛情心怀感激。后来，他把这场旅行经历写成了一本书——《瑞典风光》[②]——无疑是他所有作品里最优美、最诗意的一部。无论在丹麦还是瑞典，《瑞典风光》都受到了读者的一致好评。这部伟大的游记虽然和《诗人的市场》及安徒生后来写的《西班牙纪行》写作风格一致，内容也多是记录旅行中不同优美的风光，但还是有所区别，而且绝不比《没有画的画册》逊色。事实上，《瑞典风光》里收集的诗意的宝石都是独一无二的精品。安徒生用蓝色和黄色[③]的绳子将宝石串了起来。《瑞

---

① 汉斯·克里斯蒂安·安徒生：《瑞典风光》，第118页到第124页；比勒和比约夫：《致安徒生》，第1卷，第218页到第219页。——原注
② 这也是安徒生作品最细致的写照。作品问世前都需字斟句酌，细细打磨。《瑞典风光》的两个英译本分别于1851年和1852年出版，两个译本都不太出名。——原注
③ 瑞典国旗颜色是蓝色和黄色。——原注

典风光》描述了特罗尔海坦、欣讷山和奇维克等地美妙的旷野风光。安徒生犹如一位不可思议的魔术师，追逐着历史，让历史交出自己半隐藏半遗忘的秘密。在莱克桑德、锡利扬湖等地生动的风俗和绚丽的服饰中，我们也许最能体会到安徒生的幽默和哀伤。此外，我们还在《瑞典风光》中第一次看到了五个伟大不朽的童话故事——《祖母》《演木偶戏的人》《历史》《一本不说话的书》和《凤凰》。

第 11 章

安徒生的宗教哲学——《生存还是毁灭》——霍乱

精彩看点

安徒生涉足哲学研究——汉斯·克里斯蒂安·奥斯特的《自然精神》——汉斯·克里斯蒂安·奥斯特和雅各布·彼得·明斯特的辩论——安徒生对科学颇感兴趣——安徒生与英格曼的争论——安徒生的宗教观——安徒生的反神学思想——无尽的恐惧——安徒生同唯物主义的斗争——《生存还是毁灭》——国外之行——弗朗茨·李斯特——巴伐利亚国王马克西米利安二世——哥本哈根的霍乱——安徒生对疾病的恐惧——安徒生过度幻想——日德兰之行——锡尔克堡

如前文所述，安徒生的缪斯女神在1849年至1851年完全消失不见了。一方面，这是因为石勒苏益格-荷尔斯泰因战争及其巨大的破坏力。另一方面，从1850年起，安徒生痴迷于哲学研究，耗费了大量时间，投入了不少心血。但从文学创作来看，安徒生研究哲学无疑是在虚度光阴①。挚友汉斯·克里斯蒂安·奥斯特②的《自然精神》第一次唤醒了安徒生对科学和哲学的研究兴趣。1849年，《自然精神》问世，其中各卷记载了一系列不同时期的研究发现，非常清晰、有趣地阐释了作者的存在论思想。《自然精神》的核心观点是自然界只存在两条永恒的真理，即自然界的元素之力和自然法则。前者可以追溯至自然界的本源，后者则最终指向世间万物的运行法则。至于肉体，不过是为生存活动传达诸多情绪和态度的载体。肉体和精神在特定原则下紧密相连，不可分割。在思索的过程中，由于本性中的创造思维唤醒了我们的内在意识，所以我们才能完全认识自然。上帝的意志——并非人类的意志——与自然在本质上并无冲突，因为二者本

---

① 这也是安徒生密友起初最害怕发生的。不过，安徒生一再保证，说这些担心不会成真，"自己内心一直追寻着诗歌之灯"。——原注
② 汉斯·克里斯蒂安·奥斯特（Hans Christian Orsted, 1777—1851），丹麦著名的物理学家、化学家，首先发现了电流能创造磁场。同时他是安徒生的挚友。

为一体。19世纪50年代，《自然精神》在丹麦轰动一时，一方面激起人们极大热情的同时，另一方面遭到了诸多批评，尤其是神职人员的批评。从1834年到1854年，迄今教会最能干的主教雅各布·彼得·明斯特①敏锐地预感到，《自然精神》一旦落入肤浅、虚伪、狡诈的宗教异端手中，就会变成动摇宗教中超自然思想的利器。雅各布·彼得·明斯特立即与汉斯·克里斯蒂安·奥斯特展开十分激烈但态度友好的辩论。安徒生旁观了整场辩论，被汉斯·克里斯蒂安·奥斯特的言论深深折服。汉斯·克里斯蒂安·奥斯特是安徒生多年来的好友之一。在安徒生眼中，汉斯·克里斯蒂安·奥斯特和发现电流、发明电报的人一样崇高②。于是，安徒生对雅各布·彼得·明斯特怀恨在心，并毫无顾忌地抨击雅各布·彼得·明斯特的观点③。这场辩论之后，安徒生开始更深入地研究科学。他对时代进步兴致满满，对人类发展盲目乐观。19世纪迈着大步走向完美。对于其间出现的每一项新发现和新发明，安徒生都兴高采烈，奔走呼告。"我觉得，"他在给约翰·卡斯滕·豪克的信中写道，"上帝带领人类认识自然。我从每一项新的认识中都能切实感觉到上帝无限的爱意。我还发现上帝授予了人类崇高的力量。很多人认为时代的进步只是物质方面的进步。我对这种观点不予承认，因为物质进步就像脚手架，可以用来帮助人类建设精神世界的高楼。我对科学的兴趣与日俱增。如果二十年前，我对科学的兴趣和现在一样，那我一定会选择另一条研究道路。或许我确实应该学习一些知识，帮助我走向不同的发展方向，便于我提升自己的写作能力。"④安徒生绝不允许科学和诗歌之间存在任何形式的对立。浪漫主义作家英格曼认为诗歌要高于科学，遭到了安徒生的强烈反对。二人为此争论了许久。英

---

① 雅各布·彼得·明斯特（Jacob Peter Mynster, 1775—1854），丹麦神学家。1834年，明斯特被任命为新西兰教区主教，直到1854年去世。
② 1820年7月21日，汉斯·克里斯蒂安·奥斯特在一篇拉丁文论文中首次宣布了自己的伟大发现。——原注
③ 比勒和比约夫：《致安徒生》，第2卷，第257页。这些内容并没有公开，而是摘自安徒生写给朋友的私人信件。——原注
④ 比勒和比约夫：《致安徒生》，第2卷，第291页。——原注

雅各布·彼得·明斯特

格曼虽然承认这个时代的伟大发明层出不穷，但同样认为现代的进步只不过是物质、机械和生产线上的进步。他始终坚信如果发展科学，那么诗歌将在生活中渐行渐远，于是开始惯性地认为科学就是魔鬼，所以才半开玩笑半指责地说安徒生纯粹是被汉斯·克里斯蒂安·奥斯特的诡辩蒙蔽了双眼。尽管如此，安徒生对科学的兴趣仍然只增不减。无论是蒸汽机还是电，每个新发明都让他欣喜若狂。他宣称，生活在19世纪犹如站在"永不停歇的小齿轮"上，所有发明让人类紧密团结在一起，把城市和国家结合成一个大家庭，甚至比最精彩的诗歌影响深远。

然而，科学发展没有让安徒生对宗教的未来产生一点担忧。虽为安徒生虔诚的宗教徒，但其宗教哲学很古怪。年轻时，他和多数人一样，也对宗教产生过怀疑。他虽然没有明确表示反对宗教，但始终坚持辩证地看待宗教。至于安徒生为何对教士怀有偏见，原因尚不可知。不过，据我猜想，这可能和他去斯劳厄尔瑟前受到雅各布·彼得·明斯特的冷落有关。安徒生陷入困境时，曾向雅各布·彼得·明斯特寻求过帮助。雅各布·彼得·明斯特也似乎利用自己的名望对安徒生施以援手。但当安徒生前来同雅各布·彼得·明斯特告别，感谢他的好意时，雅各布·彼得·明斯特借机说教，旁敲侧击地提醒安徒生自己可是帮了他大忙，并表示对所有愿意和自己做朋友的人，他都会以礼相待。从安徒生的信中可以明显看出，安徒生对雅各布·彼得·明斯特这种高高在上的语气非常不满。安徒生一直将此事牢记于心，此后二十多年都尽可能与神职人员保持距离。值得注意的是，安徒生有段时间和密友写信时，特别喜欢讽刺教士，还喜欢听一些有关教士的奇闻。在他早期小说《奥·特》和《不过是个提琴手》中，遭人恨、讨人厌的角色往往都是教士。此外，安徒生很少去教堂。虽然他并不反感去教堂做礼拜，神圣的颂歌也让他心生神往，但做礼拜时，他根本无法全神贯注。所以他过去常说，自己在自由的教堂中做礼拜比在沉闷的教堂里要虔诚得多①。诸如当大斋节这种忏悔的日子来临时，由于在教堂做礼拜

---

① 尤其是在英国，尽管安徒生觉得那里的教堂很壮观，但做礼拜耗时极长，让他难以置信。——原注

耗时更久、次数更多，安徒生便经常选择去国外度假。但同时，安徒生又经常能敏锐地察觉到上帝的存在，对上帝的旨意坚信不疑。他觉得自己配不上上帝赐予的怜悯，故而对上帝的怜悯心怀感激。偶有事情发展不如他意，或批评家们猛烈抨击他时，安徒生总是怒气冲冲，责骂上帝，就像非洲或波利尼西亚的野蛮人因为上帝没有实现他们的愿望，就肆意砸毁上帝塑像，对上帝恶语相加那样。安徒生情绪失控在年轻时非常罕见，随着年岁增加自然消失殆尽。他敬畏良知，视良知为上帝的旨意。他见过太多人性中的万般顽固、不知悔改，也就不指望能看到奇迹发生。他探求世间的美好，最终他的哲学思想博大精深，并且充满自由的气息。他的幽默感虽然总是充满智慧，但偶尔也会让人觉得粗俗、不着边际。他的玩笑话看似淘气，实则发人深思——这在他的信中体现得淋漓尽致。随着年龄的增长，安徒生的思想日渐成熟。他对宗教的认识也越来越清晰。他开始意识到，宗教和科学在欧洲大陆上的隔阂正与日俱增。虽然唯物主义思潮来势汹汹，但安徒生即使心灰意冷也仍然泰然自若。安徒生坚信宗教和科学之间不存在任何对立[①]，并迫切想让众人明白这一点。如他所言，他要"让科学和《圣经》和谐共存"。安徒生对自己的能力深信不疑，坚信自己能"给唯物主义这个吞食一切神圣之物的怪物致命一击"。安徒生在一本新作中坦言，打击唯物主义将是自己"最重要的使命"。为完成这项光荣的任务，他开始着手准备。除了掌握汉斯·克里斯蒂安·奥斯特《自然精神》的要义，安徒生还积极参加了丹尼尔·弗雷德里克·埃斯克里希特反唯物主义的演说。安徒生竭力研究科学和宗教之间的问题，就连去乡下度假，也随身带着弗里德里希·法布里[②]博士的《唯物主义书简》[③]和歌德的《浮士德》。

---

① 比勒和比约夫：《致安徒生》，第2卷，第336页："我认为只有科学才能照亮上帝的启示。我一路走来，看着他人盲目摸索。上帝赋予人类智慧，一定能容忍人类对他不明智的看法。"——原注
② 弗里德里希·法布里（Friedrich Fabri, 1824-1891），德国新教神学家、新闻记者。
③ 1856年首次在斯图加特出版。——原注

丹尼尔·弗雷德里克·埃斯克里希特

大卫·弗里德里希·施特劳斯

他还阅读了大卫·弗里德里希·施特劳斯和路德维希·费尔巴哈①的经典之作。这非但没有扰乱他的心智，反倒让他更加坚定自己的宗教信仰。安徒生反复告诉世人，阅读让他坚信科学和宗教不是仇人，而是邻居，二者之间非但没有隔阂，反而相互影响②。安徒生孜孜不倦，伏案研究，前后耗时四年，终于完成自己的最后一本浪漫主义作品——《生存还是毁灭》。1857年，《生存还是毁灭》在伦敦③和哥本哈根同时出版。

小说《生存还是毁灭》的主角是个可怜的小男孩，叫尼尔斯·布莱德。尼尔斯·布莱德是圆塔④看守者的儿子，后来被住在日德兰半岛的乡村老牧师亚佩特斯·莫勒鲁普领养。尼尔斯·布莱德性格固执却很热情，并且为人善良。他学习优异，后来还考上一所大学的神学专业。亚佩特斯·莫勒鲁普为养子的表现感到自豪。然而，大卫·弗里德里希·施特劳斯和路德维希·费尔巴哈著作中的离经叛道思想彻底摧毁了尼尔斯·布莱德的信仰。尼尔斯·布莱德放弃了神学，转而学医。后来，他获得医学博士学位，成了一名坚定的无神主义者。得知养子成了无神主义者，亚佩特斯·莫勒鲁普悲愤不已，虽然狠狠地斥责了尼尔斯·布莱德，但并未改变尼尔斯·布莱德的决心。无奈之下，亚佩特斯·莫勒鲁普与尼尔斯·布莱德断绝了养父子关系。尽管如此，亚佩特斯·莫勒鲁普的妻子和女儿——温柔可爱的博迪尔——跟尼尔斯·布莱德一直情谊难断。尤其是博迪尔，她虽然只是尼尔斯·布莱德名义上的妹妹，但对尼尔斯·布莱德用情极深。尼尔斯·布莱德思想坚定，血气方刚，在城中行医谋生，快乐地生活。年岁渐长，尼

---

① 路德维希·费尔巴哈（Ludwig Feuerbach，1804—1872），德国唯物主义哲学家。代表作有《论死于不朽》《宗教的本质》等。哲学上，他批判康德的不可知论和黑格尔的唯心主义，强调自然世界的唯物属性，肯定人的意识的客观存在，强调人可以认识客观世界。路德维希·费尔巴哈的唯物主义思想对后来的马克思主义产生了深远的影响。
② 比勒和比约夫：《致安徒生》，第2卷，第349页到第350页。"我感兴趣的是，"安徒生说，"最糟糕的唯物主义者如何把一切追溯至永恒存在的无生命的原始物质。他们只会说这些物质缺少动力，却发现不了这些物质是怎么开始运动的。在我看来，这明显是《圣经》的作用。上帝从水上走过，便有了水的流动。"——原注
③ 英文版《生存还是毁灭》由布希比夫人翻译，翻译得相当好。——原注
④ 圆塔位于哥本哈根市中心，建于17世纪，是丹麦国王克里斯蒂安四世的建筑成就之一。

尔斯·布莱德的无神论思想越发坚定、强大。与周围的基督徒相比，他的生活理念坚如磐石。这让他非常自豪。他从不相信教义中关于未来状况的描述，觉得那些描述与现代科学的最新发展背道而驰。

尼尔斯·布莱德认为，"生存还是毁灭"是世间万物都要面临的问题。他在旅行途中结识了一家风趣友善的犹太人。小女儿埃丝特思维深邃，反应敏锐，让尼尔斯·布莱德眼前一亮。后来一位熟人向尼尔斯·布莱德透露，埃丝特不仅学识渊博，还非常虔诚。埃丝特有自己的信仰。尼尔斯·布莱德却丢弃了信仰。这样一来，同埃丝特谈论信仰问题成了尼尔斯·布莱德最大的趣事。虽然埃丝特是犹太人，但基督教教义中宣扬的美和慈爱一直吸引着她。于是，她也接受了洗礼。与埃丝特讨论信仰问题的过程中，尼尔斯·布莱德虽然仍对基督教抱有怀疑，但脑子中固执的无神论思想逐渐松动，转向了试探性的不可知论。没过多久，石勒苏益格-荷尔斯泰因战争爆发。尼尔斯·布莱德自视为真正的爱国者，报名参战，随军队开赴前线。尼尔斯·布莱德参加了腓特烈西亚战役和伊斯特战役。埃丝特的兄弟是一名前线志愿军，在战役中与死神擦肩而过。尼尔斯·布莱德也负了伤，在一条忠诚的狗伙伴的帮助下才逃离鬼门关。回到哥本哈根后，尼尔斯·布莱德变得更加睿智，但愈发感伤。这时，他的不可知论已经发展成有神论。尼尔斯·布莱德从前线回来没多久，家乡就暴发了霍乱[①]。身为医生的尼尔斯·布莱德又英勇地与疾病抗争，救死扶伤。生命中遭遇了如此巨大的悲痛，尼尔斯·布莱德逐渐找回了过去的信仰。他深爱的埃丝特不幸死于霍乱。随着埃丝特的离去，尼尔斯·布莱德的信仰终于发生了变化。他对基督教教义有了清晰的认识，成了一名虔诚的基督徒。

《生存还是毁灭》主要讲述了尼尔斯·布莱德的故事，体现了一种带有目的的宗教浪漫，让人觉得非常生硬。安徒生在《生存还是毁灭》中看似合理的论证似乎也有立场不明之嫌，想必只是出于个人情感的表达。尼

---

① 霍乱是一种急性腹泻性传染病，主要是由食物、水污染而引发的。

尔斯·布莱德从坚定的无神论者变成信徒，这个结局着实蹩脚。《生存还是毁灭》虽然不能作为信仰转变的佐证，但比起《两个男爵夫人》和《奥·特》中关于日德兰半岛风景的描述，以及对哥本哈根的幽默记述，其文学价值要高很多。不得不承认，安徒生在小说的情节创作中极尽人物刻画之能事，笔下的所有角色都个性鲜明。热心肠的亚佩·莫勒鲁普喜好劣质烟草，所以烟不离手往往是人们对他的第一印象。亚佩特斯·莫勒鲁普的妻子总是兴致满满地想把坏小子变成虔诚的基督徒。一位女士聊起天来叽叽喳喳，停不下来。温柔的博迪尔与热情的埃丝特是小说中最美好的两个女性角色。一些诸如流浪汉的小角色也深受安徒生重视。遗憾的是，安徒生在《生存还是毁灭》中用大量笔墨探讨宗教和科学——这些他极力赞扬的所谓的精髓却成了饱受争议的部分。而大多数批评的声音都是从神学角度发出，而不是从文学角度发出的。哲学家和神学家严厉批评安徒生肆无忌惮地涉足他们的领域。就连安徒生的朋友格奥尔格·西伯恩①教授也写信对《生存还是毁灭》的失败表示幸灾乐祸，劝安徒生以后不要把宗教和文学混为一谈，令安徒生既难过又愤怒。尽管如此，一些用《生存还是毁灭》解除宗教困扰的普鲁士朋友仍然高度肯定了此书的价值。安徒生曾向查尔斯·狄更斯吐露心声，受到了查尔斯·狄更斯的深切同情，得到了些许慰藉。"我一直害怕，"安徒生写道，"害怕你会厌烦我这个英语说不好的丹麦人，总是战战兢兢，如履薄冰。"他还告诉查尔斯·狄更斯，《生存还是毁灭》在丹麦不受待见，导致自己郁郁寡欢，并且莫名其妙地厌烦所有事情。查尔斯·狄更斯一如既往地赞赏了安徒生的新书，称《生存还是毁灭》"内容有益，彰显了作者的大智慧，无疑是一部佳作"②。

如前文所述，石勒苏益格-荷尔斯泰因战争爆发后，安徒生四年未出国门。战争结束后，他为了充分补偿自己，从 1851 年至 1856 年访问普鲁士王国南部不下四次。除此之外，他还去了法国、意大利、瑞士与波西米亚。

---

① 格奥尔格·西伯恩（Georg Sibbern, 1816—1901），挪威外交家，曾任挪威首相。
② 比勒和比约夫：《致安徒生》，第1卷，第125页。——原注

至于安徒生在欧洲的游记见闻,这里没有必要赘述。不过,可以确定的是,这些年安徒生对异国之行已经没有之前那么热衷。原因如下。首先,19世纪50年代,普鲁士境内反丹麦风气盛行。丹麦人非常敏锐地察觉到了这一点。安徒生也不得不拒绝接受某些带有政治意味的邀请①。其次,当时安徒生已年过半百,尽管在同龄人中还算意气风发,但身体更易受气候变化的影响。譬如意大利南方炎热的天气就让他苦不堪言。即使是熟悉的棕榈树和柏树也无法补偿意大利"火焰般"的天气带给他的不适。他很想去瑞士沙夫豪森的瀑布,以便恢复精力。沙夫豪森的瀑布犹如"巨大的绿浪滚滚向前,形成一片漩涡状的云"。但他终于还是无法像从前那样满怀热情,欣然接受所有事物。声名显赫之后,人难免变得傲慢,看待事物也很苛刻。所以当安徒生时隔二十五年再次聆听弗朗茨·李斯特的演奏时,心中再无半点儿波澜,甚至觉得有些厌烦。"这种野性已经有点儿超过我的接受范围。"他写道,"有一次,敲钹②的声音响起,我还以为是谁打破了两个盘子。"③然而,公众对弗朗茨·李斯特的演奏非常痴迷,还在现场撒满了鲜花。"真是个荒谬的世界!"在魏玛公国,安徒生发现歌德的儿子为公爵家主持宴会,还在晚宴时亲自端汤服侍客人,难免心生厌恶。不过,自己的交际圈中又多了位君主,安徒生这才稍感满足。这位君主就是巴伐利亚国王马克西米利安二世④。1852年,巴伐利亚国王马克西米利安二世与安徒生第一次见面。1854年,两人正式成了好朋友。第二次见面时,两人一起泛舟游湖,前往蒂罗尔州最有情调的地方。巴伐利亚国王马克西米利安二世是《安徒生童话故事》的忠实粉丝,对安徒生关于年轻时困苦遭遇的絮叨一点儿

---

① 比勒和比约夫:《致安徒生》,第2卷,第265页。"我也不想给自己添堵,"安徒生在给朋友的信中写道,"但看到普鲁士报纸上的报道,我深感悲哀。"——原注
② 钹,中国古代称为铜盘,是一种打击乐器,中外都有使用。
③ 比勒和比约夫:《致安徒生》,第2卷,第379页。——原注
④ 马克西米利安二世(Maximilian II,1811—1864),巴伐利亚第三任国王,知识素养很高,同很多艺术家、文人保持亲密联系,也会亲自进行科学、史学研究。

格奥尔格·西伯恩

马克西米利安二世

都不厌烦①。在安徒生看来,"破鞋匠的儿子"竟然能翻山越岭,与君主共游,这简直比他讲过的所有童话故事更奇妙。

　　1853年夏,哥本哈根暴发霍乱。这是安徒生第一次遭遇霍乱。我不想赘述他在霍乱时期的经历。霍乱暴发后,安徒生非常谨慎地逃往日德兰半岛,在那儿一直待到疫情结束。在这里我想说,安徒生对所有疾病都有一种特殊的恐惧。这并不是因他天生胆怯,而是他想象力丰富导致的。强大的想象力让他痛苦不堪。安徒生晚年一位亲密的医生朋友告诉我们,有一天安徒生气得浑身发抖,仅仅因为有位朋友答应他一同远游却迟到了三十分钟。没有人知道安徒生在三十分钟里经历了什么,除了他自己。安徒生认为,答应他一同远游的朋友一定是遭遇了某种不测,要么被车撞了,要么在爆炸中身亡了。他的脑海中不断浮现着朋友痛苦而死的画面。他的眼睛好像确实看到了朋友的尸体残缺不全、血肉模糊,躺在担架上,被抬回家中。安徒生本可以摆脱这些画面,却办不到,只能深陷其中,任这些画面不断在脑海中涌现。他不禁继续想象朋友的尸体被装进一口体面的棺材里,并被抬到墓地,然后又幻想自己泪流不止,给朋友的亲属写吊唁信,送上自己的关怀。就在安徒生想入非非的时候,他的朋友面带微笑,走过来拥抱安徒生。听闻安徒生刚才的想象后,朋友深刻体会了安徒生的极度不安,一边惶恐地向安徒生道歉,一边保证自己以后再也不迟到了②。

　　安徒生的想象力时常在无意识的状态下变得肆无忌惮,令他异常痛苦。如果方圆五十英里内有疾病肆虐,安徒生会深信自己是第一个受害者。如果被猫抓了,或者被狗咬了,安徒生一定会觉得自己感染了狂犬病。事实上,安徒生习惯将每种疾病的症状跟自己扯上关系。如果脖子疼痛,他立马推断自己误食钉子,体内正在大出血。如果膝盖稍加用力,他就觉得自己的膝盖会水肿。如果眼睛上长了个丘疹,他就能预见自己的病情不断加重,直至失明。由此可想,霍乱时期的安徒生自然是如坐针毡。

---

① 巴伐利亚国王马克西米利安二世非常喜欢《母亲的故事》。一次远游中,巴伐利亚国王马克西米利安二世摘下一根长满鲜花的枝条献给安徒生,优雅地表达了他对安徒生的感谢。——原注
② 威廉·布洛赫:《关于安徒生》,第364页。——原注

仅对疫情的想象就足以让安徒生逃离哥本哈根。所以没等霍乱全面暴发，他就已经前往日德兰高地上的锡尔克堡小镇。在锡尔克堡小镇，安徒生忧心忡忡地关注着祖国发生的一切。1853年整个夏天和初秋，霍乱在哥本哈根如狂风般肆虐。如安徒生所言，这场霍乱的危害远大于战争。安徒生补充道："战争会激发热情，带给胜利者无上荣耀。而霍乱就像只充斥着毒液的肮脏的蝙蝠，让无辜者饱受折磨并痛苦地死去。"霍乱时期，安徒生的许多朋友不幸离世。所以每当给熟人写信，安徒生都担惊受怕，唯恐朋友们遭遇不幸。安徒生整日坐立不安，难以专注地做事，因而一事未成。每当想起故乡的亲友，想起死神降临，安徒生都不禁涕泪横流。就在思绪"飘荡在坟墓和上帝之间"时，安徒生创作了一首优美的小诗——《天上落下来的一片叶子》。直到深秋，疫情才有所减轻。安徒生这才有心思畅游身边的美景。

锡尔克堡小镇坐落在风景优美的古德诺河岸、兰索湖源头，地处日德兰半岛中部，位于奥胡斯和灵克宾之间。天主教统治时期，锡尔克堡小镇属于奥胡斯主教的私人领地。奥胡斯主教还在镇上建了一座庄园[①]。宗教改革后，丹麦王室把锡尔克堡小镇据为己有。1844年，迈克尔·德鲁森获得许可，在镇上开建造纸厂。此后，锡尔克堡小镇以造纸厂为中心迅速崛起，成为丹麦最早的城镇之一。镇上有居民三千多人，尽管目前还没有达到安徒生期待的那般盛景，但也是一片欣欣向荣之景。安徒生一直热切地关注着锡尔克堡小镇的发展，逐渐意识到美国那么多城镇是如何快速崛起的。除了经济发展，锡尔克堡附近绵延数英里的自然景观奇幻无比，令安徒生心驰神往。锡尔克堡地区树木繁茂，附近数英里内湖泊众多，高山耸立[②]，石南绵延，让安徒生想起了"罗布·罗伊[③]生活的苏格兰高地，也想

---

① 传说奥胡斯主教在兰索湖上航行时，头上的四角帽被风吹到水中。他立刻起誓要在帽子掉下来的地方建一座庄园。后来，锡尔克堡在此拔地而起。——原注
② 有人请安徒生给这些无名高山起名。由于这些山让安徒生回忆起了苏格兰的景象，他便称之为"安徒生高地"。——原注
③ 罗布·罗伊（Rob Roy）是苏格兰作家沃尔特·司各特小说《罗布·罗伊》中的角色，是苏格兰的民间英雄。

起了斯特林城堡和罗蒙湖"。在广袤的旷野中，安徒生第一次瞧见了黑鹳。黑鹳在泥潭里不时地拍打翅膀，尽显野性本色。有人给安徒生送了只幼鹰。出于好奇，安徒生量了量——幼鹰的两只翅膀长三厄尔[①]。安徒生在锡尔克堡的住所外面是一个大花园。园中景色秀丽，盛开着玫瑰花，中央是一大片草坪，上面长着几棵杜松树，看上去就像意大利柏树。古德诺河水流入安徒生房前的兰索湖中，两岸是上了年头的老浆果树，看起来像在"相互鞠躬"。在河岸的一侧，河坝高耸，流沙堆积。越过河坝与流沙，极目所视，便是浓密的森林了。锡尔克堡是安徒生为数不多、从未厌烦的地方之一。每次来锡尔克堡，安徒生都兴致勃勃，并且有新的发现。当然，我们也有喜爱锡尔克堡的理由。因为锡尔克堡激发了安徒生的某些灵感，创作出独树一帜的丹麦童话，如《依卜和小克里斯汀》《沼泽王的女儿》《一个贵族和他的女儿们》及《沙丘的故事》。这些童话或许都可归到"日德兰童话"这个大标题下。

[①] 厄尔是旧时英国一个度量单位，主要用于测量布的长度，所以多用于裁缝行业。现在一厄尔等于四十五英寸（约一点一四三公尺）。

第 12 章

《故事全集》——朋友离世

精彩看点

《故事全集》——《区别》——《她是一个废物》——《沼泽王的女儿》——《沙丘的故事》——安徒生对读者的"专政"——安徒生在日德兰半岛北部——德累斯顿女作家热——安徒生为何从来不去美国——亨利埃塔·伍尔夫小姐的悲惨命运——汉斯·克里斯蒂安·奥斯特之死——关于约翰·路德维希·海伯格——关于乔纳斯·科林——关于贝恩哈尔·塞韦林·英格曼

从 1852 年到 1862 年，安徒生出版了九本新的故事集——共五十五篇故事。为了与之前的《安徒生童话故事》区分开，这九本新的故事集取名为"《故事全集》系列"。我认为，与《安徒生童话故事》系列相比，《故事全集》系列稍逊一筹。读其中几篇故事可以发现，安徒生越来越爱卖弄说教，但其叙事手法并没有什么长进。说有些篇章是凑字数也不为过，个别故事极其乏味。尽管如此，许多故事还是写得非常精彩，比如《一年的故事》（1852）、《依卜和小克里斯汀》和《钱猪》（1853）、《香肠栓熬的汤》（1857）、《沼泽王的女儿》和《赛跑者》（1858）、被格奥尔格·勃兰克斯评为"故事珍宝"的《贵族和他的女儿们》和《笔和墨水壶》（1859）及举世闻名的《冰姑娘》[1]。上述《故事全集》系列中的故事都是原创，但有几篇比较例外，比如《打火匣》和《小克劳斯和大克劳斯》[2]，属于故事新编。许多原创故事都有大量自传的成分在里面。《区别》的创作灵感来源于安徒生游览西兰岛布列斯托附近的克里斯伦德的感受。在克里斯伦德，一棵苹果树静立在水沟旁，花开满树。好一幅春天的

---

[1] 原名《鹰巢》。——原注
[2] 再如《邪恶的王子》《踩在面包上的女孩》《乡巴佬汉斯》及《钟声》。——原注

图画！安徒生说："我的脑海里仿佛阳光普照，花香四溢。只有把眼前的美景写入故事里，我才能尽兴。"《一个豆荚里的五粒豆》是安徒生童年家庭的缩影。他家花园里有一个装满泥土的木盒，里面种着几根香葱和一粒孤零零的豌豆。《她是一个废物》的灵感源自安徒生儿时老家发生的一件事。当时，母亲的一番话让安徒生记忆深刻。一天，安徒生看到一个小伙子沿着欧登赛大街向河边跑去。小伙子的母亲是洗衣妇，正在河边洗衣服。小伙子经过几户人家门前时，一个出了名的大嗓门寡妇掀起窗户嚷道："你是要给你妈妈再送点儿酒吗？呸，呸！真丢人啊！最好别学你妈妈，她可不是什么好人。"安徒生见状，立刻跑回家，将所见所闻讲给家人听。结果大家都说："是啊，那个洗衣妇确实爱喝酒，她就是那德行。"只有安徒生的母亲表示理解，说："别太苛刻了，她也是可怜人，整天在冷水里辛勤劳作，有时连着几天吃不上一口热饭。她必须靠某种东西支撑下去。喝酒确实不对，但她别无选择，因为靠酒才能活下去。不过，我相信她是一个真诚的人，因为即便生活再怎么艰辛，她也会让自己的孩子穿得干干净净。"《沼泽王的女儿》是安徒生最用心雕琢的故事之一。他说，《沼泽王的女儿》的灵感来得很突然，就像某个古老的旋律在脑海中响起。他将故事口述给几个朋友，并立刻写了下来。然而，写了又写，改了又改，反反复复三四遍，他还是觉得不够生动，略显虚伪。于是，他开始认真研究故事发生的时代背景，也就是遥远的冰岛古代，研读了不少冰岛传说。他通过阅读与非洲相关的旅游书籍，学习到了自己想知道的关于埃及这片土地的一切。他通读了几部讲解鸟类飞行的科学著作，知道了鸟类特有的生活习性。之后，他再次回到这篇童话的创作中，潜心打磨，直到满意为止。

安徒生坦言，《墓里的孩子》和《母亲的故事》这两篇童话带给自己的满足感最大，因为许多悲痛不已的母亲在其中找到了慰藉。尤其是《母亲的故事》，在印度很受欢迎。《沙丘的故事》的创作灵感非常有趣，源自安徒生与诗人亚当·欧兰施拉尔的一次关于"永生"的辩论。亚当·欧兰施拉尔问安徒生："你真的确定人会有来世吗？""当然！"安徒生非常肯定地回答，接着坚称上帝是公正的。亚当·欧兰施拉尔叫道："永生只是你的妄想吧！今世上帝赐予你的还不够多吗？在我看来，上帝赐予我无限的恩泽。将来撒手人寰的时候，我会对他满怀感激和祝福。"安徒生回答道："你说得没错，今世上帝确实赐予了我们无尽的福祉。但还有许多人没有得到上帝的眷顾！他们或许生来多灾多病，或许终其一生缺衣少食，但他们又有什么错？为什么要承受这么大的痛苦和不平等？上帝是公正的，他一定会给予补偿，赐予众生来世。"后来，这段对话作为素材被安徒生写入了悲伤童话——《沙丘的故事》——中。

《屎壳郎》是安徒生创作的最幽默的故事之一，是查尔斯·狄更斯一个玩笑似的建议激发了安徒生的创作灵感。在查尔斯·狄更斯主编的刊物《家常话》中，其中一期收录了许多阿拉伯箴言。查尔斯·狄更斯格外强调了其中一句话："皇帝的马钉上了金掌，屎壳郎也伸出腿要金掌。"他特意标注："建议安徒生将这句话写成童话故事。"安徒生自然对此求之不得。不过，当时他苦于无从下笔。九年后，他偶然再次读到了查尔斯·狄更斯的标注，突然才思如泉涌，运笔如飞。就这样，《屎壳郎》问世了。《冰姑娘》是安徒生在瑞士写成的；《鹰巢》里的情节是安徒生的亲身经历，由巴伐利亚著名诗人科佩尔执笔。

读者们觉得《安徒生童话故事》写得更好，而《故事全集》遭到了一波波批评与质疑。到了19世纪60年代初，即便安徒生在丹麦饱受诟病，他的童话故事还是被公认为经典。《安徒生童话故事》和《故事全集》使安徒生获得了不菲的收入，这很好地抚慰了安徒生因无礼攻击而受伤的心。在丹麦这样的小国，一部作品想要大卖非常不切实际，但从1853年到1858年，安徒生的作品在丹麦的销量高达四五千本。安徒生获得的收益不仅足够支付向往已久但不得不一再推迟的西班牙之旅——下一章将讲述相关内容——而且还有不少结余，他不用为生病和养老发愁了。安徒生的作品在国外也很受欢迎，而且受欢迎的程度日益上升。他经常接受德意志出版商的邀请创作新故事。他从德累斯顿一位官员那里得知，《安徒生

《冰姑娘》插图

1860年前后的安徒生

童话故事》中好几篇已经被选入教材，供萨克森所有学校使用。安徒生感到非常欢喜、满足。《故事全集》在法兰西颇有名气，但没有得到广泛认可。个别人认为它太幼稚。安徒生时常抱怨翻译自己作品的法语译者无知粗心，曲解他的意思①。在英国，安徒生的作品早就家喻户晓了。安徒生怀着极大的兴趣和热情，关注着英国读者对自己作品的反馈。《审查者报》《星期六评论》及英国其他报刊的编辑会将报纸的评论部分剪下来，定期寄给安徒生。下面的趣闻体现了安徒生非常珍视英国评论家的看法：一位哥本哈根的朋友写信给安徒生，说有个人从未听说过安徒生的大名。安徒生回复道："太不可思议啦！这个白痴已经被送进疯人院了吧？在疯人院，他好歹认识字母表的第一个字母是A，A就代表安徒生，'安徒生是首屈一指的作家'，这可是一位英国评论家给出的美誉。"

《故事全集》广受欢迎。于是，安徒生产生了公开朗读《故事全集》中作品的想法。这位不情愿为孩子们讲故事的"儿童诗人"，却很乐意为成年人讲故事。在丹麦首都哥本哈根，他的午后朗读节目名噪一时，吸引了大批观众。其实，观众们不一定想看安徒生的朗读表演。《故事全集》现在已经风靡大半个欧洲，他们只是想紧跟潮流而已。安徒生不是一个优秀的朗读者，但他的朗读风趣幽默，特点鲜明，尽显个人魅力。每位观众都能清晰地感受到，只有安徒生的朗读才能传达出《安徒生童话故事》的精髓。总的来说，聆听安徒生的朗读是一件非常愉快的事情，特别是他有时还会即兴讲些新故事，但也有不愉快的时候——安徒生常常反复朗读自己极其钟爱的故事，结果大多数观众都"倒背如流"了。虽然观众们的耐心已经耗尽，但没人敢提出质疑，因为安徒生实在太独断专行了。观众们如果对他的故事没有表达出足够的喜爱，就会冒犯他。他拉下脸，皱皱鼻子，挂上讽刺的讥笑，来表达不快。整个场面就会陷入难堪。每次朗读前，安徒生会要求全场屏息凝神。女士们必须放下编织的活儿，绅士们必须搁下手上的雪茄，认真听他读那些已经读了几百遍的故事。有时，人的本性

---

① 最好的法译本出现于安徒生去世后第五年。——原注

就抵触这种死板的约束。实际上,全场鸦雀无声并不意味着注意力集中。安徒生的私人医生布洛赫回忆道:"我记得,一次室内朗读会上发生了一件趣事。那天,所有来宾聚集在一起,听安徒生朗读。我不记得他选了什么故事,只知道主题很悲伤,而且越读越悲伤。观众中有位白发苍苍的绅士,似乎被故事深深吸引了。他靠在椅背上,双臂交叉,阖着双眼,全神贯注地聆听着,还时不时点头表示赞同。朗诵进行了一段时间后,一位年轻姑娘的举止引起了全场观众的注意。起初她只是很矜持地笑了一下,很注意仪态,但很快又笑了起来。这次她笑得更厉害了,抽出手帕捂住嘴。不一会儿,她就瘫倒在椅子上,笑得几乎窒息。只见她气血上涌,脸憋得通红,笑得眼泪都流了出来。所有人都惊讶地看向她,她反而笑得更厉害了,一边笑一边用手指向前面提到的那位老绅士。老绅士还是端坐在那里,一只手塞在马甲里,头微微偏向一边,闭着眼睛,看上去好像对故事很感兴趣,甚至被故事的悲伤感染。但仔细听就会发现,他的口中发出了轻柔有规律的呼吸声——他睡着了。这样的场景十分滑稽,被姑娘拼命压抑的笑声传染,观众们也憋不住了。一时之间,所有观众都用手帕捂着嘴,每张脸都涨成紫色。最后,每个人都笑出了眼泪。朗读会的女主持人皱着眉头,轻轻示意大家安静下来,但于事无补。安徒生对观众席发生的这些骚动毫不知情,仍然一句一句地读着。当朗读完故事抬起头时,他看到台下每双眼睛都饱含泪水。因此,他感到很有成就感。"

  安徒生最欣赏的观众是哥本哈根的技术工人。安徒生的公开朗读会始于1860年冬,后来断断续续持续了数年。当时哥本哈根大学的年轻教授们也在工人协会举办各种主题的讲座,每周三次。一次,教授们想知道诗歌对工人的影响,便邀请安徒生去做主题演讲。在安徒生看来,这次讲座成果颇丰。讲座当天,现场人满为患。人们推推搡搡,都想挤入大厅,但大厅只能容纳七百人。外面的人们坚持要求打开窗户,这样他们也能听到。讲座举办前,安徒生感到十分紧张。之前这种情况从未出现过。他没日没夜地焦虑了一周,状态非常糟糕。他怕自己垮掉或者晕倒。但当他真正站在台上高谈阔论时，所有的恐惧都消失了。安徒生先是简单地谈了谈诗歌的作用，介绍了《圣经》——它通常会以诗歌的形式讲述其中的寓意。接着，他读了四篇自己写的故事，结尾发人深省，给观众留下了深刻的印象。安徒生朗读完，大厅里十分安静，静得可以听见一根针落地的声音。显然他朗读的故事让工人们非常满意。讲座圆满结束。

安徒生喜欢朗读自己的故事，甚至偶尔会在德意志进行公开朗读，但他的德语很蹩脚，听众基本听不懂①。因为勇敢，他在德意志的朗读显得愈发可贵，并得到了广泛的褒奖。

1859 年，安徒生去了日德兰半岛北部和斯考。日德兰半岛北部是丹麦最奇特的地方，拥有巨大的魅力，深深吸引着安徒生。在《沙丘的故事》中，安徒生生动地描述了日德兰半岛北部。这是一片荒凉、人迹罕至的土地。波罗的海和卡特加特海峡在这里交会。长满灌木的荒野广袤而单调，古墓随处可见，海市蜃楼时隐时现。只有雄鹰或黑鹳筑巢的时候，死寂单调才被打破。这里有 10 世纪的教堂。它们看起来像西风和北海发生争斗后留下的一堆石头，四分之三埋在沙堆里，上面覆盖着荆棘和犬蔷薇。1859 年夏天的大部分时光，安徒生都在日德兰半岛北部度过。他在这片荒凉的土地上散步，只见"漫天沙尘里，杂乱无章的房屋错落"。那些被世人忽略的、被沙尘几近淹没的教堂墓地深深吸引了安徒生，给他带来了很多灵感，比如他曾以"可怜的约翰"为主人公写了一篇好故事——《旅伴》，正是受到了教堂墓地的启发。安徒生对死者有着特别的敬畏感，总是为他们进行各种各样的祈祷。在日德兰半岛北部，安徒生尽最大努力修缮了一座坟墓。这座坟墓埋葬着一名年轻的荷兰水手。他在海上遇难，尸首被浪冲上岸，后来被人埋葬。修缮完坟墓后，安徒生在它的四个角上放上了花圈。在另一个靠近海边的小教堂墓地里，他惊讶地发现了一堆人骨。人骨在阳光暴晒下变得枯白。于是，他不辞劳苦地挖了一个新坟，仔细地掩埋了人骨。

---

① 安徒生虽然可以勉强流利表达，但仍然让爱德华·科林帮忙修改故事的德文版。——原注

在给朋友的信中，他写道："你看，我在这里做了一些事情，虽然不是为了生者，但抚慰了死者。"

1859 年底，安徒生交了好运：丹麦下议院为了表示敬意，将他的养老金提高到了一千利克斯。当听到这个好消息时，他开心地叫道："我现在可以恣意享受一番了。"于是，1860 年和 1861 年，他去了德意志、意大利和瑞士。他将这次旅行看作让自己恢复精神的良药。然而，这时正值第二次荷尔斯泰因战争的高潮，德意志人和丹麦人之间的关系高度紧张，因此安徒生偶尔会遇到不高兴的事情[①]。尽管如此，旅行还是充满了新鲜、愉快的体验和有趣的冒险。在慕尼黑，他接受了著名的艺术鉴赏家霍夫拉特·汉夫斯坦格尔为自己作画的特别邀请。霍夫拉特·汉夫斯坦格尔希望将安徒生的肖像添加到他的插画集中，这本插画集用于纪念当代著名人物。安徒生看到自己的画像时大吃一惊，感叹道："我从来没有看到过如此美丽的肖像，这还是我吗？我实在太惊讶了，画中的阳光把我的脸衬托得那么美。这幅肖像让我破天荒地产生了将它传给子孙后代的虚荣心。"安徒生在参观德累斯顿时，一群女作家像瘟疫一样缠着他，让他头疼不已[②]。"她们简直就像群苍蝇一样，一会儿蜂拥而入，一会儿蜂拥而出。"安徒生风趣地抱怨道，给这群女作家写诗把自己的墨水都写光了。一位才华横溢的女士向安徒生侃侃而谈英语和丹麦语的相似之处。在她发表完见解时，安徒生非常确定她对这两种语言一窍不通。她总结道："英语的难点在于发音，因为英语单词以一种方式书写，又以另一种方式发音，所以你会毫无头绪。比如英国著名小说家狄更斯的名字拼写成 D-i-c-k-e-n-s，但发音是 B-o-z。"在尼斯，安徒生第一次见到了比昂斯腾·比昂松。他认为，比昂斯腾·比昂松是自己遇到过的最友善的挪威人之一。当时，比昂斯腾·比昂松正在创作著名的悲剧《西格德》。他和安徒生渐渐地成了朋友。在瑞士，安徒生有很多机会研究英国游客的礼仪和习俗。英国游客的孤立排外和庄

---

① 在一次社交活动中，有人当着安徒生的面侮辱丹麦，安徒生愤然离开了。此外，安徒生还避免参加普鲁士的各种宫廷活动，尽管他因不得不远离那些善待自己的人而感到难过。——原注
② 据安徒生说有三百六十五位女作家。——原注

严沉默使他感到很好笑。他们似乎郑重地发过誓要保持安静,在餐桌上不和侍者以外的任何人说话,而且还用一种既不是法语也不是英语的语言来招呼侍者[1]。安徒生偶尔会说几句英语,想带动这些英国游客,让他们畅所欲言,但他们都不为所动,依旧一言不发。不过,当他们认出了安徒生,脸色立刻变得"生动"起来。女人们热情奔放地向安徒生献花。为了和他一起吃晚饭,一个英国姑娘错过了开船的时间。还有一个英国姑娘私下对安徒生的朋友说,想和他一起环游世界。安徒生受宠若惊,决定以后再也不嘲笑英国人了。

在日内瓦,安徒生遇到了许多美国人。他们邀请安徒生去美国,并向安徒生保证在美国他一定会受到热烈的欢迎。对此,安徒生深信不疑,因为当时他在美国的声誉同英国一样,几乎家喻户晓、备受爱戴。对于英国,安徒生充满了感激之情,因为正是英国人对他的喜爱,他的名字才能横渡大洋,为美国人所熟知。但在日内瓦遇到的美国朋友的口才还不足以说服安徒生去美国。安徒生写道:"我们之间隔着广阔无垠的海洋,在汹涌的大海上漂流整整两周时间,我肯定会晕船。我害怕大海,但当我踏实地站在陆地上时又非常喜爱它。"

不过,要不是发生了那件可怕的灾难,或许安徒生最终会冒险前往美国。就在那个时候,他最亲密的一位朋友亨利埃塔·伍尔夫小姐悄无声息地去世了。1858年秋,为了休养,这位身患重病的女士离开汉堡去了纽约。在距离美国海岸不到一天的路程时,她乘坐的奥地利轮船被烧毁了。亨利埃塔·伍尔夫小姐的生死未卜,让安徒生在极度焦虑与痛苦中,不抱希望地盼望着。可怜的亨利埃塔·伍尔夫小姐被活活烧死的噩梦夜夜纠缠着他,让他心神不定。直到1859年新年,安徒生收到了一封信。这封信给了他

---

[1] 与此同时,安徒生也承认,他自己的法语说得并不好。他过去常常"以无耻的速度交谈",这样人们可能就不会注意到他的错误,但在餐桌上,他语言上的错误一览无余,因为他总是刻意想表现得优雅而有风度。他补充道:"不过,如果我说的每句话都是出于好意,就算出错了又有什么关系呢?"他时常夸口说,自己可以仅用三十多个词和别人进行一段清晰的、像模像样的法语对话。——原注

些许安慰，信上说亨利埃塔·伍尔夫小姐临终前应该没遭受太大的痛苦，因为她是在睡梦中窒息而亡的。但伍尔夫小姐悲惨的命运一直影响着安徒生，导致他对大西洋产生了无法克服的恐惧。

从1851年到1861年，安徒生的朋友们相继离世。他第一次失去挚友是在1851年。就在他参加完哥本哈根大学庆典后仅仅几个月的时间，汉斯·克里斯蒂安·奥斯特离世。庆典时这位七十三岁的老人精神还很好。庆典那天晚上，学生们举着火把列队游行。汉斯·克里斯蒂安·奥斯特走下楼去，邀请大家饮酒。学生们立刻跑了过来，多达两百人，这让奥斯特太太很吃惊。她对他们喊道："不，不！人太多了。我丈夫喝不了那么多酒！"而和蔼的汉斯·克里斯蒂安·奥斯特举起酒杯，微笑着说："不管怎样，我要和亲爱的朋友们开怀畅饮。"大约九年后（1860年），和安徒生、汉斯·克里斯蒂安·奥斯特一同出席庆典的约翰·路德维希·海伯格也去世了，一颗伟大的文学之星就此陨落。尽管一开始安徒生和这位著名的剧作家之间的关系不太融洽，但后来，尤其是在约翰·路德维希·海伯格赞扬了安徒生的童话《小歌剧》后，他们的关系变得非常友好。在日内瓦听闻约翰·路德维希·海伯格去世的消息后，安徒生很震惊，哀叹道："上帝赐予我们这个小国这么多美好，但他又一一收回了。我再也见不到约翰·路德维希·海伯格了！以后只能缅怀他了！"1861年，安徒生遭受了沉重的丧亲之痛——待他如慈父般、高尚的乔纳斯·科林去世了，享年七十五岁。乔纳斯·科林去世时，安徒生正在国外，但及时赶回参加了葬礼。1861年底，安徒生又参加了另一位挚友——诗人兼小说家贝恩哈尔·塞韦林·英格曼的葬礼。他一直觉得贝恩哈尔·塞韦林·英格曼对自己而言是最宽容（有些人认为英格曼过于宽容）的同情者和辩护者。安徒生重情重义，因此每逢好友去世，都倍感痛苦。他说："所有的老朋友都去了，新朋友永远比不上老朋友。"他还说："真奇怪，看到朋友们像排着队一样一个接一个地走到尽头。现在已经轮到我站在队伍的最前面了，我想下一个要走的就是我了。"安徒生确信，不久后将在另一个更美好的世界再次见到所有亲爱的朋友。这种信念一直支撑着他，让他不会过度悲伤。安徒生不再一味陷入悲伤之中，而是更加关注那些还活着的人，尤其是那些没有朋友、贫穷的人。英格曼夫人年老孤独又体弱多病，一度成了安徒生主要的关心对象，但她临终时的烦恼和牵挂，丝毫没有因安徒生的关爱而减少。

第13章

《西班牙纪行》

精彩看点

《西班牙纪行》——佩皮尼昂公共马车——西班牙裙衬——巴塞罗那——瓦伦西亚——阿利坎特——穆尔西亚自治区——马拉加——可怕的斗牛比赛——格拉纳达——阿尔罕布拉宫——西班牙礼节——直布罗陀之旅——失眠的孩子和不灭的蜡烛——丹吉尔——破浪的船和六个野蛮人——德拉蒙德·哈伊先生——摩尔乌鸦童话——犹太的穷人和富人——和丹吉尔的帕夏品茶——加迪斯——马德里——城市景观——托莱多——布尔戈斯——安徒生差点儿窒息而死——随着候鸟回家

1862年，安徒生终于可以开始念念不忘却不得不一再推迟的西班牙之旅了。这次旅行为他打开了新世界的大门。他和恩人乔纳斯·科林的孙子小乔纳斯·科林结伴而行。他将旅途经历记录在了《西班牙纪行》这本生动而有趣的书中，这是他最成功的作品之一。不过，从文学的角度来看，记录南方之旅的《西班牙纪行》显然逊色于记录北方之旅的《瑞典风光》。这点安徒生在《瑞典风光》中也提到过。安徒生一向不喜欢简陋、将就的生活。西班牙之行刚开始，安徒生就没能做到随遇而安。在佩皮尼昂，安徒生乘坐的火车突然因铁路故障而中断运行，这让他反感至极。他不得不改乘马车前行。他将乘坐马车比喻为"乌龟背上受刑"，足见他的讽刺意味。不过，他做好了受苦的准备，因为西班牙已经以最悲惨的方式向他敲响了警钟。安徒生开始明白，在西班牙这片极其传统的天主教管辖的土地上，新教徒受到的待遇还不如异教徒。旅行者总会遭遇强盗和土匪的袭击，食物根本没法下咽。安徒生动身之前，对这些已经有所了解。因此，1862年9月初的一个晴朗的下午，安徒生怀着忐忑的心情，鼓起勇气，从佩皮尼昂出发。当时，大马车里挤满了乘客和行李，车夫的鞭子抽得噼啪响，十二匹系着铃铛的高头大马拉着车，在狭窄的街道和如画的建筑中全速穿梭，街道和建筑像极了中世纪戏剧的舞台装饰。不一会儿，马车开到了宽阔的公路上，路边有松树和法兰西梧桐。枝叶稀疏的柏树像一个个感叹号般伫立在马车的前方。安徒生和两名西班牙女士坐在同一个隔间里，那两人是母女，都穿着夸张膨大的裙衬。安徒生确信，如果母女二人去过斯考，光凭这位母亲，大裙一挥，就能覆盖到全丹麦最北端的角落。母女二人的裙衬占了很大的空间，让安徒生感觉很不舒服，他就像被气球挤到角落里，每时每刻都渴望能喘口气。第二天一早，安徒生瞥见了大海，转头对那位女儿说道："看！大海！""你是英国人？"姑娘问。安徒生回答道："我是丹麦人。"他们就这样打破了尴尬的局面，开始交谈起来，更确切地说，是安徒生开头，然后那位姑娘接话。聊着聊着，安徒生念出一长串人名："塞万提斯、卡尔德隆、莫雷托。"这些人都是西班牙知名的作家，那位姑娘显然对此耳熟能详，开始侃侃而谈。她母亲醒来时，姑娘就告诉她妈妈同行的旅客是一位丹麦绅士，对西班牙的辉煌文学很有见地。

巴塞罗那是安徒生在西班牙参观的第一座城市，他称这座伟大的城市为"西班牙的巴黎"。这里景点众多，足够他欣赏两周。大教堂坐落在高楼大厦之间，不知情的游客稍不留神就会走过了，这一点让安徒生大失所望。逃出昏暗逼仄、雾气缭绕的教堂，来到景色怡人的橘园外，安徒生感到心旷神怡。橘园中洒满了上帝布下的阳光，喷泉从青铜马雕塑的嘴中喷涌而出，流进大理石水池，金鱼在丰美的水草间嬉戏。安徒生还乐此不疲地在兰布拉大街上漫步。兰布拉大街是巴塞罗那的时尚大道。在这里，优雅的卷发公子哥叼着雪茄、架着眼镜，就像是从法兰西最新时尚刊物上走下来的一样。街上女士们衣着时髦，披着优雅的头纱，穿戴着法式披肩和帽子。华丽的咖啡馆让安徒生震惊不已，远比他在巴黎看到的咖啡馆高档奢华。西班牙的美食也让安徒生心悦诚服。在巴塞罗那，唯一让他感到痛苦的是如何前往瓦伦西亚——他的下一个目的地。安徒生本来有两个选择，一个是走陆路，在羊肠小道上跋涉，风尘仆仆，憋闷炙热，旅程漫长而艰难，随时都可能在山里遭遇土匪袭击；另一个是走海路，坐小轮船在颠簸的海面上航行，一想到这些，安徒生就受不了。他一直在犹豫，所有在巴塞罗那的熟人都劝他走海路，所以安徒生决定搭轮船，他一个劲儿地安慰自己：船的引擎运作良好，船长技术也很好。上船后，安徒生整夜坐在甲板上，晚风在他耳边低语，船身摇摇晃晃，他就像坐在"一个摇椅"上。第二天早晨，太阳升起，大片阳光洒在远方黑黢黢的山上，天气晴朗，安徒生感觉轮船仿佛是在一张透明光滑的丝绸地毯上滑行，眼前的这些美景让他的烦恼立刻烟消云散。

一座巨大的桥，一条干涸的河床，一段古老的城墙，一扇由乱石搭成的城门，这是安徒生对瓦伦西亚的第一印象。安徒生住宿的地方看起来冷冷清清。楼梯和走廊阴森森的，挂满了藤条。房间宽敞但陈设简陋。这一切都清楚地提醒着安徒生，这里已经不是年轻时尚的巴塞罗那了，而是真正古老的西班牙。安徒生刚到达，早餐就准备好了。早餐倒是不错，肉质肥美。葡萄结得像李子一般大，果香馥郁，瓜果入口即化，像雪般融于舌尖。酒香扑鼻。天气很热，来自北方的安徒生像是被放在火上一遍遍炙烤。安徒生觉得瓦伦西亚这个城市既无聊又闷热。他甚至想用新鲜的绿色南瓜挖出一顶帽子戴在头上，然后一整天躺在阴凉下。有那么几次，他在清晨掏出纸和笔，想写些什么，但又找不到任何值得去记录的东西。

阿利坎特也令安徒生失望不已。它留给安徒生的印象是，一群群白色的平顶屋，屋子有突出的阳台；一条小得不能再小的步行街，看起来像是从巴黎林荫大道上剪下来的碎片。穆尔西亚是吉卜赛人聚居地。风景如画。精美的教堂曾经是清真寺。这里有宽阔的林荫步行街、杨树林小路及舒适的娱乐场，总体上勉强说的过去，但不到四天安徒生便迫不及待想背包离开。安徒生和小乔纳斯·科林从穆尔西亚乘坐马车赶往卡塔赫纳，再从卡塔赫纳乘船去马拉加。安徒生把这段特别的西班牙马车之旅描述得绘声绘色，我必须把它原封不动地呈现出来：

我们乘坐的马车由几个木制的隔间组成，这些隔间被钉在一起。小乔纳斯·科林、我及一位老牧师一起坐在前面。我们和后面隔间之间的挡板一开始就被拆了下来。所以我们背后能感受到清风吹拂。马车上还有其他六位同行的旅客。有一个爱卖弄风情的女仆,她的声音像咖啡研磨机一样沙哑;有一个上了年纪的女士,膀大腰圆,她打盹儿的时候看上去就像是大块肉堆在一起;最里面的角落中坐着一个男人,他穿得很奇葩,衣服由各色拼接布连缀而成。这些奇形怪状的拼接布究竟从何而来,真是个谜。除此之外,还有另外三个人,其中一个旅客从衣着来看像是有钱人。他穿着亚麻质地的衬衫,衬衫的领口袖口镶着绉边,胸前还别着一个闪闪发光的胸针。但他那件衬衫实在太脏了,我忍不住猜测,这究竟是不是他自己的衣服。很有可能他的内衣也是脏的,是从洗衣工还未洗的衣服堆里讨来的。车厢里充斥着烟草味和韭葱的气味。我第一脚踩在车轮上,准备进入车厢时就闻到了这种气味。气味大得出奇,迫使我不得不转过头,深吸一口新鲜空气。我抬头看到近处房子的阳台上,有一群女人正挥手送别朋友。最前面站着一个漂亮的小孩。她大约两岁。我向她点头,她感到很局促,害羞地把小罩衫扯下来围在了头上,这可是她身上唯一一件衣服。因此,以后谁都别再跟我说西班牙小女孩多么大胆泼辣了。

安徒生和小乔纳斯·科林从卡塔赫纳乘坐蒸汽船,一路下来精疲力竭,最后到达了马拉加。马拉加的美丽和奢华很好地弥补了他们在阿利坎特和穆尔西亚所遭受的凄凉和苦闷。侍者端上一杯英国爱尔啤酒。之前,他们只能喝到热酒和清淡的茴香水,现在再喝这种啤酒,舒爽得简直就像置身天堂一样。没有一座西班牙城市能像马拉加一样,让安徒生有种回家的感觉。安徒生理想中的出国旅行要有充满活力的人群、优美的风景和广阔的大海。这些马拉加统统具备。安徒生还受到丹麦领事舒尔茨先生的盛情款待。舒尔茨先生的妻子是珍妮·林德的朋友,是瑞典人。

安徒生在他们家体验到了某种"斯堪的纳维亚式的家庭生活"被移植到地中海沿岸的感觉。

在马拉加,安徒生目睹了"野蛮残酷的活动"——斗牛。他这样描述道:

> 十二头公牛轮流攻击一匹可怜的、近乎失明的马。第一头公牛冲上来就把尖角刺进马的侧腹。它的肚子破了,肠子流出来了。其他公牛又冲过来把肠子重新捅了回去。一轮轮攻击后,这匹马终于撑不住倒下了,身体被撕扯得惨不忍睹。下一匹马的死状稍微好些。一头公牛的角捅进了它的腹部,栏杆上溅得满是鲜血。马上的骑手最终被救了下来,而马则被盛怒的公牛撞倒咬伤。我实在是受不了这样的场景,指尖都在冒汗。马的尸体成堆地摆在竞技场上。在热烈而野性的音乐声中,那些被虐杀的牲畜们被拖下赛台。我看到一匹马尚有一息之存。被抬走的时候它抬起头,牙齿紧咬,然后又垂下了头。这样的场景让我很痛苦,痛苦得几乎无法忍受。我快要晕倒了,但还是强忍着看了下去,毕竟这是我第一次看斗牛,可能也是最后一次。然而,斗牛过程中柔韧和力量的结合又非常有趣、富有魅力。斗牛士们在竞技场上为胜利而举行的狂欢秀,既像一场耐人寻味的游戏,又像一场舞蹈表演。

由此可见,安徒生对戏剧效果的喜爱超过了他的软心肠,使他暂时忘却了之前的残忍血腥。

离开马拉加后,小乔纳斯·科林和安徒生前往格拉纳达。安徒生认为,格拉纳达是世界上最有趣的地方之一。起初,安徒生对格拉纳达的阿尔罕布拉宫非常失望。阿尔罕布拉宫虽然漂亮,但太小了。安徒生更期待辽阔壮观的景象。然而,当他穿过廊柱、大厅和庭院时,大好美景在他面前展开了,他仿佛正在穿过"精美工艺品的豪华集市"。"萨拉德洛斯-埃姆

亚眠全景

阿尔罕布拉宫雕刻精美的拱门

巴达洛斯"的美丽壮观让他叹为观止,摩尔国王总喜欢在这里宴请外国使臣。在安徒生看来,任何试图描述萨拉德洛斯 – 埃姆巴达洛斯的文字都是苍白的。他感叹道:"那种景象根本无法描述,墙上铺着绿色的瓷石板,上面像是挂满了金色和紫色的'绢网'。这些'绢网'其实是大块石头镂空而成。阳光透过拱形马蹄窗洒在石头上闪闪发光……文字无法描述,只有拍摄下来,才能完整地再现这些美景。"

西班牙人的礼节为这次欢乐之旅增添了另一种魅力。安徒生举了一个有趣的例子,来展现这里的礼节有多么夸张。一天,安徒生想买一些画纸。于是,他在马拉加的朋友,也就是他当时借住的住宅主人——乔斯·拉腊门迪上校带他去了一家卖纸的商店。向店主介绍安徒生时,乔斯·拉腊门迪上校只是说他来自丹麦,但当安徒生拿出钱包结账时,店主礼貌地告诉他,这些纸的钱已经付过了!因为乔斯·拉腊门迪上校已经向自己暗示了,这位陌生人是乔斯·拉腊门迪上校的客人。安徒生讲道:"我就知道不应该和乔斯·拉腊门迪上校一起去购物。但一周后,我自己又去那家商店买纸,结账时得到了一样的回答——'已经付过钱了。'我说:'不可能!今天我是一个人来的,没有人跟我一起!'店主说:'不,我和你在一起。我的房子就是你的房子。'自然,我再也没去过那间'我的房子'。但我必须讲这个故事,以展现西班牙人的礼貌和热情。"

尽管如此,安徒生在格拉纳达的生活并非总是那么愉快。首先,西班牙骄阳似火、天气炎热,这让他很不适应。然后,西班牙的生活成本比想象中要高,于是他不得不大大缩减行程。加之后来他和小乔纳斯·科林都生病了,两人变得急躁,经常争吵。最糟糕的是,格拉纳达这个地方总是有种悲悲戚戚、郁郁寡欢的氛围,破坏了安徒生自四十年前开始旅行以来就有的幸福感。至于到底为什么会有这样的氛围,原因并不明了,但肯定和安徒生自己的作品——可能是剧本——进展不太顺利有关,这一点毋庸置疑。

1862 年 10 月 20 日,安徒生和小乔纳斯·科林离开格拉纳达前往直布罗陀。这次他们乘坐的驿车有点儿类似于公共汽车，座位排在两边，车里挤满了人，其中一位老奶奶挤占了大部分空间。她的裙摆太大了，几乎可以给一车人搭帐篷。到达拉哈时已临近午夜，一群吵吵闹闹的旅客终于下了车。安徒生和小乔纳斯·科林刚喘口气儿，车上又上来一大家子人。安徒生在札记里这样描写他们："丈夫面色黝黑，神情严肃，充满了西班牙式的庄重，看上去很有学问，身边人都称他为'Catedratico'，也就是西班牙语里'教授'的意思。他的妻子是个娇小的女孩，看起来不到十六岁，双眼大而温柔。他们带着三个孩子。我们帮他们把所有的东西都装上了马车。三个孩子在马车上吵闹个不停，嫌马车里太黑不敢入睡。于是，那位年轻的妈妈就拿着一支晃眼的蜡烛坐在那里。蜡烛的光亮在黑暗里格外刺眼，几乎快把我的眼睛晃瞎了。等她困倦了，孩子的爸爸就接过蜡烛。等他也瞌睡了，女仆就来举蜡烛了。后来，女仆也睡着了，顾不得手里的蜡烛和怀里的孩子。这时，女仆旁边的人替她吹熄了蜡烛。我们大家都坐在黑暗里，昏昏欲睡。突然，最小的孩子发出一声刺耳的尖叫，然后第二个孩子也跟着尖叫，接着第三个……乱成一团，蜡烛又点着了。"接下来的时间，谁也别想再睡了。每个人，尤其是安徒生，都感到非常气恼。外面空气冰冷潮湿，湿漉漉的雾像面纱一样笼罩着群山。马车行驶在伸手不见五指的山路上，时刻面临着摔下山崖、粉身碎骨的危险。那位年轻的妈妈突然像是生了病，发出沉重的喘息声，车上的男人们都开始默默地抽起烟来。终于熬到了第二天早晨。伴随着太阳的升起，一片美丽辽阔的蔚蓝大海奇迹般地展现在安徒生面前。马拉加的白色平顶房屋和宏伟的大教堂在不远处静静等候着所有来客。在他们看来，马拉加从未像此刻这般让人着迷。

1862年11月2日一大早，一艘颠簸得很厉害的小轮船，载着安徒生和小乔纳斯·科林，离开直布罗陀驶向丹吉尔。非洲一直就是安徒生魂牵梦萦的地方，现在他终于得偿所愿，可以欣赏非洲的景色了。在船靠岸的过程中，海岸边上点缀着绿色的山丘，让安徒生想到了新西兰北部海岸。

丹吉尔

丹吉尔

然而，他们上岸进城后，满眼是"漫漫黄沙，一行骆驼驮着货物在上面行走"的景象。后来，安徒生和小乔纳斯·科林再次乘坐轮船离开。在慢慢驶离海岸的过程中，几条小船迅速划向前截住了他们。船上站着一群赤裸着上身、晒得黝黑的摩尔人。他们大吼大叫，沿着船梯爬上安徒生的轮船，把安徒生和小乔纳斯·科林连同他们的行李一并劫持到了自己的小船上，然后驾着小船在翻滚的海浪中迅速撤离。安徒生回忆道："我记得当时有十几个摩尔人涉水爬上我们的船，有的抢箱子，有的扯背包，有的夺过几把雨伞就跑。这简直就是一场大扫荡。强盗对我们的大喊大叫充耳不闻。其中两个人分别抓着我的双腿。等我回过神儿来，我已经被举到了半空中，我就一直被这么架着，直到上了岸。后来，我们被带进一个宽敞的大厅里，我有种被拐到大马士革或者《一千零一夜》中提到的某些地方的错觉。大厅中间坐着几个戴着头巾和留着大胡子的人，看起来很像'古希腊七贤'。但其实只有六个人，至于他们是不是圣贤，我不得而知，因为我听不懂他们在说什么。"

在丹吉尔停留期间，安徒生和小乔纳斯·科林受到英国公使德拉蒙德·哈伊先生的热情接待。德拉蒙德·哈伊先生的夫人是丹麦已故总领事爱德华·詹姆斯·阿诺尔德·卡斯滕森的女儿。在非洲海岸听到家乡语言令安徒生感到十分慰藉。他惊喜地发现，德拉蒙德·哈伊先生的漂亮女儿们都是《安徒生童话故事》的狂热崇拜者，德拉蒙德·哈伊先生的书房里还收藏着《安徒生童话故事》的英译本和法译本。德拉蒙德·哈伊给安徒生讲了一个有趣的摩尔童话，建议安徒生以此为原型写一个新故事。安徒生感觉这个童话已经很好了，没有必要过多修改。这是一个关于乌鸦的童话：摩尔人认为，乌鸦刚破壳的时候是白色的。可怜的乌鸦爸爸第一次看到通身雪白的乌鸦宝宝破壳而出时，非常震惊："天哪！这是怎么回事？"他看看自己，再看看乌鸦妈妈，全身上下都是乌黑一片，而乌鸦宝宝却通身雪白。乌鸦爸爸便理所当然地把矛头转向乌鸦妈妈，要一个解释。乌鸦妈妈也很茫然，无可奈何地说："再等等看，说不定过一阵儿就好了。"乌鸦爸爸不愿意，一气之下拍拍翅膀飞走了，留下乌鸦妈妈和乌鸦宝宝。不过，乌鸦爸爸飞着飞着，又有些犹豫了，嘀咕道："可能当时眼花没看清楚，我得回去再确认一下！"他返身回来后发现乌鸦宝宝的白色羽毛已经变成灰色了。乌鸦爸爸叫道："不管怎样，好歹是灰乌鸦不是白乌鸦了！但他还不是真正的乌鸦，长得跟我们一点儿都不像！"说完，乌鸦爸爸又飞走了。等乌鸦爸爸再次忍不住飞回来的时候，乌鸦宝宝终于变成了黑色。所以摩尔人一直信奉一句话："时间是治愈一切的良药！"

安徒生把丹吉尔和周边地区都逛了个遍。他一直认为摩洛哥海岸之行是旅程中最有意思的一段时光。他孤身一人行走在城镇和乡村，身边没有向导，但所到之处众人都对他彬彬有礼、关怀有加。一次，他正在一片荒凉的海岸边徒步。在靠近海边的松树林中，他突然遇到一头巨大的黄色野兽。乍一看，他以为是一头狮子，吓了一跳，后来发现只是一条狗。这算是他在非洲最惊心动魄的经历了。还有一次，在一个荒凉、僻静的小镇，一位衣衫褴褛的犹太人，脸上挂着笑容，邀请安徒生到一条小巷子里去。安徒生好奇地询问巷子里有什么，犹太人回答道："犹太人的家。"他频频朝安徒生点头鞠躬，做出谦卑的手势。安徒生感到疑惑，一来这地方杳无人烟，二来他身上还带着现金。最终，安徒生还是决定信任这个陌生人，跟着他走进迷宫般的窄巷。两人走到一个矮门前停了下来。接着，犹太人进了门，还招呼他跟上。安徒生当时怀疑一定是遇上了坏人，但整件事情充满了诡计，很刺激，对他有着别样的吸引力，因此他还是决定一探究竟，便跟着走了进去。里面是个小院子，院子的地面铺得很平整。一个脏兮兮的犹太女孩正在楼梯边上忙活，楼梯顶部通向一个狭小的房间。男人带着安徒生来到房间，里面躺着一位面色苍白的年轻女人。女人身上盖着毯子，一个小孩依偎在她的胸前。那个男人朝着安徒生比划道："犹太女人！犹太孩子！"然后他把孩子从女人身上抱起来并交给安徒生，就好像这个孩子是亚伯拉罕之子似的。女人也起身拿起垫在身下的垫子，给安徒生坐。犹太男人一会儿亲吻他那面色苍白、虚弱不堪的妻子，一会儿又亲亲孩子，看上去非常幸福。整个房间里只有几块破布垫和一个水壶，这些似乎就是他们仅有的家当了。

德拉蒙德·哈伊先生带安徒生去参观了一位犹太富人的豪宅，与贫民窟形成了鲜明对比。房子从外面看起来其实并不雄伟，目光所及之处只有一面墙。墙上凿着方形洞。洞里挂着格栅，镶着扇矮门。然而，一跨过门槛，进入小前院，安徒生才发现里面别有洞天。地面和台阶上铺着陶瓷石板。墙壁像抛光石一样光滑通透。房屋高大敞亮、开放通风，连着一个通向花园的柱廊。富翁年轻的妻子坐在屋里。那是个漂亮的女人，雪白的牙齿，身着华贵蓬松的绿天鹅绒长袍。绿天鹅绒长袍上绣着金色图案。她里面穿着白色丝绸内衬，围着长款红色丝质围巾。织锦长裤上镶嵌着许多珍珠纽扣。手上戴满了昂贵的戒指。她剃掉了头发，只是在蓝色丝绸头巾上坠了条假辫子，这是摩洛哥犹太人的时尚发型。一副大得像"马镫"的耳环格外引人注目。她的丈夫显然为她的这身打扮感到非常骄傲，他不断摆弄妻子的身体，好让安徒生能好好瞧上一番。随后，在主人的招待下安徒生享用了蛋糕和利口酒。在吃蛋糕、品酒的时候，主客双方进行了英语版和希伯来语版的读经活动。安徒生用希伯来语大声朗读《创世纪》第一章，很有感染力，博得了满堂喝彩。他自谦道，任何一个丹麦籍拉丁学生都可以读得这么好。在德拉蒙德·哈伊先生的引荐下，安徒生还拜访了丹吉尔的帕夏①。在帕夏家，招待客人的茶杯像"浴房里的暖炉一般大"。安徒生尽力喝了两杯。热情好客的帕夏递给他第三杯的时候，安徒生连连摆手。德拉蒙德·哈伊先生替他解围，说安徒生所遵循的宗教戒律规定一次不能连喝三杯茶。帕夏是虔诚的宗教信徒，对此表示非常理解。

接下来安徒生又去了加迪斯。除了干净整洁让安徒生感到很意外，加迪斯其他方面没有让安徒生产生任何兴趣。这里没有画廊，没有摩尔人的珍贵古董，更何况安徒生刚从摩洛哥海岸回来。与那些海岸城市相比，加迪斯显得平平无奇、毫无特点。就在这时，安徒生意识到，迄今为止西班

---

① 帕夏是伊斯兰君主制国家身份显赫的高官。

牙还没有给自己的童话创作带来任何灵感①。他担心无法向家乡的孩子们兑现自己的承诺。随后他去了塞维利亚。塞维利亚有宏伟的教堂，有摩尔式城堡，有伟大的艺术家巴尔托洛梅·埃斯特班里·穆里洛②，这些让安徒生印象深刻。安徒生认为塞维利亚是欧洲最有趣的城市之一。除了不临海，塞维利亚堪称完美。他说："塞维利亚如果像加迪斯一样临海，将会是西班牙的'威尼斯'，一个生机勃勃的'威尼斯'——鬼斧神工，充满诗情画意，是当之无愧的世界之最。"

离开塞维利亚后，安徒生继续出发，经哥多华和圣克鲁斯德穆德拉来到马德里。马德里的天气寒冷。他惊奇地发觉，其实冬天早已来临，所有屋顶覆盖着白雪。安徒生对马德里感到非常失望。他认为马德里虽然是西班牙的首都，但根本展现不出西班牙的特色。不过，他不得不承认，马德里确实有个珍贵的宝藏，值得人们千里迢迢慕名而来。这个宝藏就是宏伟的画廊，安徒生认为马德里的画廊在欧洲是数一数二的。他最后得出结论："然而，城市就像人一样，我们对不同城市总会有自己的喜恶。比如我绝不会住在巴黎。我也很不喜欢威尼斯。在威尼斯我总觉得自己是乘着残舟漂泊海上。对我来说，马德里就像沙漠中一头老朽的骆驼。我坐在它的驼峰上，四处张望，周围只有大片荒漠。这个坐骑不舒适，价格昂贵。"对安徒生来说，离开马德里是一种解脱，而托莱多带给了他惊喜。托莱多是"中世纪浪漫诗意的地方"。一到这里，安徒生就觉得耳目一新，特别在与马

---

① 在西班牙，没有多少人读安徒生写的故事。我所知道的安徒生童话的唯一西班牙文译本是 Los Cisnes En-cantados（《被施了魔法的天鹅》），1871年于马德里出版。胡里奥·诺斯贝拉译的《野天鹅》非常糟糕；还有一部匿名的小作品集，书名为 "Un Manojo de Cuentos"（《故事集》），1872年于马德里出版，里面有一个改编版的《卖火柴的小女孩》。费尔南德斯·奎斯塔编写的《安徒生的故事》，1879年于马德里出版，收录了二十二篇极佳的故事，其中《坚定的锡兵》和《卖火柴的小女孩》尤其出彩。——原注

② 在《西班牙纪行》第163页到第166页、第198页到第199页，安徒生对巴尔托洛梅·埃斯特班里·穆里洛的画进行了热烈的描述。与意大利艺术大师相比，他更喜欢这位伟大的西班牙人。——原注

马德里

德里对比之下。但托莱多极度荒寂①，天气严寒。食物虽然很便宜但并不美味，是安徒生和小乔纳斯·科林在西班牙吃过的最难吃的食物。因此，安徒生和小乔纳斯·科林并没有过多逗留，就重新启程，去了布尔戈斯。

在布尔戈斯，街道上积雪很深。安徒生和小乔纳斯·科林落脚的旅馆比较老旧，刺骨的寒风无孔不入。安徒生站在阳台上，看着街上行人冒着风雪艰难前行。雪花漫天，比丹麦平时下的雪要大，丹麦只有在圣诞节前后才会下这么大的雪。天气太冷了，他和小乔纳斯·科林搬出了火盆，架着手脚在火盆上烤着。小乔纳斯·科林从非洲开始就一直带着的两只乌龟②爬到了炉子下面，不幸被烤死了。那天晚上是安徒生和小乔纳斯·科林在布尔戈斯的最后一晚。半夜，安徒生突然醒来，腹部有压迫感，头部剧痛。他呼唤小乔纳斯·科林，但没得到回应。安徒生挣扎着从床上爬起来，像醉汉一样摇摇晃晃地走向阳台，阳台门紧闭着。一种令人窒息的沉重感笼罩着他，但他使出了浑身的力气，终于打开了门，雪花携裹着充满生机的新鲜空气扑面而来。那一晚，安徒生和小乔纳斯·科林差点儿被火盆里的炭烟熏死。

从布尔戈斯到西班牙巴斯克，一路上安徒生和小乔纳斯·科林深刻体会到了冬天的寒冷。直到穿过法兰西边境，他们才重新看到了阳光照耀大地，树枝长满绿芽的景象。安徒生幸福地感慨道："我要在候鸟的陪伴下回到家乡，看绿树欣欣向荣地生长，听布谷啼叫、喜鹊叽喳，踏着茂盛青翠的嫩草，聆听着故乡丹麦的音乐，与挚友聚会。我会把旅途中那些珍贵的回忆装进心里，带回家乡。"

---

① 《西班牙纪行》第208页写道："我想，没有什么景象比托莱多古城墙下宽阔、破碎的公路更孤独了。这个地方是如此悲伤，远处黑漆漆的山脉如此突兀。整个托莱多让我感到敬畏和忧郁。我觉得自己仿佛站在一个棺材旁边，祭奠着城市逝去的辉煌。"——原注

② 小乔纳斯·科林是一个业余地质学家和昆虫学家。他对科学十分狂热，每到一个国家都会去收集当地的活昆虫和小动物做标本。安徒生对此很不满，抱怨小乔纳斯·科林带了一个动物园在身边。——原注

第 14 章

黑暗的日子——哥本哈根——晚年岁月

精彩看点

第二次石勒苏益格－荷尔斯泰因战争——安徒生的爱国情怀——继续写故事——在荷兰——在巴黎——在葡萄牙——安徒生一生最快乐的时光——欧登塞光复——读书节——四叶草的故事——安徒生的女性粉丝——安徒生丑陋怪异的外表——浮夸奢华的装饰——深情告白的女人——批评之声消弭——格奥尔格·勃兰克斯与安徒生——安徒生生活富足的晚年——古怪的驭仆之道——受委屈的女侍者——挪威之旅——《新安徒生童话和故事全集》

安徒生说,西班牙之旅激发了自己的想象力。他灵感不断,如获新生。在接下来的一年中,他将伊比利亚日记这部半成品打造成了一本新书①,他还抽空为丹麦皇家剧院写了一部原创的两幕式喜剧②,为娱乐会馆写了一部四幕剧③。然而,就在西班牙之旅结束后第二年(1863年),巨变突发。黑暗的政治风暴席卷丹麦。1848年,丹麦国王克里斯蒂安八世暴毙,第一次石勒苏益格-荷尔斯泰因战争爆发。历史总是惊人的相似,1863年丹麦国王腓特烈七世暴毙,第二次石勒苏益格-荷尔斯泰因战争爆发。丹麦国力微弱,在战争中惨遭欧洲列强攻击或者遗弃。可笑的是,就在十五年前这些国家还信誓旦旦地承诺,保证丹麦领土完整。战争爆发后,尽管丹麦负隅顽抗,但最终还是被迫向强大的敌人屈服,接受了丧权辱国的条约。国家惨遭分裂,丹麦人痛苦不甘,却无力回天。1863年12月,丹麦在德意志邦联军的支援下,石勒苏益格-荷尔斯泰因-森讷堡-奥古斯滕贝格公爵克里斯蒂安·奥古斯特二世攻占了荷尔斯泰因和劳恩堡。1864年1月16日,奥地利和普鲁士要求丹麦放弃对石勒苏益格和荷尔斯泰因的主权,

---

① 即《西班牙纪行》。
② 即《他未生》。
③ 即《长桥》。

但丹麦政府仍然抱有一线希望得到英国支持，拒绝放弃主权，并摆出作战姿态。1864 年 2 月，奥普联军渡过艾达河进入石勒苏益格。普鲁士军队攻破杜普尔防线，将丹麦军队包围。与此同时，奥地利军队攻入日德兰半岛。愤怒之下，丹麦政府丧失了理智，愚蠢地拒绝了所有停战协议，依然坚持抵抗，直到阿尔森岛沦陷，日德兰半岛被全部占领。安徒生的家乡菲英岛也难逃厄运。面对种种压力，1864 年 7 月 18 日丹麦接受停战。1864 年 10 月 30 日，战争结束，丹麦重获和平，但付出了惨重的代价，石勒苏益格、荷尔斯泰因和劳恩堡割让给奥地利和普鲁士。第二次石勒苏益格－荷尔斯泰因战争发生的年代并不久远，一些细节无需赘述。我们需要知道丹麦这个小国如何从动荡中恢复国力，如何养精蓄锐，如何从废墟中涅槃重生的。面临资源日益减少的困境，丹麦采取明智措施节约资源。即便政治上遭受重创，丹麦依然坚持不懈地追求文学的崛起。不过，就当时的情况来看，战争对丹麦的打击确实是毁灭性的。每位丹麦爱国人士都扼腕叹息：祖国已经支离破碎、满目疮痍。安徒生也受到了战争的严重折磨。战争开始时他还非常乐观，认为即便面对恶敌，丹麦也能够守住阵地。因为他相信以祖国人民的热忱和坚持，足以冲破重重困境，最后做到全身而退。他相信上帝永远不会抛弃美丽可爱的丹麦。但后来丹麦军队精疲力竭、寡不敌众，不得不放弃阵地①。安徒生逐渐意识到这不是统治者之间的战争，而是大国与小国之间的战争。他的眼前浮现出当年波兰被瓜分的画面。他甚至相信了一些危言耸听的言论——向德意志屈服是丹麦获得和平的唯一途径。

安徒生感到极度痛苦，几乎承受不住。他哀叹道："唉！难道接下来的几百年，我们优美的丹麦文字只能在挪威的报纸上看到吗？"他感慨道，要不是一遍遍回忆着上帝曾赐予的所有恩惠和祝福，自己根本无力饮下这杯装满羞辱的苦酒。1864 年 4 月和 1864 年 5 月传来的种种噩耗，让安徒生觉得瞬间苍老了。他说，他从西班牙带回来的青春活力已经消失殆尽。

---

① 丹麦人从北海岸沿着艾达河建城墙，一直建到波罗的海，以防御德意志军队。——原注

安徒生拒绝了去挪威的邀请，因为在祖国处于水深火热之时，他无法享受人生。他满怀愁绪漫步在1864年4月的树林中，看到树木抽出新芽，看到茵茵绿草上盛开着点点流星花和金凤花，布谷鸟在他的耳边留下串串音符。看着这些美景，他先是微微惊奇，接着有些气恼，自己居然将春天彻底遗忘了。无论这片土地上发生了什么，战争、灾难还是屈辱，春天依然如期而至。安徒生喊道："现在是我该出发的时候了。我把自己囚禁得太久了。现在我身心俱疲，就像在炎热的平原上徒步了一天。"

时间是最好的治愈者，治愈了丹麦及其子民。安徒生最先从道德精神的伤痛中恢复过来。他认为诗歌和艺术就是丹麦复苏的良药。在沉寂了一年后，安徒生写完了《故事全集》两卷（1856—1865），共十三篇故事，其中最著名的就是《银毫子》《雪人》和《癞蛤蟆》。出国旅行的想法再次涌上安徒生的心头。1865年，安徒生又赴瑞典旅行。1866年，安徒生前往荷兰。他的崇拜者和作品的荷兰语译者[①]热情迎接他，并多次邀请安徒生去家中做客。荷兰的朋友们为接待安徒生费尽了心思。他们邀请了一些旅居荷兰的丹麦人和会说丹麦语的荷兰人。大家聚集在画室与安徒生见面。这样一来，安徒生就能用母语朗读故事给他们听了。这种安排让安徒生和宾客们都很满意。在阿姆斯特丹的一个宴会上，安徒生收到了一个专门为他精心准备的蛋糕。这个蛋糕十分精美，上面点缀着糖果做成的鹳——所有人都知道鹳是安徒生的最爱。蛋糕顶端屹立着幸运女神雕像。女神的双手分别举着丹麦国旗和荷兰国旗，丹麦国旗上用金色写着安徒生的名字，安徒生的名字下面画着一个七弦竖琴。随后安徒生离开荷兰前往巴黎。他和丹麦王储腓特烈[②]一起去万塞纳观看比赛，并享受在王室专属包间就坐的特权。安徒生回忆道："我碰到一个姑娘。她打扮得像个公主似的。她盯着我，那眼神就像在看一条肥美的老金鱼，唉，好可怜啊！"安徒生非常不喜欢巴黎，所以离开巴黎的时候他很高兴。不过，巴黎之旅还是有收

---

① 安徒生最好的荷兰文译作或许就是《新安徒生童话和故事全集》了。范凯特教授把一些故事改编成了优美的诗歌。荷兰文版一般与德文版很像。——原注
② 即后来的丹麦国王腓特烈八世。

第二次石勒苏益格-荷尔斯泰因战争,丹麦军队发动进攻

普鲁士军队冲进丹麦军队的阵地

阿姆斯特丹

获的——一位歌舞剧作家想把安徒生的作品《幸运的套鞋》改编成话剧，特意来恳求他准许。这位歌舞剧作家曾与大名鼎鼎的法兰西剧作家斯克里布合作过。埃策尔公司向安徒生抛出橄榄枝，表示愿意出版安徒生的法文精选作品集；于勒·桑多给予安徒生高度赞扬，称他为"诗人中的海顿"。除此之外，在游历巴黎期间，安徒生收到了墨西哥皇帝马克西米利安一世赠予的瓜德罗普夫人勋章。安徒生从巴黎启程，途径波尔多，到达葡萄牙。他在葡萄牙待了近四个月。其间，他受卡洛斯·奥尼尔的邀请，到卡洛斯·奥尼尔位于塞图巴尔附近的别墅做客。别墅建在一个优美的山谷里，长满了橘树和香橼树。一片片古老修道院的废墟透过山丘上郁郁葱葱的枝叶，静静地窥着外面的风景。安徒生最大的乐趣之一就是坐在偏僻寂静的树林中，看着大片流萤围绕着自己翩翩起舞。他的头顶是灿烂的星空，不远处的大海正在低鸣。他也经常在山间漫步，总是"跟着感觉走，想去哪儿就去哪儿"。每晚，小伙子们和姑娘们在灯火通明的橘园伴着笛声起舞。有时，他会看一场斗牛表演，但这里的斗牛没有西班牙斗牛那么血腥。在卡洛斯·奥尼尔的陪伴下，他还拜访了著名的科英布拉大学。后来，安徒生去了辛特拉，结识了罗伯特·布尔沃－利顿。他们约定在维也纳再次相聚。

1867年，安徒生回国。回国后他的朋友们都催促他赶紧为自己准备一套房子养老。为了不辜负朋友们的好意，安徒生只好开始准备修建自己的房子，但他的内心极不情愿。当时，他与故土的联系已经不那么紧密了，总是在欧洲漫游，每年在西兰岛和菲英岛的行程越来越长，越来越频繁。到了西兰岛和菲英岛，他就在当地贵族家借宿。结果他忘记为自己准备一个稳定、舒适的家来安享晚年。事实上，安徒生非常惧怕在某个地方长住。他最喜欢的住所要么是大旅馆里的阁楼，要么是位于市中心设施齐全的小房间，窗边摆着几盆花和几棵常青树，墙上挂着几幅好看的图画。如果房间的视野不错，能一眼看到大海，那就更好不过了，他会毫不犹豫地搬过去。正是因为居无定所、四处留宿，经过长期的耳濡目染，安徒生在住宅的鉴赏方面颇有造诣。直到1866年，他才终于选好了新家，哥本哈根新港十八号。

丹麦王储腓特烈

马克西米利安一世

他将新家仔细布置了一番。房子已经准备好了，但他的心灵很抗拒安定下来。他写道："现在我有了自己的房子。这让我很害怕。衣柜、床和摇椅像牢笼一样困住我与我的灵感。如果我搬进旅馆，至少灵感的翅膀是无拘无束的。但现在我背负着每月二十五利克斯①的房租。"安徒生向一个音乐家朋友抱怨自己做了件蠢事儿，竟然花一百利克斯②买了一张床。他哀叹道："这将是我临终前睡的床，我得一直睡在床上直到我去世。否则我花出去的钱就收不回本了。我如果只有二十岁，就应该拿起背包，装上墨水瓶，揣着鹅毛笔，拣上几件衬衫和袜子，拄着手杖，去看看广阔的世界。但正如爱德华·科林夫人所说，我已经老了，必须得想想养老安身之处了！所以朋友，你最好准备准备，为我作首好听的送葬曲。那群学校里的小孩们——不是那些说着拉丁语老气横秋的学者们，一定会替我送葬，所以记住，到时候一定要让音乐的节奏合上小孩们的脚步声。我希望你们来看看我的新住处。这里的一切都非常精美。楼梯、走廊装饰一新，房间非常舒适、雅致，有漂亮的地毯、各式图画、小雕像和装饰品。窗户精致得根本不需要鲜花点缀。打开窗户，整个中心广场的繁华都尽收眼底。最近许多女性朋友来我家做客，她们对我的新家赞不绝口。"到了圣诞节，安徒生就窝在新家里，桌子上摆满了各种形状的彩色纸片，有骑士、女人、城堡、风车、芭蕾舞者，甚至有圣诞树和孩子组成的派对。这些都是出自安徒生的高超手艺。不过，到了春夏两季，安徒生如果不出国，大部分时间都待在哥本哈根郊区的一所住宅③里，那是安徒生的朋友梅尔基奥一家的房子，环境十分优美，还有个非常贴切的别称——"宁静之地"。住在那里，安徒生可以无拘无束、随心所欲，如同在家里一般自在。

  安徒生的后半生应该是他一生中最快乐的时光。早年，虽然他遭遇诸多磨难，但现在功成名就，也算是一种补偿。在生命最后的十五年里，安徒

---

① 约合两英镑十五先令。——原注
② 约合十一英镑。——原注
③ 住宅前面是一片林荫道。安徒生说："每到傍晚，阳光穿过树叶，洒下斑驳的金色光点。人们仿佛身处加利福尼亚。"——原注

生不仅成为丹麦最受欢迎的作家，而且成为全球最知名的丹麦作家，他本人也感到心满意足。各类荣誉和各方赞誉纷至沓来，一直陪伴他走到生命的尽头。安徒生被聘为哥本哈根大学教授，又被丹麦克里斯蒂安九世任命为议员，还获得了红白条纹相间的丹麦国旗及红白蓝相间的挪威圣奥拉夫勋章作为奖赏。1867年12月，安徒生在哥本哈根收到消息——故乡欧登塞光复。哥本哈根的朋友们为他举办了一个又一个宴会，庆祝他的故乡光复。

恩格尔斯托夫特大主教邀请安徒生去大主教官做客，许多达官贵人专门赶来向安徒生表达敬意。在哥本哈根老市政厅最大的房间里，大家为安徒生举行了盛大宴会，二百四十位宾客齐聚一堂，规模空前。宴会期间，承载着无数祝福的电报从全国各地传来，就连国王克里斯蒂安九世也亲自发来电报，向安徒生表达了最亲切的问候和最真挚的祝福。听着报信者宣读着这份来自王室的至高无上的褒奖，安徒生无比感动。在场所有宾客一起起立，向安徒生欢呼致意。宴会结束后，哥本哈根市长又在家中举办了一场盛大的音乐会，由当地音乐社团承办。当地学校特意放假一天。学生们为安徒生精心准备了歌曲表演，在道路上撒满鲜花迎接他的到来。为了表达感激之情，到了夜里，安徒生为工人协会的工匠们朗读了几篇故事，获得了工匠们的高度赞赏。

这段喜庆的日子里发生了一些让人啼笑皆非的事情。比如一位老木匠拜访安徒生，声称自己是安徒生的同学，说两人认识时他十二岁，安徒生八岁。安徒生说道："他希望我能想起来他是谁，但我一点儿都记不得有这么个人。"1868年春，安徒生回到故乡欧登塞，受到人们的热烈欢迎。一天早上，他公开朗读童话故事，为作坊里穷苦的工匠们及工匠寡妇们筹资，最后募到二百二十利克斯。到了晚上，安徒生应邀去剧院，观看自己最得意的话剧作品《新卧室》。他坐在最好的包厢里，座位上摆着为他精心准备的一束鲜花。表演非常成功，一幕剧刚完，欧登塞市长就起身为作者安徒生鼓掌喝彩，所有观众也一起起立喝彩，欢呼声和乐队伴奏声交织在一起，久久回荡在剧院上空。离开剧院，安徒生被一大群朋友和崇拜者簇拥着护送到马车前。迎接安徒生的马车里装满了各色花束。一次,安徒生出行,他的船抵达腓特烈西亚。下船后他把自己的包交给一个贫穷的小男孩背着。因为小男孩早就听说安徒生在这艘船上,便问他哪个是汉斯·克里斯蒂安·安徒生。安徒生回忆道:"当时我问他,有没有读过安徒生的作品。他说读过。我告诉他我就是安徒生。他的脸立马涨得通红,老是偷偷打量我,路都顾不上看,结果摔了好几跤。"

1869年9月,安徒生图书节在哥本哈根举行。开幕式在学生俱乐部举办,安徒生公开朗读,诗人汉森则发表了一篇祝辞。然后安徒生半身像揭幕,被摆放在俱乐部的壁龛里,紧挨着贝恩哈尔·塞韦林·英格曼半身像,正对着约翰·路德维希·海伯格半身像。安徒生半身像摆好后,欢呼声不绝于耳。第二天,人们在安格特瑞酒店为安徒生举办了一场宴会,宴会的大门和入口处都装饰着鲜花和常青树,非常漂亮。到场的宾客足足有二百四十四人,大家都向安徒生致意。安徒生感到十分荣幸,恨不得与每位客人握手,幸福得仿佛置身于天堂。安徒生收到了很多礼物,其中最喜欢的就是一大篮子玫瑰和月桂,中间点缀着一片美丽的船形大叶子,一只蜗牛爬在上面。整个篮子是银制的。这件礼物是根据安徒生的童话作品——《幸福的家庭》里的故事情节设计的。两天后,安徒生去伯恩斯托夫宫拜访了克里斯蒂安九世与王后。克里斯蒂安九世与王后祝贺他的图书节举办成功。克里斯蒂安九世还领着安徒生参观了伯恩斯托夫宫里的花园,并把花园里最美的一朵玫瑰花摘了下来,插在了皇家马车上,并吩咐这架马车当天专门供安徒生使用。

与这些公开瞩目的追捧相比,安徒生与其仰慕者的私下往来比较低调,但更能体现出人们对安徒生的喜爱。安徒生的追随者不计其数,崇拜者的来信像雪片一般飞来,各式各样表达感激和敬意的礼物"蜂拥而至"。在安徒生五十二岁生日那天清晨,他的裁缝来拜访。裁缝也是欧登塞本地人。他说,有安徒生这样一个出名的老乡,他感到非常高兴。随后,好心的裁缝把自己亲手缝制的一件漂亮的白背心送给安徒生作为生日礼物。不一会

伯恩斯托夫宫

克里斯蒂安九世

克里斯蒂安九世的王后

儿，又来了一个衣着朴素的男子，也想向安徒生表示祝福。男子是一名工匠，住在小镇偏远的地方，之前从未与安徒生有过交集，但他告诉安徒生，这几年他和妻子每年都会庆祝"安徒生的生辰"①，还会奢侈地喝上一杯热巧克力。他恳请安徒生为自己刚出生的儿子施洗礼。安徒生倍感荣幸。1862年圣诞节，安徒生收到了一个穷学生送的四叶草。这个学生住在丹麦的一个岛屿上。到安徒生手上的时候四叶草已经枯了，但这份礼物的背后有一个美好的故事——这个学生很小的时候，最喜欢读安徒生的《故事全集》。《故事全集》里的故事格外打动他。他的母亲告诉他，安徒生曾经生活得非常艰难，尤其年轻的时候，碰到很多不友善的人。听完母亲的话，这个孩子哭了。不久他在田野里发现了一片四叶草。想到四叶草是幸运的象征，他就问母亲能否把它寄给安徒生。但他母亲认为，这样的礼物太轻了，送过去有些冒失，于是她就随手把叶子夹在了一本赞美诗集里。转眼到了1862年，当年的小男孩也上了学。圣诞节来临的前几天，他偶然翻阅到安徒生的《冰姑娘》，一边读一边暗自思忖："我现在应该可以把四叶草寄给安徒生了，并且告诉他四叶草的故事。不过，现在他应该用不着'幸运叶子'了。"安徒生最终还是得到了一片干枯的叶子。在他看来，这件礼物非常珍贵，连克里斯蒂安九世送给他的金色鼻烟也比不上。

有时，人气过高也是一种折磨——人们经常向安徒生咨询各种各样的事情，这虽然大大满足了他的虚荣心，使他觉得自己富有同情心和判断力，但也给他带来了许多不便，甚至烦恼。他经常会收到一些女仆的来信，信上讲述她们的故事。很多年轻人给他写信，令他应接不暇。大部分信来自工匠们，他们也想来哥本哈根追梦，问安徒生有没有捷径，可以当大作家出人头地。安徒生抱怨道："他们简直把我当成了帕纳塞斯山的登记处，以为找我就能得到一席之地了。"女性仰慕者对安徒生太过迷恋，让他感到无比尴尬和厌烦。

---

① 1855年，安徒生的自传《我的童话人生》出版后，哥本哈根所有人都知道了安徒生的生日。——原注

安徒生认为，自己不适合婚姻，越到晚年他的这种想法越强烈。他虽然有许多女性爱慕者，其中不乏魅力十足的女人，但对性的态度始终都是保守谨慎的，甚至可以说是多疑的。安徒生绝不是那种精致漂亮的女人会喜欢的类型。他的长相难看得令人生厌。大自然对他并不慷慨，至少没有在相貌上给予他太多馈赠。他总给人一种软弱、笨拙、蹒跚的奇怪感觉，让人们不由自主地想笑。安徒生又高又瘦，做什么动作都显得古里古怪。他的胳膊和腿格外瘦长，手掌宽大扁平，脚也大得出奇，因此他不得不穿着定制的靴子或鞋。安徒生的整张脸比例严重失调：鼻子就是人们所说的罗马鼻，几乎占了整张脸的面积，而眼睛非常小，深深地嵌在眼窝里，不容易被人发现。安徒生知道自己的缺陷①，所以总会尽力掩盖补救。他每天都会卷头发、刮胡须，穿高高的硬领来遮掩长脖子，穿宽松的裤子掩饰瘦腿。他总在黑貂晚礼服上佩戴闪亮的饰物以提亮色彩。然而，种种精心打扮仍然和优雅沾不上边。安徒生长得实在怪异、丑陋，很难想象会有女人爱上他。然而，尽管如此，这位"瘦长的诗人"不乏女性爱慕者。那些爱慕者对他极其崇拜痴迷，甚至热情地纠缠他。他总收到这些狂热粉丝的匿名信，信中都是露骨的示爱宣言。一次，安徒生收到一个神秘女人寄的包裹，包裹里是一个笔记本，封面还绣着花。笔记本里写着："你永远也不会知道我的名字，但希望你可以在指定地点和我会面，这是第一次约会，也是最后一次约会。"②安徒生还遭遇过一次惊险的求爱。一天，一个漂亮的年轻女孩找上门来，用露骨、直白的话语直截了当地表达对他的爱意。他费了好大力气才将她赶出去。后来得知，这个女孩精神有问题，已经被送进了疯人院。他这才舒了一口气。

晚年的安徒生感到非常幸福，其中有这么个原因——以前针对他的恶意批评没有了，一些微弱的批评声可以忽略不计。出现这种现象，一方面

---

① 安徒生总体上对自己的长相还算满意。他从不说自己长得帅，但总认为自己看起来很与众不同。——原注
② 然而，安徒生认为这是一场恶作剧。他写道："提出这次约会的人一定是低俗粗鄙的人，我绝不去。"——原注

是因为晚年的安徒生不再像以前那般在意恶意攻击了，另一方面是因为大家普遍觉得安徒生受到的凌辱已经太多了，是时候得到一点儿补偿了。现在，丹麦以安徒生为荣，这令安徒生倍感幸福。我觉得我们对此应该表示理解，安徒生终于迎来了这一天——所有的批评都变成了赞美。生日那天，他就像个小孩子，被所有的人宠爱、关怀。我们可以认为，人们对安徒生不遗余力的追捧未必都是发自内心的，未必所有的赞美都是对他才华的认可，大部分还是出于对这位老人的敬意，毕竟他经历了坎坷的一生，现在垂垂老矣。但无论如何，这些赞美追捧令安徒生十分愉悦，因为他就是这么一个人，被命运抛弃时，与逆境抗争，被命运眷顾时，依然保持温良谦恭、心怀感激。到了晚年，外界的批评依然是安徒生的软肋，但有趣的是，他认可格奥尔格·勃兰克斯的批评。格奥尔格·勃兰克斯是安徒生的最后一个评论家，也是最了不起的一个。1869 年，格奥尔格·勃兰克斯在《插图杂志》上发布了那篇著名的《评〈安徒生童话集〉》的第一部分。后来，《评〈安徒生童话集〉》被收入他的经典之作《批评家》中。关于《评〈安徒生童话集〉》，我只能说，它是文学批评中的杰作，思想深邃，评论精准，视角独到，分析细致，可以与著名批评家夏尔·奥古斯丁·圣伯夫的巅峰之作媲美。《评〈安徒生童话集〉》不仅写得精彩，而且情感充沛，是其他同类评论不能比的。能在有生之年遇到这样一位评论家，足以证明安徒生非凡的好运。安徒生很高兴，对格奥尔格·勃兰克斯的整篇评论表示了最真挚、深沉的感谢。

  安徒生晚年生活美满的另一个原因是他的朴素和平实。一直以来，他谨慎管理着自己的财产。1869 年，安徒生的银行存款高达一万四千利克斯[①]，这是他毕生积攒的成果。安徒生一生都很节俭。他定了一个标准，就是永远不会让自己的银行存款低于一万二千利克斯[②]。只有存款超过这个标准，他才可以随心所欲地消费。于是，他既不会浪费存款，又能合理

[①] 约合一千六百三十三英镑。——原注
[②] 约合一千四百英镑。——原注

慷慨地施予别人钱财。晚年时与年轻人一起出国旅游，安徒生会主动帮他们支付旅行费用。1870 年，他就为小乔纳斯·科林支付了一笔旅行费用。费用包括从德意志到意大利、瑞士和法兰西共两个月的旅行花销。安徒生私下里写信给小乔纳斯·科林的父亲爱德华·科林，提出要为小乔纳斯·科林支付旅行费用。信中言辞恳切，充分体现了安徒生的好心肠。仔细估算好费用后，安徒生写道："我认为，这次旅行对小乔纳斯·科林很有益处。他能远离喧嚣几个星期，摆脱事业上的苦恼。你觉得我这个计划怎么样，如果你同意我的提议，就请接受我的资助。如果小乔纳斯·科林能去旅行，我会非常高兴，但我有个要求——不要把这件事告诉其他人，我不想让别人知道是我出的钱。"晚年的安徒生不再为钱而烦恼。然而，就在他去世前的几周，他突然感到焦躁恐慌。这种感觉缠绕着他，挥之不去。他担心银行里的存款不够支付他死后安葬的费用，但爱德华·科林写信向他保证，开玩笑似地说哪怕安徒生"还剩五十年的寿命"，而且年年出国旅行，不用省吃俭用，剩下的钱都足够举办一场盛大的葬礼。别人把这封信念给安徒生听。听完，他叫道："感谢上帝！现在我总算可以安心入土了！"

　　安徒生的身体向来不是很健壮。但在去世前的最后五年，他的身体状况反倒很好。正因为这样，他才可以安然度过人生中最舒适快乐的时光。三十岁的时候，他常常抱怨自己有一个六十多岁的身体；而到了六十岁，他又幽默地夸口自己越来越年轻，并开玩笑说，再过十年他说不定看着更像小乔纳斯·科林的朋友，因为小乔纳斯·科林看上去相当老成。安徒生身边有一群善良、友爱的朋友关怀着他，他们都尽力让安徒生过得更舒适。他们关注他的健康状况，包括每一个细微的变化，比安徒生自己都要细心、耐心。1869 年初，安徒生明显变得衰老了。许多朋友都观察到了这一点。在图书节上，安徒生忙得筋疲力尽，之后又动身去德意志和瑞士。他经常去荷尔斯泰因女伯爵的城堡做客，荷尔斯泰因女伯爵建议他带个认真可靠的仆人。在给一位朋友的信中，安徒生写道："原来我已经老到这种程度了，唉！""当然，荷尔斯泰因女伯爵这么建议很贴心，我很感动，但我还是果断拒绝了,因为我很喜欢独自旅行。"安徒生不愿雇仆人不只因为想要省钱,还因为他对仆人的服侍格外挑剔,尤其是男性仆人。在这里,我顺便提一下,安徒生对仆人的态度总体上还是十分和蔼的,但就是有些怪异。比如他很友好,喜欢和他们聊天,甚至时不时送上几本书,但如果仆人稍微对他做出无礼行为,他就会立刻变成一个火药桶,大声斥责。有时,他会为一些不起眼的小事发火。他脾气暴躁,会说一些尖刻伤人的话,但只要对方稍微做出伤心懊悔的表情,他就会立刻平息怒气。安徒生特别受不了别人流泪,尤其是女人的眼泪。在一家旅馆里,一个聪明的女侍者讲了自己的经历——她是如何用眼泪来制服安徒生的。一次,整理床铺时她没有按照安徒生的要求去做。安徒生发现后制止她,但她仍然置若罔闻。安徒生立刻发火了,狠狠地教训了她一番,气极了还拿枕头砸她。她哭了起来。就在她哭出来的一瞬间,安徒生所有的愤怒都像变戏法一样消失了。他紧皱着的眉头舒展开来,尴尬地偷偷打量着女侍者,然后走近,向她伸出手,请求她原谅,而女侍者不理睬他。没得到原谅的安徒生变得不安,既懊悔又绝望,看上去很滑稽。很明显他完全不知道下面该怎么做。突然,他想到了一个主意,微微转身在背心口袋里手忙脚乱地一通摸索,有意让口袋里的银元碰撞出叮叮当当的声响。然后,他再走向那个生气的女侍者,一脸请求宽恕的神情,向她伸出了手。女侍者接受了,眼泪也止住了。他这才长长地舒了口气。

  1869 年,从维也纳到苏黎世,安徒生横跨了大半个中欧地区,重觅旧友,结交新朋。1870 年,他和小乔纳斯·科林一起旅行,这在前文中已经有所提及。1871 年,安徒生第一次漂洋过海来到挪威。朋友们很担心他的身体,委婉地反对这次出行,并指出他已年近古稀,禁不起折腾了。安徒生表示,只要自己还能走路,就一定会继续漫游世界,这像是某种本能,根本无法控制。他略带歉意地跟朋友们说:"我像一个钟摆,总是不停地后退、前进、后退、前进。钟摆滴答个不停,我就走个不停。"但挪威之行是安徒生最后一次旅行,那里专门为他举办的活动令他很满意,但也很耗费精力。他的体力日渐衰退,既已经无法像以前那样3时起床看日出,也无法一连好几天从早到晚马不停蹄地出席宴会招待宾客了。安徒生非常喜爱挪威这片壮丽的土地,挪威的朋友也都尽力使他此次旅行愉快圆满。在克里斯蒂安尼亚时,安徒生的大部分时间都是和比昂斯腾·比昂松一起度过的。比昂斯腾·比昂松在植物园为他举办了盛大的宴会。其间,他朗诵了一首专门为安徒生谱写的诗歌,非常优美。诗的开头写道:

欢迎从童话仙境来到尘世,
你有着孩子般洁净的灵魂,纯真的梦想!

比昂斯腾·比昂松陪同安徒生来到人头攒动的花园。花园里的桌子上摆放着安徒生的半身像。著名收藏家及挪威文版《安徒生童话故事》的编辑约恩·恩格布雷森·穆厄发表了讲话。他说安徒生逛遍所有欧洲国家后才来挪威。这句话看似抱怨实则打趣。接下来他便对安徒生进行了无上赞美。这番欲扬先抑让安徒生非常感动,结果站起来想回应点儿什么却一句话都说不出。后来,安徒生回忆道:"我当时稀里糊涂,真的不知道说了些什么,只记得尽量控制自己不要失态。当讲完话,我看到许多人都眼泛泪光,比昂斯腾·比昂松告诉我,这是我一生中最好的发言。"随后,在众人的强烈要求下,安徒生朗读了《雪人》。他刚朗读完,人群中便爆发出如潮般的喝彩声。所有女士都走过来向他献花。第二天,安徒生受邀参加一场学生举办的音乐会,但事先和主办方约定好只能出席一个小时,因为自己"现在是老人家了"。

安徒生在挪威期间,挪威的政治斗争非常激烈。激进分子和保守派都试图拉拢他,想将他收为己用。但安徒生始终保持中立,没有加入任何阵营。安徒生写道:"一位伟大的德意志人曾称赞我是丹麦最好的外交官。我遵从自己的内心和直觉,它们让我时刻保持理智。"在克里斯蒂安尼亚,挪威国王奥斯卡二世授予安徒生圣奥拉夫勋章。

晚年的安徒生

奥斯卡二世

1871年圣诞节，从挪威回来后，安徒生又创作了一本故事集，命名为《新安徒生童话和故事全集》，专门送给丹麦出版商卡尔·安德烈亚·赖策尔。《新安徒生童话和故事全集》中有十三个故事，均在同一年写成，其中大部分故事已经在报纸和杂志上刊登过。1872年圣诞节，安徒生又创作了四篇小故事，分别是《老约翰妮讲的故事》《大门钥匙》《跛脚的孩子》和《牙痛姑妈》。1872年创作的几篇故事是安徒生的封笔之作，是时年六十八岁的他最后的作品。在这些故事中，前两篇属于故事新编，后两篇是原创童话。《牙痛姑妈》以主人公霍夫曼的视角讲述了一个奇妙的故事，幽默诙谐地展现了安徒生的内心世界。《跛脚的孩子》是安徒生自认为写得最成功的作品之一，这篇故事事实上是"对所有童话故事的赞颂"，因此以它作为整个童话系列的收尾再适合不过了。至此，安徒生从事童话创作整整三十七年。

第 15 章

"善良老诗人"的最后时光

精彩看点

因斯布鲁克事故——随之而来的疾病——王室的友好——启程去格里昂接受羊奶治疗——身体好转——美国报纸绯闻风波——"小汉斯"——意大利之旅——基亚文纳事故——慕尼黑霍乱——在"宁静之地"病重——重返哥本哈根——1873年到1874年的那个冬天——在荷尔斯泰因堡——缪斯不再眷顾他——国家剧院落成——安徒生和孩子们——给小威廉和小玛丽的信——玛丽·利文斯顿——美国孩子给安徒生的礼物——安徒生写给费城《晚间公告》编辑的一封诚挚的信——安徒生在哥本哈根的雕像落成——对雕像的苛责——肝癌——重返"宁静之地"——信仰迷途——最后时光——"在我的棺材上留个孔！"——葬礼

我一直认为，安徒生人生的最后那场大病与1872年春发生的那场事故有关。虽然事故发生后，他坚强地挺了过来，但精神大不如前了。

当时安徒生和忘年交威廉·布洛赫一起去德意志旅行，一路上风平浪静。到达因斯布鲁克后，他们在当地的一个客栈里住了下来。夜半时分，安徒生醒来，感到非常不舒服，发现床垫有些歪斜，便想起来整理下床垫。他在黑暗中坐起身，伸手去拽椅子上的衣服，但椅子离得有点儿远。安徒生费力地伸着胳膊。突然，他的身体失衡，他栽下了床，扑倒了床边的桌子和大烛台。这一摔很重，把邻屋的旅客都惊醒了。威廉·布洛赫听到动静急忙冲进来，发现安徒生正躺在地上，鼻子被撞出了瘀伤。威廉·布洛赫和邻屋的旅客合力把安徒生扶到床上，又用冷水帮他清洁伤口，但没过一会儿，安徒生全身开始疼痛，膝盖骨、大腿、肩膀和额头无一幸免。到后来他走路都很困难了。安徒生虽然很担心自己的伤势，并且当时还在蒂罗尔，离慕尼黑很远，但还是坚持要去慕尼黑治疗，因为慕尼黑的医疗水平更高。安徒生在慕尼黑停留了四天，即便在头痛欲裂、头晕眼花的情况下，还是驾车带着威廉·布洛赫领略了一下慕尼黑的风光。身上的瘀伤一好转，安徒生就和威廉·布洛赫动身前往奥格斯堡和纽伦堡，但只在这两个地方待了很短一段时间。安徒生这次伤得实在太严重了。1872年初秋，他回到哥本哈根，去郊区拜访伊斯拉埃尔·贝伦特·梅尔基奥一家后回到城里，就生了一场大病。他脸色蜡黄，日渐虚弱，总感到胃部有种压迫感。后来，经医生诊断，他的肝脏严重受损。一开始，安徒生似乎并没有把自己的病情放在心上，依然照常生活，但他的身体确实一天不如一天，几乎整个冬天都不得不留在哥本哈根的家里休养。朋友们都尽心尽力地关心他、照顾他，不断送来水果和鲜花。安徒生非常感激。甚至连丹麦王室成员也经常前来表示关怀，仅丹麦王储就探望了两次。一天，克里斯蒂安九世也意外来访，身边跟着王储和瓦尔德马王子。安徒生受宠若惊。安徒生一直计划着，只要身体状况允许出行，就去日内瓦湖东岸的蒙特勒。那里有个格里昂村，以特有的羊奶疗养法闻名。安徒生想试一试，看能否对恢复健康有帮助。安徒生的生日总是由朋友操办，这次也不例外。1873年4月2日生日当天，安徒生收到了朋友们送来的数不胜数的鲜花和书籍。安徒生非常感动。生日一周后，安徒生准备启程去格里昂，这次是朋友尼古拉·博伊陪他前往。安徒生的身体实在太虚弱了，根本无法独自一人旅行。临行前，安徒生特意去王宫拜访。为了不让安徒生走太多路，国王一家都站在楼下迎接他。安徒生离开王宫时，克里斯蒂安九世还把自己的新旅行皮箱送给了他。当晚回到家中后，安徒生正在收拾行李。克里斯蒂安九世突然来访。他深感意外。克里斯蒂安九世说忍不住想在他启程前再来探望一次。安徒生去火车站的时候有一大群人为他送行。由于行程很短，路上也没什么风波，安徒生安全抵达法兰克福。但无奈身体实在太虚弱，于是他便一直闭门不出。到了伯尔尼，多尔医生为安徒生进行了全面检查，并告诉他，他的身体并无大碍，咳嗽头晕是正常现象，不用过度紧张。多尔医生叮嘱安徒生多吃些固元的食品，多喝葡萄酒，注意保暖，多呼吸新鲜空气，并祝愿他尽快好转。到了韦尔内，安徒生又去看了另一个医生，但是他非常不喜欢这位医生。他抱怨道："这医生开了那么多药，其实一半就够我吃的了……我告诉他我的身体没那么差，看他那副紧张兮兮的样子，我就算没病也会被吓出病的。"

1873年5月11日，安徒生和尼古拉·博伊住进格里昂的酒店式公寓里。

法兰克福

格里昂的空气干燥温和，他感觉很舒服。在舒适的联栋公寓里，安徒生整日在阳台上晒着太阳，欣赏着远处白牙山、日内瓦湖和侏罗山的美景。安徒生回忆道："一天，我和尼古拉·博伊并肩坐在阳台上看风景、聊天。我问他我还能活多久，他沉默了。我继续说，活着真好，能有朋友和美景相伴。"刚到格里昂不久，安徒生就开始试着喝山羊奶。他觉得山羊奶的味道和鸡汤很像，清淡无味。喝山羊奶见效很快，以前安徒生走路都很困难，但现在他能走得四平八稳了，只是还不能爬高。他不再咳嗽了，就是总抱怨脖子上的皮肤很干燥，像"刀割"般难受。安徒生的胃口也变得很好，消化顺畅，每天睡八九个小时。他写道："一切都那么美好。在明媚的阳光中，雪山的轮廓愈渐清晰。在我散步时，花草馥郁，树木葱翠的绿叶悬垂在我头顶。但没走几步我就累得气喘吁吁，甚至有些眩晕，几乎站不住，手里的东西差点儿掉在地上。"虽然安徒生表现得很愉快，但事实上，他的神经高度紧绷，任何风吹草动都能惊扰到他。比如，他在瑞士休养的时候，美国一份报纸刊登了有关他的绯闻，让他感到非常苦恼和窝火。以前在伊斯拉埃尔·贝伦特·梅尔基奥家的"宁静之地"时，很多美国人登门拜访来求他的签名。后来，一个拜访者在《芝加哥时报》上发表了长篇文章，讲述了这段拜访经历，并肆意捏造事实，散布谣言称安徒生在瑞士经常私下与欧仁妮皇后及其长子会面，还与德意志诸侯及奥地利皇帝弗朗茨·约瑟夫一世熟悉，又说他常常把沙皇亚历山大二世的孩子们抱在膝上逗弄。最有趣的是，《美国月刊》上刊登了关于安徒生的逸事，在美国广为流传：安徒生在哥本哈根有一个众人皆知的名字，就是"小汉斯"，所以每次他上街，一群孩子会围上来，拉着他的袖子，喊道："小汉斯！小汉斯！给我们讲个童话故事吧。"这时，善良的小汉斯就会找个台阶坐下，开始讲故事，男女老少都聚集在他身边，激动地聆听着。安徒生很在意这些风言风语。他控诉道："我还生着病，为什么要这么诋毁我。"那个说他与三个国王过从甚密的言论使他感到无比荒谬。他不屑做出任何辩驳。他致信《美国月刊》编辑，言辞犀利地驳斥了"小汉斯"传闻。后来，编辑也表达了歉意，解释说那些不实信息都是一个自称很了解安徒生的美籍丹麦人透露的。虽然外界风波不断，但好歹安徒生的健康状况确实有所好转。格里昂的羊奶和清新空气对安徒生起了很大作用，安徒生的身体慢慢恢复。从格里昂返回伯尔尼时，他再次约见了多尔医生。多尔医生看到他时不停地感叹，称赞他简直已经脱胎换骨了，面色红润，双目有神，看上去神采飞扬。的确，安徒生在伯尔尼的日子过得很舒心，甚至公开朗读了自己的一些作品——时隔九个月后再次公开朗读。朗读完后，他的身体又有些吃不消了。尼古拉·博伊对安徒生的照顾细致周到，这让安徒生感激不尽。作为报答，安徒生决定带尼古拉·博伊去意大利欣赏一下美景。安徒生租了一辆马车，带着尼古拉·博伊从斯普卢根一路逛到了基亚文纳。他们本打算驾着马车一直到科莫湖的碧提岛，但离开基亚文纳后，一路上蚊蝇肆虐，弄得马儿狂性大发，马车剧烈颠簸，无法前行。安徒生、尼古拉·博伊和车夫刚把行李从马车上卸下，就有强盗从后面冲出来，抢了行李就跑。安徒生一行人只得待在原地，头顶炎炎烈日站在公路边上。路两边的墙壁光秃秃的，连片阴凉地儿都没有。他们无计可施，只能徒步走回基亚文纳。到基亚文纳时他们已经晒蔫了。安徒生虚弱得好像随时会倒下，不得不卧床休息了四个小时。自打那以后，安徒生和尼古拉·博伊就放弃了意大利之旅，去了瑞士的恩加丁谷。后来在慕尼黑，安徒生染上了霍乱。于是，他在瑞士恢复的元气又损失了大半。他经常晕厥，历经千辛万苦终于返回丹麦，到达伊斯拉埃尔·贝伦特·梅尔基奥家的"宁静之地"时他已经精疲力竭，只剩半条命。从1873年7月24日到9月中旬，安徒生拖着病体一直在"宁静之地"休养。秋天过后，安徒生的身体终于好转，接着便搬回了哥本哈根。虽然安徒生已经可以走路了，但从他的信中我们还是可以感觉到他的沮丧。安徒生向作曲家朋友约翰·彼得·埃米利乌斯·哈特曼抱怨道："一想到这个冬天要在哥本哈根度过，我就无法忍受。出国旅行的话我的身体吃不消。那我到底该去哪里？……梅尔基奥家倒是个不错的去处，就是规矩太多了。自从我旅行回来后，他们给我安排了一个护士，

欧仁妮皇后

弗朗茨·约瑟夫一世

但我生来就反感别人的约束。就算我要死了，我也要痛快地死去！我不想像枯叶一样躺着，毫无生命力……"

1873年到1874年的那个冬天，安徒生不再频繁外出，在家中安心休养。每天他会到黑文街上散步半小时，呼吸一下新鲜空气。剩下的大部分时间安徒生都在埋头写信，闲暇时还亲手用九块嵌板制作了一个巨大的折叠式屏风。屏风上描摹着丹麦的特色风景。安徒生最大的遗憾是不能去看戏剧，但他对剧院所有的演出流程了如指掌。每天晚上七点的钟声一响，剧院的演出开始，独自坐在家中的安徒生就会说一句："演出开始了！"当戏剧演到高潮部分时，家中的安徒生就像亲临现场一样准确地道出："高潮来了！"安徒生家中的墙上贴满了戏单，熟识的戏剧演员们会定期向他提供最新的戏剧消息。不写信或日记的时候，安徒生最喜欢坐在窗边，看着远处海面上各式各样的船在港口驶进驶出。安徒生患有风湿病，腿脚不利索，因此不方便经常拜访朋友。他偶尔会驱车去爱德华·科林家或伊斯拉埃尔·贝伦特·梅尔基奥家做客，并留下用晚餐。一旦重聚，老友们便容易忘情，不知不觉聊到了天亮。为了逗他开心，朋友们使尽浑身解数。安徒生一直铭记于心。一次，他写道："是的，生活是最可爱的童话故事。我经常扪心自问，究竟何德何能竟然得到如此多的幸福？既然受到上帝这般眷顾，我便不能骄傲，而要保持谦卑，心怀感激。如今我年逾古稀。在《圣经》中，古稀乃高寿，此生足矣。"

1874年春，安徒生最好的丹麦贵族朋友——斯卡韦纽斯夫人邀请安徒生去荷尔斯泰因堡度假。斯卡韦纽斯夫人在荷尔斯泰因堡有乡间别墅，环境优美，空气清新，很适合安徒生休养。安徒生想，荷尔斯泰因堡的环境能助他恢复元气。这样一来，等天气转暖，他就能来一次"小型"的出国之旅了。于是，安徒生前往荷尔斯泰因堡，但并未直奔斯卡韦纽斯夫人的乡间别墅，而是在别处住了三周。在这三周的时间里，他仿佛置身于花的海洋。在给梅尔基奥夫人写信时，他用优美的文字描绘道："这里的花朵美极了，紫色的丁香花成簇地悬着。花朵如蝴蝶般从绿色花萼中冲出，在灿烂的阳光下，它们尽情释放着自己的芬芳和美丽。可惜的是，丁香花很快便衰败了。枯萎的丁香花像布满褶皱的旧裙子，连叶子都泛着苍白的色泽。花瓣被风吹落，飘到花园小径上，很是凄凉。虽然丁香的花期已尽，但其他花依然逐一怒放。山楂花红得就像在晚霞里浸泡过一样，鲜艳俏丽。几天后，玫瑰登场了。不知不觉，姹紫嫣红的花朵悄无声息地在我们身旁绽放，好一片绚烂的花海。这些花朵带给我们的远不止视觉上的盛宴。百花凋零后，我们还会享受到鲜红的山楂果和可口多汁的浆果。花期比人类的寿命短得多。但花朵依旧无忧无虑地尽情绽放。然而，面对凋谢，我们总是感伤。这值得深思，我要把这些想法用笔记录下来。改日如果有时间，我也许会以此写篇长文，并将其作为新书《新童话集》的序言。明天我又要启程——前往仙境般的布雷格特了。"

斯卡韦纽斯夫人的乡间别墅就在布雷格特。布雷格特地理位置优越，以传统的丹麦式花园而闻名。丹麦最大和最好的花园都在这里，可以和英国的贵族公园媲美。花园里草木茂盛，绿树成荫，平静的湖面上倒映着天鹅优雅的身影，白莲温柔地绽放。见此美景，安徒生突然来了灵感，讲了一段小故事："天鹅爸爸、天鹅妈妈陪着天鹅宝宝坐在窝里。天鹅宝宝暗暗憧憬着自己会飞的那一天，然后就可以和爸爸妈妈一起翱翔天际了。"整个7月，安徒生大部分时间都待在布雷格特休养。他的身体状况迅速好转，体力也恢复了不少，一口气能在花园里走上几个小时。安徒生的心情好了起来，精神也好了起来。他甚至兴致勃勃地制订新的旅游计划，名为"重新拥抱美好世界"。斯卡韦纽斯夫人过生日那天，安徒生仗着才恢复的体力，不顾众人的好言劝告坚持要去参加生日庆典，一口气为庆典舞会写了三十首诗歌。他虽然已经累得快要晕厥，但还是强撑着在零点时分邀请一位女士共进晚餐。后来，舞会上有人朗读安徒生的诗歌，安徒生在旁捧场，就这么一直玩闹到3时。果不其然，到了第二天，他疲惫不堪，根本无法下地走路。一连卧床好几天后，他才恢复过来。安徒生晚年的时候，唯一让他感到悲哀的事情是，缪斯之神似乎不再眷顾他了。安徒生回顾一生的写作历程，感叹道："我的文学生涯已经油尽灯枯。如果我的生命是一个车轮，那么一篇篇童话就是轮辐，支撑着我的生命之轮。我来到花园，玫瑰花和蜗牛再也不会告诉我它们的秘密（故事情节来自《蜗牛和玫瑰树》）；睡莲宽大的叶子提醒着我拇指姑娘的旅程已经结束（故事情节来自《拇指姑娘》）；风儿吹过，它曾经唱出瓦尔德马·达伊的故事（故事情节来自《一个贵族和他的女儿们》），但现在一切都缄默不语。树林里有棵老橡树很久以前告诉过我它最后的梦想（故事情节来自《老橡树最后的梦》）。就这样，我的灵感不再。"

1874年秋，安徒生从布雷格特回到哥本哈根，依然借住在伊斯拉埃尔·贝伦特·梅尔基奥家的"宁静之地"。他的身体状况看起来比当初离开的时候好多了。一次，他还跑到城里，参加了丹麦皇家剧院的落成仪式。丹麦皇家剧院宏伟壮观，至今依然是哥本哈根的地标之一。安徒生对这场落成仪式期待已久。当天，他坐在新建的国家剧院观众席第一排正中间的座位上，前来的观众们向他表示热烈欢迎。但当他起身向人群鞠躬致意时，大家还是被他苍白虚弱的脸色吓了一跳。这次落成仪式后，安徒生连剧院也很少去了。但他还是会去拜访国王。一次恰巧威尔士王妃[①]和她的孩子们也在王宫做客，国王便把安徒生介绍给了他们，结果发现他们对安徒生并不陌生，还称他为"会讲故事的老人"。安徒生也时常去看望老友爱德华·科林，爱德华·科林现在也是垂垂老矣。他们二人时而谈谈财产方面的安排，时而聊聊小乔纳斯·科林对昆虫的热爱。安徒生早年曾经历过一段非常贫困潦倒的时光，因此他总是倾其所有帮助那些才华横溢却穷困拮据的人。有好几位作家功成名就后纷纷感慨，要不是这位"善良的老诗人"雪中送炭，他们根本不可能像现在这样将名誉和财富收入囊中。的确，安徒生尽管以前性格乖张、反复无常，但到了晚年变得和蔼可亲、平易近人、乐观积极，不再悲观忧郁，也不再愤世嫉俗。但偶尔回忆起往事，他还是

---

① 即丹麦的亚历山德拉（Alexandra of Denmark，1844—1925），丹麦国王克里斯蒂安九世之女，嫁给威尔士亲王爱德华。爱德华登基后，称"爱德华七世"。

会感到遗憾，遗憾人生无法从头再来。他曾感叹道："我如果能带着所有的记忆回到三十岁，就会更加义无反顾地去做想做的事情。"对安徒生来说，生活是一场美好的盛宴，他舍不得离开。晚年的那些时光，他会给小孩子们写信。安徒生虽然不喜欢孩子，觉得小孩子既无趣又顽皮，而孩子们也很害怕安徒生，尤其是乍看到他那长着大鼻子的怪异长相时，但真的会给小朋友们写信，而且是以小孩子的口吻来写，文字就像童话故事一样引人入胜。遗憾的是，他写给孩子们的信早已散落四处，现在只能找到寥寥几篇。我们来看看这封写给"小威廉"的信："小威廉，你好啊，我听说你打了一只小飞虫。那只小飞虫哭着跟我说只是想瞧瞧你。小飞虫还偷偷告诉我你不讲卫生，手上有泥巴，你挥手驱赶她的时候她都看见了。小威廉，你说我要不要相信她呢？对了，忘了告诉你，小飞虫其实是个公主，她的父亲就是飞虫国王，统治着所有花朵。"安徒生显然是想通过这封信教育"小威廉"要善待动物。看完这封写给淘气小威廉的信，再看看下面这封写给"小玛丽"的信，"小玛丽"是个可爱的小姑娘。安徒生特别喜欢她，给她写过好几封信。

亲爱的小玛丽，让你的爸爸妈妈把这封信读给你听哦，因为你现在还不识字。但再过四年，我相信你就能读懂所有东西啦。我现在和你一样在乡村生活。乡村真好，我刚刚蘸着奶油吃了一些草莓，草莓又大又红，奶油入口即化。一次，我去海边玩，有只海鸥代你向我问好，我很开心，也想向你问好。昨天我在花园散步，刚好遇到一只小麻雀，我就和它聊了聊："你飞得远吗？""叽叽！""那你去过彼得肖吗？""叽叽叽。""你能看到玛丽吗？""叽叽叽。""如果你再看到玛丽，那代我向她问好。""叽叽。""如果你还没有看到这只小麻雀，别着急，它可能在路上遇到一点事情耽搁了，等它到了你可以喂喂它，但别欺负它。我们要和所有善良的人、聪慧的动物及那些枯萎的花朵做朋友。小玛丽，在乡

荷尔斯泰因堡

威尔士王妃

村快乐成长，品尝各种美食，读着亲朋好友的来信，这样的生活多美好啊！

安徒生

安徒生在国外有许多年轻的笔友，其中一个笔友叫玛丽·利文斯顿。她的父亲是一位伟大的探险家。玛丽·利文斯顿给安徒生写了几封信，向他讲述自己所有的娱乐活动和学习情况。久而久之，女孩和老人成了知己。安徒生去世前几个月，收到了美国孩子们寄来的动人的祝福。他生病的消息已经传到了大西洋彼岸，引起了美国人的极大同情。很多美国人认为安徒生并不富有，就想赠送一些安徒生可能不会买的物件，比如马车。美国人提议向安徒生捐赠，而且所有美国儿童都应参与其中。这样的好意虽然让安徒生十分感动，但令他黯然神伤，因为他没想到在人们眼中他的晚年生活竟这样穷困潦倒。安徒生写了一封信给费城《晚间公告》的编辑，表达了他本人对捐赠一事的态度。他先是对孩子们送礼物表示感谢，这样的善意和情谊让他无法拒绝。接着，他写道："大家可能以为我是个穷老头。在这里，我有责任为自己和我的祖国做出解释。我虽然疾病缠身、年近古稀，但并不贫穷。我的国家丹麦永远不会让作家受苦，虽然我本人不在政府任职，但每年都会享受到政府发放的养老津贴，即便丹麦现在资金有限，但从来没有在养老津贴上亏待过我。而且我自己也有一定的工作收入……所以，朋友们千万不要把我想成一个穷困潦倒、无人问津的老作家——整天为吃饭操心，照顾不好自己。上帝对我很好，我身边有亲朋好友陪伴，享尽天伦之乐。我也很荣幸，能在有生之年看到这么多可爱的美国孩子，拿出他们攒下的零花钱，捐赠给我这个'处境窘迫'的老作家。对我来说，孩子们的心意是一种荣誉和褒奖。而个体单独的馈赠会让我觉得受到冒犯，因此我绝不会接受任何以个人名义赠送的礼物。大家送礼物本是好意，而我也该心怀感激地接受，但现在我只觉得难为情。"

安徒生的表态奏效了。最终，美国人共同送出了一套书，里面收录了若干本珍贵的美国书籍，并于安徒生七十岁生日那天送达他手中。1875年4月2日，生日当天，有人提前邀请安徒生参加1876年7月4日美国独立宣言百年纪念日的庆祝活动。那人承诺会为安徒生举办规格极高的接待会。可惜安徒生没能等到那天就去世了。

在安徒生生命的最后时光里，丹麦人为他建造了一座雕像，这是一个特别的荣誉。雕塑上的他和蔼可亲，抬着手，面带微笑。他的身边簇拥着一群孩子，仿佛在听他讲故事。众人都认为这个雕像栩栩如生，唯独安徒生本人觉得受到了冒犯，对自己被雕刻成老人的模样十分不满。他愤怒地嚷道："到底安的什么心，竟然把我雕刻成一个没有牙齿的老头！我才不像那样老态龙钟。我还能劳动、写作和读书。"雕塑上的那群孩子也让他觉得荒谬。他认为，任何一个认识他的人都知道，自己永远也不可能跟一群小孩儿讲故事，更不可能像雕塑刻画的这样还允许小孩爬到自己的膝盖和肩膀上。他生气道："我的作品可不是只写给小孩子看的。只把我当作是小孩子的朋友是对我的侮辱。"

1875年春天刚来临的时候，安徒生回想起一年前格里昂之行的种种益处，开始考虑出国旅行。他打算秋天去蒙特勒，冬天再去门托内。他说："毫无疑问，这需要一大笔开销，但我希望身体能再次好转。"抱着这样的想法，安徒生购置了一套新的旅行装备，印了两百张名片。行李也被仔细地装好，连蒙特勒的住所都提前预订好了。然而，他最后还是没能成功出行，主要是因为他的身体状况实在不容乐观，根本承受不了这样的长途旅行。暮春时节，安徒生拖着病体，从城中的家里艰难抵达"宁静之地"。安徒生住的房间装修精美，房间配有阳台，从这里可以俯瞰整个松德海峡。松德海峡他百看不厌。从此，直到去世，安徒生再也没有离开过"宁静之地"。在这里，安徒生得到了无微不至的关怀和照顾。梅尔基奥夫人和女儿轮流照顾他，住宅里还有一个曾经受过安徒生恩惠的男仆，不分昼夜地服侍他，任劳任怨①。在这段时间，医生们发现安徒生患了肝癌，但出于善意他们隐瞒了真相。安徒生的身体非常虚弱。整个夏天，他仅有一次走出屋子，来到熟悉的、美丽的花园散步。花园里的野花都是他从前从别处移植的。安徒生喜欢野花，认为野花坚韧美丽却无端遭人蔑视。他过去常说："这些野花知道我爱它们。即使我随手把花枝插在地上，它们照样生长，依旧盛开。"从前安徒生还会制作好看的小花束，用它们装饰餐桌，这是他童年时学来的手艺。但现在他病重，再也做不了这些了，只能让别人从花园里采花，然后给他送过来。整个7月，安徒生都待在房间里和阳台上，足不出户，随意规划着以后的生活，借以打发时光。一次，他突然萌发建别墅的想法，并且做了很多细致的设想。别墅是摩尔式的，进门便能看到圆形门厅。门厅里栽满常青树和棕榈树。正中间是一个大型喷泉，喷泉下面的水池中有五彩斑斓的各色金鱼嬉戏。别墅的壁龛里摆满了贝特尔·托瓦尔森等所有伟大丹麦作家的半身像。"而我就坐在这些伟人的雕像旁认真读书，专心写作。"安徒生这样憧憬着。他去世前的两周到三周，常常处于一种昏昏欲睡的半清醒状态，但时不时又会像老顽童一样精力充沛。他身体上的疼痛已经没那么严重了，就是常常半合着眼睛反复地喃喃自语："哦，我真高兴。世界如此美丽。生命如此珍贵。我好想去远方航行，到一个没有痛苦、没有忧伤的地方去。"有时安徒生也会主动说起死亡。比如，一次他告诉尼古拉·博伊："我知道我这个人脾气暴躁、尖酸刻薄，但我总归一心向善，从未做过恶事。有件事我总是放不下，那就是我无法全然接受基督教的教义，虽然我也尝试过去理解它们，并说服自己相信这些教义就是真理，但我还是做不到。天哪！我死后该如何面对上帝？"尼古拉·博伊安慰安徒生道，只要心地善良，上帝会感受到他的心意。

安徒生最后一篇日记写于1875年7月27日，也就是他去世的八天前。1875年7月28日，他在阳台上坐了一会儿，既不能读书也不能写字。

---

① 尼古拉·博伊先生在《安徒生最后的岁月》一书中详细地描述了安徒生最后的一场病。安徒生去世几天后这段文字出现在《插图杂志》第830页到第831页上。——原注

1875 年 7 月 29 日，他不得不卧床休息。早上，梅尔基奥夫人来看他，给他带来一朵美丽的玫瑰。他吻了吻玫瑰，感激地握着她的手，脸上带着愉快的微笑凝望着她的脸。他说："我太累了，否则我会开心得跳起来。"又过了几天，他惊觉已经到了 8 月，便跟身边的人们感慨时间走得太快，但他突然懊恼道："我一定给你们带来不少麻烦吧！你们一定很厌烦我吧！"安徒生并不怕死亡，但对走向死亡的过程感到很恐惧。他总会想象各种身体上的疼痛及死亡步步临近的那种痛苦。但事实上，安徒生临终前没有遭受任何痛苦，死神就像朋友一样来到他的床边。最后两天，安徒生总是昏昏沉沉，人们总是不得不叫醒他去吃东西。别人跟他说话的时候，他总会委婉地表示想要一个人待着。他说："不要问我感觉怎么样，我什么也不知道。"1875 年 8 月 4 日早上，梅尔基奥夫人像往常一样来看他，发现他睡着了，便一直在他身边守着，一直待到 11 时才离开了他的房间。五分钟后，负责照料安徒生的男仆跑来告诉她，安徒生刚才轻轻地叹了口气，微微动了动舌头，便停止了呼吸。

去世前几年，安徒生就和一群好朋友聊过葬礼这个话题。他半开玩笑半认真地谈论自己的葬礼，提前设计了葬礼的所有细节。当然，像他这样的伟人，一定会有一个隆重的葬礼。他对朋友说："注意，最重要的事情是你们一定要在我的棺材上钻个小洞，这样我的灵魂就可以看到整个盛况和仪式了，看看哪些好朋友会一直送我到最后，哪些没到最后便弃我而去。"当然，他如果真看得见，绝对不会对自己的葬礼感到失望。对整个丹麦来说，安徒生的去世是重大损失。国家拿出重金厚葬这位伟大的作家，丹麦人纷纷到安徒生墓前表示哀悼。葬礼那天，哥本哈根丧钟长鸣，安徒生的遗体被抬往哥本哈根圣母教堂。丹麦的王室贵族排成长龙跟在后面为遗体送行。前来哀悼的宾客实在太多了，偌大的教堂只能容纳其中的十分之一。葬礼结束几天后，仍然有许多吊唁者来到教堂。这些人未能及时赶到葬礼现场，只能摘下坟墓花圈上的叶子或花朵带走，留作珍贵的纪念。人们对安徒生的尊敬是理所当然的，"优秀的老诗人"应该得到祖国的尊敬，因为没有任何一位丹麦人能像安徒生这样给祖国带来如此大的荣光。虽然丹麦也算人才济济，伟人辈出，政治家彼泽·格里芬菲尔德、航海家托顿斯基、哲学家索伦·克尔凯郭尔、剧作家路德维希·霍尔伯格，以及诗人亚当·欧兰施拉尔等都是世界顶级的精神领袖，但他们的知名度只是停留在各自的专业领域内，不为大众所知。令丹麦在全球真正大放异彩的，唯有欧登塞可怜的鞋匠的儿子——汉斯·克里斯蒂安·安徒生。

附录 1

摘自《安徒生写给老师西蒙·梅斯林的道歉和解释信》

1824 年 3 月 25 日。我希望您能通读我的信，我保证不会经常写这样的信来打扰您。您在生我的气。在得到一个不好的分数时，我本应该保持微笑。但我以上帝的名义向您保证——我想您应该知道我不会撒谎，在学校或回家后，我从来没有任何自我满足的感觉。这种自以为是的想法完全不符合我的天性。我不熟悉这些领域，之前也没有接受基本的指导，所以学习起来更加困难。只有那些给予我的善意，才能鼓励我坚持下去。请再忍耐一段时间，我向您保证，如果不能在下个季度前有所进步，我将离开。接下来我会加倍努力。我相信我会做到。我重复一遍，请您给予我多一点耐心。在上帝的帮助下，一切都会好起来。如果没有取得任何进步，我会很高兴地离开。同时，如果您觉得我对这个分数还能怡然自得，从而让您受到了冒犯，哦，请一定要告诉我，让我为自己辩解一下。请原谅我这一次，我将向您证明，我不会辜负您的好意。

附录 2

摘自安徒生最早的作品《从霍尔门运河至阿迈厄岛东角步行记》。在第一个故事中我们看到了年度最佳故事诞生的一丝预兆；第二个故事则是关于《梦神》的预言。

第一个故事

新年第一天，大地像银妆素裹的孩子。屋檐下的燕子欢快地用自己朴实天真的声音唱着歌，充满好奇地盯着我们的影子。雪花冻在窗玻璃上，炉火边围坐着一群正在听故事和童话的孩子。现在春天来了，大地脱下了纯白的衣服，穿上了花布。这是多么快乐的时光啊！泉水潺潺，树林里冒出了绿色的枝桠。穿着花衣服的蝴蝶在花丛中飞舞。

很快，一位春天忠实的追随者出现了。夏天带来了上帝赏赐的明晃晃的嫁妆——麦子。人们在金色的土地上收割着粮食。但现在秋天来临了，天空长满了皱纹，森林也丧失了魅力，女王下了山。夜晚变得漫长而黑暗。一场欢乐的舞会即将结束这杂乱无章的日子，暴风吹起了号角，大海开始敲起鼓，黄叶旋转着跳出一曲热闹的维也纳华尔兹。女王跳累了，就在温馨的卧室里躺下了。冬天把白雪皑皑的大衣盖在她身上。两个老熟人——森林和寒气，替她盖好被子，愿她做个好梦，"又是一年啊！"

第二个故事

我抬起头。整条街的所有屋顶，所有我能看到的房子，都像是一座座蚁丘，里面满是微小的生物。它们异常灵活，在屋顶、墙壁和封闭的窗户上来回忙碌着。年老的守夜人说："他们都是幻象。"我目不转睛地盯着空中的那些微小生物，怎么看都看不够。他们没布置什么奇怪的场景，他们按人类的方式给杂耍剧场做木偶。他们给年轻姑娘戴上新娘的花环。他们中的一些像美丽的小天使，长着白色的翅膀，和熟睡的孩子一起玩耍，把他们带到天堂的大圣诞树上。

又来了一些小生物，他们看起来像小偷。尽管守财奴一直把钱放在枕头底下，但他们还是抢走了他的钱柜。现在，他们在稻草托盘上给饥饿的囚犯喂食，又把一个离家的人送回原来温暖的家里去。但这美好的狂欢只持续了几个小时，意识就重新归来了，把睡眠老人给赶跑了。在匆忙和慌乱中，他必须收起各种各样形状的梦（这就是为什么晚上做的梦很少有一个美好的结局的真正原因），然后偷走了所有闪闪发光的金片。

附录 3

安徒生和翻译

《安徒生童话故事》翻译中最好的一版是维克多·埃德伯格经典的瑞典文译本。这也是情理之中的，毕竟维克多是位非常有天赋的译者，而且丹麦语和瑞典语同属斯堪的纳维亚语言，习语的表达几乎一模一样。许多德文译本（至少有二十个版本）也不错，有些译得非常成功。法文译本则是明显的例外，译得非常糟糕，安徒生对法文翻译非常不满意。《安徒生童话故事》的西班牙文译本，翻译得非常生动，很显然是从德文译本翻译来的。我了解的所有匈牙利文和斯拉夫文译本都有相当大的价值。虽然安徒生在英国享誉盛名，极受爱戴，其他国家无一能及，但不幸的是，他对英译本不是很满意。除了教科书版本和小型版本，大概有十二种英译版。到目前为止，早期译本整体上来说当属上乘。当然，这里我指的是玛丽·豪伊特翻译的十个故事，即《美妙故事》。玛丽·豪伊特对丹麦语的了解不如德语和瑞典语，低级翻译层出不穷，这是当今普通译者的大忌，但她是唯一一位能恰到好处地捕捉到安徒生的精神译者，根据不同情况灵活使用直译和意译手法。另一部优秀的选集——由八篇故事组成——是由沃德和普斯纳翻译，桑普森·洛出版社 1872 年出版的精装版。沃德和普斯纳对丹麦语的了解虽然并不总是面面俱到，但比玛丽·豪伊特理解得更透彻，并且他们还借鉴了她的译作风格。到目前为止，最优秀的大型译作集当属夏莲夫人的译本。夏莲夫人作为一名翻译，经验丰富，严谨细致。英语表达简单直白，对丹麦语的拿捏很精准，胜过其他任何一名安徒生的英文译者，仅次于杜肯博士。其他形形色色的英译本明显不如前面提到的三个版本。大众认可度最高的是杜肯博士的知名版本。多亏了他，英国人才能首次看到完整的安徒生作品。杜肯博士显然很了解丹麦语，但他的手法生硬有余、变通不足，翻译痕迹明显，英语表达也有待提升。我不是很推荐西弗先生的英译本。在保证准确的前提下，他力求译文通俗易懂，碰到复杂内容时直接断章取义，优美段落直接舍弃。我认为，从内容上看，他参考了埃德伯格的瑞典文译本。至于保罗夫人的版本，我只能说它不忠实原意，质量低下。童话里的童趣和独到之处常常被忽略，尤其注释部分，更是随意性十足，但在某种程度上译者用自己的天然幽默补偿了我们。沃德和洛克先生公司出版的众多匿名译本都相当准确，但其英文表达总体上死板、不通顺。不过，他们的译本还是要比佩奇小姐的译作更可取。其他译者对他们心中的安徒生可能会误解，因此误译。佩奇小姐则坚持要修饰甚至美化安徒生。在《打火匣》中，看守黄金的狗被夸大成"黄金宝藏的野兽守卫"。顺便说一下，这里的士兵不是住在客栈里，而是住在酒店里，谦卑到"跪下来亲吻公主的手"，这简直就是个全新的故事。我们都记得这篇故事里的王后被塑造成一个聪明的女人，"驾马车对她来说小菜一碟"。佩奇小姐细致地补充道："她气质落落大方、高人一等。"在安徒生笔下，四个词足以形容卖火柴的小女孩的祖母，而佩奇小姐则需要三句话。魏纳特先生更是肆无忌惮地夸夸其谈。除此之外，他还热衷于说教。魏纳特先生译出来的《野天鹅》与原作相差甚远，连安徒生几乎都认不出来。举几个例子，女主人公——可怜的伊丽莎靠在"很有可能被雷电劈毁的"树桩上。她把头发梳得"简单又大方"。当她的哥哥告诉她，他们明天就要飞走时，"其他十个哥哥笃定地证实了这句话"。伊丽莎不信仰"上帝"，信仰的是"人类命运的主宰"。引号里的这些内容都体现了译者的夸大其词。加德纳先生的译作看起来自命不凡又迂腐非常。他信马由缰地处理文字，过度描写《打火匣》里老宫女穿的长筒套靴，随意把《梦神》里 *Ludvig* 的名字替换成 *Hjalmar*，他给出的理由是"这样更符合原文大意，而且外国名字可以更好地体现故事的精髓"。安徒生作品最新的英文翻译出自奥斯卡·索默先生之手。他翻译了《安徒生童话全集》这部不朽著作近三分之二的作品，命名为《汉斯·克里斯汀·安徒生的故事和童话故事》。与安徒生的其他英译本相比，索默先生的翻译已经完成得相当不错了。他的译作不如杜肯博士那样准确，也不如玛丽·豪伊特、普莱森小姐和沙特莱纳夫人那样令人信服。但他没有出现魏纳特先生和保罗夫人这样的译者所犯的错误，而且也没有像佩奇小姐和加德纳先生那样对文本进行随意改动，使作品黯然失色。在我看来，索默先生的不足之处在于对那些微妙细节的理解不到位，而那些微妙的幽默和幻想正是安徒生独特艺术的精髓所在，也是他独特魅力的秘诀。对这样的细节，索默先生一知半解，即便有所领悟，一般也只能把句子打碎了再拼凑到一起。我仅以安徒生最简单的一个故事——《卖火柴的小女孩》为例说明一下。这个例子非常简单，几乎不可能出错。人们会记得，可怜的小女主人公的不幸始于她的鞋子丢了。安徒生以独特的方式，试图让孩子们体会到那双祖传的拖鞋到底有多大。现在我将西弗先生和奥斯卡·索默先生就该段的不同译本并列展示出来。

　　西弗先生的译本："天又冷又黑。一个可怜的小女孩儿，赤着脚在街上漫无目的地走着，没戴帽子。她从家里出来时还穿着一双拖鞋，但有什么用呢？那是一双很大的拖鞋——那么大，*她妈妈穿了一辈子*。两辆马车飞快地冲过来，吓得她飞快地穿过马路，把鞋都跑掉了。一只怎么也找不着，另一只被一个男孩儿捡起来拿着跑了。他说，将来他有了孩子，*可以拿它当摇篮*。"

　　索默先生的译本："天又冷又黑。一个可怜的小女孩儿，赤着脚在街上走着，没戴帽子。她从家里出来时还穿着一双拖鞋，但有什么用呢？那是一双很大的拖鞋——那么大，*她妈妈一直穿着它，直到刚才*。两辆马车飞快地冲过来,她迅速穿过马路躲开了,把鞋都跑掉了。一只怎么也找不着,另一只被一个男孩儿捡起来拿着跑了。"

我并不是说西弗先生的译本就是完美的,但至少他做到了忠实,处理方式也很巧妙,并且抓住了我标出的斜体字词的内涵和要点,这对整段文字的理解至关重要。"穿了一辈子"用来形容拖鞋,让我们感受到无穷的意味!而索默先生则译为"一直穿着它,直到刚才",不仅仅意味不够,而且表达有误。小女孩的母亲并不是直到刚才一直穿着拖鞋,她只是拖鞋的上一任拥有者。最后,对这双奇怪的鞋子的大小,安徒生生动地把它形容为下一代的摇篮,索默先生将之完全忽略。这样一种视而不见的翻译方法,实在证明不了自己是"伟大的老诗人"的忠实粉丝。

专有名词英汉对照

Odense	欧登塞
Scandinavia	斯堪的那维亚半岛
Odin	奥丁神
King Canute	国王克努特
St. Alban's church	圣阿班教堂
Copenhagen	哥本哈根
St. Knud	圣克努德教堂
The Snow Queen	《冰雪皇后》
Anna Maria	安娜·玛丽
Ludvig Holberg	路德维希·霍尔伯格
Jean La Fontaine	让·德·拉封丹
Arabian Nights	《天方夜谭》
Funen	菲英岛
Cassel	卡塞尔
Herr Carstens	卡斯滕斯先生
Holstein	荷尔斯泰因
Jürgensen	尤根森
Madame Bunkeflod	邦克弗洛德夫人
Pyramus and Thisbe	皮拉穆斯和西斯比
Frederik Höegh Guldberg	弗雷德里克·霍格·古德伯格
Prince Christian	克里斯蒂安王子
Onfirmation	坚信礼
Red Shoes	《红鞋》
Royal Danish Theatre	丹麦皇家剧院

Cinderella	《灰姑娘》
Royal Theatre at Copenhagen	哥本哈根皇家剧院
Mme. Schall	沙尔夫人
Iversen	艾弗森
Little Belt at Nyborg	小贝尔特海峡的尼堡港
Chamberlain Holstein	张伯伦·荷尔斯泰因
Giuseppe Siboni	朱塞佩·西博尼
Royal Musical Conservatoire at Copenhagen	哥本哈根皇家音乐学院
Jens Baggesen	延斯·巴格森
Christoph Ernst Friedrich Weyse	克里斯托夫·恩斯特·弗里德里希·韦斯
Ulkegade	乌克盖尔街区
Frederik Hoegh-Guldberg	弗雷德里克·霍格·古德伯格
Herr Dahlen	达伦先生
Two Little Savoyards	《两个小萨瓦人》
Ida Wulff	艾达·伍尔夫
Countess Holstein	霍尔斯坦伯爵夫人
Armida	《阿尔米达》
Forest-Chapel	《林中的祷告》
Herr Krossing	克罗辛先生
Brandt	布兰迪
Peter Frederik Suhm	彼得·弗雷德里克·苏姆
Alfsol	《阿芙索尔》
Just Matthias Thiele	扎斯特·马提亚斯·蒂勒
Danish Folk-tales	"丹麦民间故事集"
Bakkehus	巴克胡思
Knud Lyne Rahbek	克努兹·莱恩·罗贝克
Socrates	苏格拉底
Plato	柏拉图
Alcibiades	阿尔西比亚德
Madame Rahbek	罗贝克夫人
Robbers at Vissenberg	《威森伯格的强盗》
Gutfeldt	古特费尔德
Spectre at Palnatoke's Grave	《帕尔纳托克坟墓的幽灵》

Frederick VI	腓特烈六世
Slagelse	斯劳厄尔瑟
Soro	索罗
Korsor	科瑟
Ovid	希腊语
Courtius	拉丁语
Virgil	维吉尔
Horace	贺拉斯
Herr von Cicero	冯·西塞罗先生
Picture Book without Pictures	《没有画的画册》
Walter Scott	沃尔特·司各特
Elsinore	埃尔西诺
Dying Child	《垂死的孩子》
Adam Oehlenschläger	亚当·欧兰施拉尔
Viin-gaardstraede	温歌德大街
Only a Fiddler	《不过是个提琴手》
Orsteds	奥斯特
Ludvig Christian Moller	路德维希·克里斯安·穆勒
Christianshavn	克里斯蒂安港
Edward·Collin	爱德华·科林
Miss Henrietta Wulff	亨利埃塔·伍尔夫小姐
Camoens	卡蒙斯
Bindesböll	拜德波尔神父
Ernst Theodor Wilhelm Hoffmann	恩斯特·特奥多尔·威廉·霍夫曼
Kater Murr and Elixire des Teufels	《魔鬼的万灵药水》
Adelbert von Chamisso	阿德尔贝特·冯·沙米索
Jean Paul	让·保罗
Oli Lockeye	《守塔人奥列》
Story of the Year	《一年的故事》
Temple of Fame	神殿
Pedro Calderón de la Barca	卡尔德隆·德·拉·巴尔卡
Aristophanes	阿里斯多芬尼斯
Shakespeare	莎士比亚

Travelling Companion	《旅伴》
Peter Erasmus Müller	彼得·伊拉斯谟斯·缪勒
Danish Literary News	《丹麦文学报》
Flying Post	《飞行邮报》
Apropos of Dödningen	《论"鬼"》
Jutland	日德兰半岛
Madame Laessoe	拉西索夫人
Fantasia and Sketches	《幻想与现实》
Ghost-letters	《幽灵短音》
Hartz	哈茨山
Hamburg	汉堡
Lubeck	吕贝克
Luneburg Heath	吕讷堡灌木丛
Brunswick	布伦瑞克
Dresden	德累斯顿
Bohemian	波希米亚
Tieck	蒂克
Chamisso	沙米索
Philistines	非利士人
Hegel	黑格尔
Saint Blaise	圣布莱斯
Goslar	戈斯勒
Henry III	亨利三世
Matilda	玛蒂尔达
Regenstein	雷根斯坦
Blankenburg	布兰肯堡
Lohmen	洛门
Herren-Bretchen	赫伦-布雷琴
Peter Schlemihl	彼得·施莱米尔
Spandau	斯潘道
Love on St. Nicholas' Tower	《圣尼古拉教堂钟楼的爱情》
Christian Molbech	克里斯蒂安·莫尔贝克
Louisa Collin	路易莎·科林

Henrick Hertz	亨利克·赫兹
Louis Philippe I	路易·腓力一世
Petit Trianon	小特里亚农宫
Hotel de Ville	德维尔饭店
Luigi Cherubini	路易吉·凯鲁比尼
Victor Hugo	维克多·雨果
Notre Dame	《巴黎圣母院》
Paul Duport	保罗·迪波特
Heinrich Heine	海因里希·海涅
Kjobenhavnspost	《哥本哈根邮报》
Jura mountains	侏罗山区
Le Locle	勒洛克勒
Agnete and the Merman	《埃格内特和美人鱼》
Aphrodite	阿弗洛狄忒
Rhone Valle	罗纳河谷
Simplon	辛普朗山口
Alps	阿尔卑斯山脉
Lake Maggiore	马焦雷湖
Geneva	日内瓦
Milan Cathedral	米兰大教堂
Pisa	比萨
Florence	佛罗伦萨
Quarries of Carrara	卡拉拉采石场
Bertel Thorvaldsen	贝特尔·托瓦尔森
Antonio Canova	安东尼奥·卡诺瓦
Rome	罗马
Sistine	西斯廷教堂
Frederik Paludan Müller	弗雷德里克·帕鲁丹·穆勒
Cupid and Psyche	《丘比特与普西克》
Aladdin	《阿拉丁》
Maria Malibran	玛利亚·马里布兰
Norma	《诺尔玛》
Blue Grotto	蓝石洞穴

Paestum	帕埃斯图姆
Pompeii	庞贝
Amalfi	阿马尔菲
Sicily	西西里岛
Eaphaelic	埃菲尔群岛
Bologna	博洛尼亚
Ferrara	菲拉拉
Saint Mark's Square	圣马可广场
Rialto	里阿尔托桥
Tyrol	蒂罗尔
Jamieson	詹姆逊
Fagus	山毛榉
Hradshin Palace	哈德辛宫
Charles X	查理十世
Duke Angoulême	昂古莱姆公爵
Duchess of Angoulême	昂古莱姆公爵夫人
Royal Library	皇家图书馆
Reitzel	赖策尔
Annunziata	安努齐亚塔
Bernardo	伯纳多
Francesca	弗朗西丝卡
Fabian	法比安
Venice	威尼斯
Maria	玛丽亚
Johannes Carsten Hauch	约翰·卡斯滕·豪克
Professor Kruse	克鲁兹教授
Vilhelm Bergsoe	维尔赫姆·伯格索
Fra Piazza del Popolo	《波波罗广场》
Fairy Tales as told to Children	《讲给孩子们听的故事》
Grimms	格林兄弟
Peter Christen Asbjørnsen	彼得·克里斯滕·阿斯比约恩森
Madam d'Aulnoy	奥诺伊公爵夫人
Dannora	丹那拉

Madam Bremer	布雷默夫人
Hans Christian Orsted	汉斯·克里斯蒂安·奥斯特
Nyhavn	新港
Lombardy plain	伦巴第平原
Lapland	拉普兰
isola fortunata	伊索拉幸运儿
Lykkesholm	莱克斯霍尔姆古堡
Madam Lindegaard	老林德嘉德太太
Vincenzo Bellini	温琴佐·贝里尼
Foersom	弗索姆
Sten Blicher	斯切尔·毕利赫
Kammer Junker	卡莫·容克尔
German Henr	格尔曼·亨利
Professor Jensen	詹森教授
Moses	摩西
Jane Austen	简·奥斯汀
Lake Wener	维纳恩湖
Upsala	乌普萨拉
Per Daniel Amadeus Atterbom	佩尔·丹尼尔·阿玛迪斯·阿特博姆
Gustav III	古斯塔夫三世
Bernhard von Beskow	伯纳德·冯·贝斯考
Naomi	娜奥米
Pickwick	《匹克威克传》
Ziersdorff	泽斯朵夫
Novalis	诺瓦利斯
Revue du XIX Siecle	《十九世纪回顾》
Revue des Deux Mondes	《两个世界评论》
Bulwer Lytton	布尔沃·利顿
Pilgrims of the Rhine	《莱茵河畔朝圣录》
Xavier Marmier	泽维尔·马尔米耶
Marquise de Bonnay	博奈侯爵夫人
Rantzau Breitenberg	兰特瑙·布雷滕伯格
Hotel du Nord	杜娜德酒店

Holmens	霍姆斯
Hotel d'Angleterre	安格特瑞酒店
Ole Bull	欧里·布尔
Martinique	马提尼克岛
Nielsen	尼尔森
The Mulatto	《黑白混血儿》
Horatio	霍雷肖
Eleonora	埃利奥诺拉
Cecilia	塞西莉亚
La Eebellier	拉雷贝里埃
Christian VIII	克里斯蒂安八世
Scania	斯堪尼亚
University of Lund	隆德大学
Raphaella	拉斐尔拉
Cordova	科尔瓦多
Zavala	扎瓦拉
A Soul after Death	《死后灵魂》
Mephistopheles	靡菲斯特
Franz Liszt	弗朗茨·李斯特
Magdeburg	马格德堡
Anholt	安霍尔特
Leipsic	莱比锡
Felix Mendelssohn	菲利克斯·门德尔松
Camaldulense	卡玛尔迪斯
Castellone	卡斯特利昂
Assisi	阿西西
Church Dei Angeli	天使大教堂
Atricoli	阿垂克里
Civita Castellana	奇维塔卡斯泰拉纳
La Sterta	拉斯特塔
Coventry	考文垂
Leonidas for Greece	列奥尼达斯号
Malta	马耳他

Lamartine	拉马丁
De Vigny	德·维尼
Alexandre Dumas	大仲马
Rachel	雷切尔·费利克斯
Dejazet	德雅泽
Grisi	格里希
Oldenburg	奥尔登堡
Frederick William IV	弗雷德里克·威廉四世
Alexander von Humboldt	亚历山大·冯·洪保德
John of Saxony	萨克森国王约翰
Amalie Auguste	阿玛丽·奥古斯特
Weimar	魏玛公国
Eadern	伊德尔
Vernet	维尔内
Mrs.Howitt	玛丽·豪伊特
Miss Peachey	佩奇小姐
William Jerdan	威廉·杰丹
George Sand	乔治·桑
Carl Maria von Weber	卡尔·玛利亚·冯·韦伯
Liszt	李斯特
Molbech	莫尔贝克
Batavian	巴达维亚号
Gravesend	格雷夫森德
Daniel Quilp	丹尼尔·奎尔普
Frederick Marryat	弗雷德里克·马里亚特
Leicester Square	莱斯特广场
Sabloniere	萨博洛尼埃
Frederik Detlef Reventlow	弗雷德里克·德特勒夫·雷文特洛
Emily Temple	埃米莉·坦普尔
Charles Frederik	查尔斯·弗雷德里克
Lady Suffolk	萨福克夫人
Prince Adolphus	阿道弗斯公爵
Prince Albert	阿尔伯特亲王

Etna	埃特纳火山
Herat	赫拉特
Genesis	《创世纪》
Athens	雅典
Parthenon	帕台农神殿
Ruins of the temple of Erectheus	伊瑞克修斯神庙遗址
Parnassus	帕纳塞斯山
Anton von Prokesch-Osten	安东·冯·普鲁克希－奥斯特
Smyrna harbour	士麦那码头
Dardanelles	达达尼尔海峡
Stockholm	斯德哥尔摩
Baron Hiibscb	许布施男爵
Chrystides	克里斯蒂
Scutari	斯库塔里
Muhammad	穆罕默德
Sultan	苏丹
Sophia Mosque	索菲亚清真寺
Franks	法兰克人
Stambul	伊斯坦布尔
Kustendje	康斯坦察
Czernawoda	查尔纳沃答
Dobrudscha	多布罗加
Argo	阿尔戈号
Orsova	奥尔绍瓦
Kurdistan	库尔德斯坦
Prater	普拉特
Christian Winther	克里斯蒂安·温特
Bernhard von Beskow	伯纳德·冯·贝斯考
Gerson	格尔森
Kaalund	卡拉伦德
Vieweg	菲韦格
Adler	阿德勒
Balzac	巴尔扎克

Lockhart	洛克哈特
Richard Bentley	理查德·本特利
Ramsgate	拉姆斯盖特
Ostend	奥斯坦德
Broadstairs	布罗德斯泰
Charles Boner	查尔斯·博纳
Gad's Hill	盖德山庄
Caroline Amalie	卡洛琳·阿玛丽
Adelaide Ristori	阿德莱德·里斯托里
Douglas William Jerrold	道格拉斯·威廉·杰罗尔德
Burdett Coutts	博德特·库茨
Kentish	肯特郡
Veronica	维罗妮卡
Judas	犹大
Mayence	美因茨
Halligen	哈利根群岛
Johann Christoph Biernatzki	约翰·克里斯托夫·比尔纳茨基
Elimar	埃利玛
Elizabeth	伊丽莎白
Christian August II	克里斯蒂安·奥古斯特二世
Karl von Prittwitz	卡尔·冯·普里特维茨
Fredericia	腓特烈西亚
Karl Wilhelm von Willisen	卡尔·威廉·冯·威利森
Battle of Isted	伊斯泰特战役
Eyder	艾德河
Gerhard Christoph von Krogh	格哈德·克里斯托夫·冯·克罗
Ulrich von der Horst	乌尔里希·冯·德·霍斯特
Laessoe	莱瑟
Adam Wilhelm Moltke	亚当·威廉·莫尔特克
Gothenburg	哥德堡
Trollhattan Falls	特罗尔海坦瀑布
Vanern	维纳恩湖
Malare	梅拉伦湖

Marlborough	马尔堡
Edward Smith-Stanley	爱德华·史密斯·斯坦利
Edward Bulwer-Lytton	爱德华·布尔沃·利顿
Lady Morgan	摩根夫人
Durham	德拉姆
Marguerite Gardiner	玛格丽特·加德纳
lucy Duff-Gordon	露西·达夫－戈尔丹
Douro	杜罗
Doctor Smith	史密斯医生
Gillies	吉利斯
Highgate	海盖特
Clapton	莱普顿
Henry Clarke Wright	亨利·克拉克·赖特
Mary Gillies	玛丽·吉利斯
Carl Joachim Hambro	卡尔·约阿希姆·汉布罗
Old Brompton	老布朗普顿路
Lumley	拉姆利
Marie Taglioni	玛丽·塔廖尼
Fuimus Troes	富穆斯·特洛伊
Fanny Cerrito	范妮·切里托
Lix Mount	利克斯山
James Simpson	詹姆斯·辛普森
Holyrood	荷里路德宫
Rizzio	里齐奥
Heriot Hospital	赫瑞瓦特医院
John Wilson	约翰·威尔逊
Rigby	里格比
Mrs Crown	克朗夫人
Kirkcaldy	柯科迪
Sterling Castle	斯特林城堡
Bannockburn	班诺克本
Callender	卡伦德
Abbotsford	阿伯茨福德

The Racers	《赛跑者》
The Pen and the Inkstand	《笔和墨水壶》
There's the Difference	《区别》
Praesto	布列斯托
Christinelund	里斯伦德
Five from a Peas Podis	《一个豆荚里的五粒豆》
She's no Good	《她是一个废物》
The Child in the Grave	《墓里的孩子》
The Story of a Mother	《母亲的故事》
Story from the Sandhills	《沙丘的故事》
The Muck-beetle	《屎壳郎》
The Ice Maiden	《冰姑娘》
The Eagle's Nest	《鹰巢》
Koppel	科佩尔
Dresden	德累斯顿
Athenceum	《审查者报》
Saturday Review	《星期六评论》
Dr. Bloch	医生布洛赫
Scaw	斯考
Cattegat	卡特加特海峡
Hofrath Hanfstangl	霍夫拉特·汉夫斯坦格尔
Bjornstjerne Bjornson	比昂斯腾·比昂松
Sigurd Slembe	《西格德》
In Spain	《西班牙纪行》
I Sverrig	《瑞典风光》
Perpignan	佩皮尼昂
Cervantes	塞万提斯
Calderon	卡尔德隆
Moreto	莫雷托
Rambla	兰布拉大街
Cartagena	卡塔赫纳
Scholtz	舒尔茨
Granada	格拉纳达

Oscar I	奥斯卡一世
Josephine of Leuchtenberg	卢森堡的约瑟芬
Anders Fryxell	安德斯·弗里克塞尔
Gustav III	古斯塔夫三世
Uppsala University	乌普萨拉大学
Finmark	芬马克
Dal River	达尔河
Leksand	莱克桑德
Siljan	锡利扬湖
Upsala	乌普萨拉
Saether Valley	塞特山谷
Wetter	韦特恩湖
Tuna	图纳
Kinnikulle	欣讷山
Daniel Frederik Eschricht	丹尼尔·弗雷德里克·埃斯克里希特
Friedrich Fabri	弗里德里希·法布里
Briefe gegen den Materialismus	《唯物主义书简》
David Friedrich Strauss	大卫·弗里德里希·施特劳斯
Ludwig Feuerbach	路德维希·费尔巴哈
Niels Bryde	尼尔斯·布莱德
Japetus Mollerup	亚佩特斯·莫勒鲁普
Georg Sibbern	格奥尔格·西伯恩
Maximilian II	马克西米利安二世
Tyrol	蒂罗尔州
Like as the leaf falls from the tree	《天上落下来的一片叶子》
Gudena	古德诺
Langso	兰索
Aarhus	奥胡斯
Ringkjobing	灵克宾
Rob Roy	罗布·罗伊
of the Year	《一年的故事》
The Money-Pig	《钱猪》
Soup on a Sausage-Peg	《香肠栓熬的汤》

Hetzel	埃策尔
Jules Sandeau	于勒·桑多
Order of Our Lady of Guadeloupe	瓜德罗普夫人勋章
Setubal	塞图巴尔
University of Coimbra	科英布拉大学
Cintra	辛特拉
Melchiors	罗伯特·布尔沃－利顿
Robert Bulwer-Lytton	梅尔基奥
Norwegian Order of St. Olaf	挪威圣奥拉夫勋章
Engelstoft	恩格尔斯托夫特
old Town Hall	老市政厅
Christian IX	克里斯蒂安九世
The New Lying-in Room	《新卧室》
Hansen	汉森
Hotel d'Angleterre	安格特瑞酒店
The Happy Family	《幸福的家庭》
Bernstorff	伯恩斯托夫宫
Mount Parnassus	帕纳塞斯山
Georg Brandes	格奥尔格·勃兰克斯
Illustreret Tidende	《插图杂志》
Kritiker og Portrceter	《批评家》
Countess Holstein	荷尔斯泰因女伯爵
Zurich	苏黎世
Christiania	克里斯蒂安尼亚
Oscar II	奥斯卡二世
Order of St.Olaf	圣奥拉夫勋章
Nye Eventyr og Historier	《新安徒生童话和故事全集》
What Old Johanna said	《老约翰妮讲的故事》
The Door Key	《大门钥匙》
The Cripple	《跛脚的孩子》
Aunt Toothache	《牙痛姑妈》
William Bloch	威廉·布洛赫
Innsbruck	因斯布鲁克

Alhambra	阿尔罕布拉宫
Sala de los Embajadores	萨拉德洛斯－埃姆巴达洛斯
Moorish	摩尔
Colonel Jose' Larramendi	乔斯·拉腊门迪上校
Gibraltar	直布罗陀
Laja	拉哈
Tangiers	丹吉尔
Drummond Hay	德拉蒙德·哈伊
Moroccan	摩洛哥
Abraham	亚伯拉罕
Pasha	帕夏
Cadiz	加迪斯
Seville	塞维利亚
Murillos	穆里洛
Cordova	哥多华
Santa Cruz de Mudela	圣克鲁斯德穆德拉
Old Toledo	托莱多
Burgos	布尔戈斯
Basque	巴斯克
Iberian	伊比利亚
Christian August II	克里斯蒂安·奥古斯特二世
Lauenburg	劳恩堡
Austria	奥地利
Prussia	普鲁士
Eyder	艾达河
Dvppel	杜普尔
Als	阿尔森岛
The Silver Penny	《银毫子》
The Snowdrop	《雪人》
The Toad	《癞蛤蟆》
Amsterdam	阿姆斯特丹
Vincennes	万塞纳
The Goloshes of Fortune	《幸运的套鞋》

Tyrol	蒂罗尔
Augsburg	奥格斯堡
Nuremberg	纽伦堡
Prince Valdemar	瓦尔德马王子
Lake of Geneva	日内瓦湖
Montreux	蒙特勒
Glion	格里昂村
Frankfort	法兰克福
Berne	伯尔尼
Dr. Dor	多尔医生
Verney	韦尔内
Dent du Midi	白牙山
Jura Mountains	侏罗山
Chicago Times	《芝加哥时报》
Empress Eugenie	欧仁妮皇后
Chiavenna	基亚文纳
Lake Como	科莫湖
Bellagio	碧提岛
Engadine	恩加丁谷
Haven Street	黑文街
Scavenius	斯卡韦纽斯
Bregentved	布雷格特
Valdemar Daae	瓦尔德马·达伊
Petershoi	彼得肖
Mary Livingston	玛丽·利文斯顿
The Evening Bulletin	《晚间公告》
Mentone	门托内
Sound	松德海峡
Peder Griffenfeld	彼泽·格里芬菲尔德
Tordenskj	托顿斯基
Søren Kierkegaard	索伦·克尔凯郭尔

华文全球史

往 期 回 顾

华文全球史 001　莫卧儿帝国：从奥朗则布大帝时代到莱克勋爵占领德里
华文全球史 002　黑死病：大灾难、大死亡与大萧条（1348—1349）
华文全球史 003　希波战争：文明冲突与波斯帝国世界霸权的终结
华文全球史 004　法国大革命与法兰西第一帝国
华文全球史 005　新美国：从门罗主义、泛美主义到西奥多·罗斯福新国家主义的蜕变
华文全球史 006　美国艺术史
华文全球史 007　德皇威廉二世回忆录
华文全球史 008　杰斐逊总统：独立战争、国父时代与共和思想在美国的滥觞
华文全球史 009　三十年战争史：哈布斯堡家族的衰落、法兰西王国大陆霸权的建成
　　　　　　　　与"威斯特伐利亚体系"的确立（1618—1648）
华文全球史 010　清史九讲
华文全球史 011　澳大利亚史
华文全球史 012　美国第一夫人回忆录
华文全球史 013　美洲奴隶贸易：起源、繁荣与终结
华文全球史 014　大英殖民帝国
华文全球史 015　印度文明史
华文全球史 016　美国内战史：1861—1865
华文全球史 017　阿育王：一部孔雀王国史
华文全球史 018　拜占庭帝国史
华文全球史 019　西班牙无敌舰队
华文全球史 020　罗马三巨头
华文全球史 021　古希腊史（全二册）
华文全球史 022　哥伦布、大航海时代与地理大发现
华文全球史 023　德国无限制潜艇战

精品推荐 | 华文全球史 001

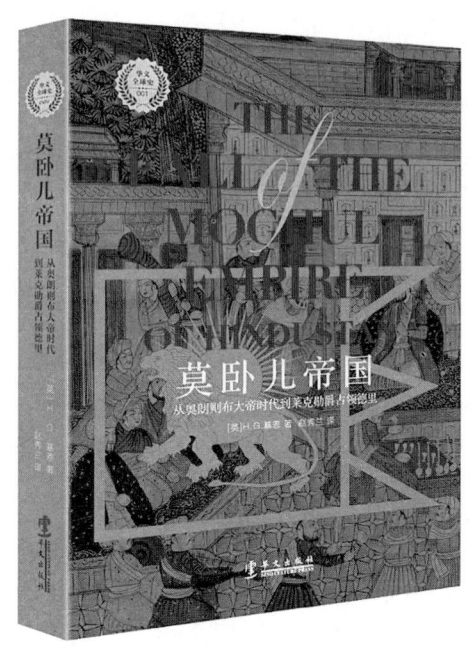

编辑推荐

维多利亚女王点赞的印度史佳作
牛津大学出版社出版的学术上品
《泰晤士报》推荐的大师名著

内容简介

《莫卧儿帝国:从奥朗则布大帝时代到莱克勋爵占领德里》从社会、政治、宗教、种族、历史、地理、气候、环境、习俗等方面追溯了莫卧儿帝国由盛而衰的轨迹,详细描述了18世纪末期英国殖民印度前莫卧儿帝国的大乱局,客观地呈现了自1759年阿拉姆吉尔二世被谋杀到1803年莱克勋爵占领德里的大变局,以翔实的史料揭示了莫卧儿帝国如何在内忧外患——皇帝昏庸无能、国土四分五裂、宗教迫害严重、马拉塔人的崛起、阿富汗人入侵、英法等国殖民者的进攻——中走向衰亡的。

精品推荐

华文全球史 002

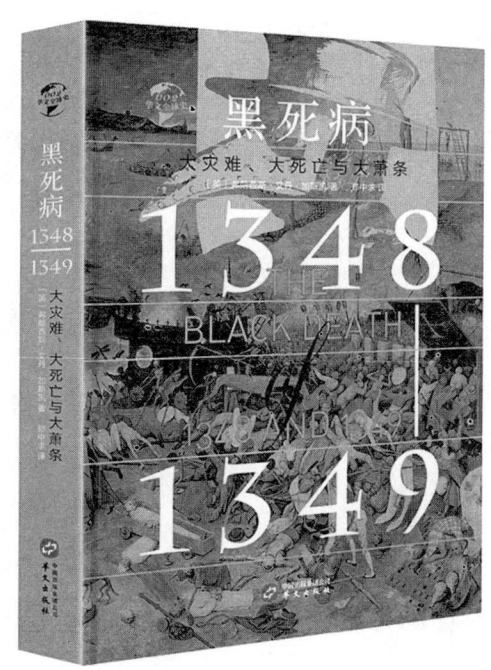

编辑推荐

英国近二十家知名高校图书馆、美国八十余家知名高校图书馆珍藏

《美国历史评论》《英国医学杂志》《都柏林评论》《演讲者》《东盎葛利亚人》等媒体给予好评

内容简介

《黑死病：大灾难、大死亡与大萧条（1348—1349）》一书详实记录了1348年到1349年的黑死病在欧洲起源、传播和扩展的过程，对黑死病在英格兰传播过程的叙述尤其详尽。作者以黑死病为主题，参阅大量资料，尤其是选用了英格兰的主教登记簿、庄园档案等原始资料，阐述了黑死病给英格兰带来的影响。

精品推荐

华文全球史
005

编辑推荐

普利策历史奖得主代表作品
研究美国崛起战略思想的史学名著
《华盛顿邮报》点赞的畅销经典

内容简介

《新美国：从门罗主义、泛美主义到西奥多·罗斯福新国家主义的蜕变》讲述了从亚伯拉罕·林肯到伍德罗·威尔逊期间美国发生的重大事件和历史变革，梳理了西进运动、南方重建、反托拉斯运动、格兰其运动、自由铸银币运动、反改革运动、黑幕揭发运动的始末；讲述了平民主义及人民党的发迹、兴盛与衰落；通过描述巴拿马运河的修建、美英关系的平衡和美西战争的爆发等，揭示了美国从门罗主义、泛美主义到西奥多·罗斯福新国家主义的蜕变，展现了美国成长为世界强国的艰难与曲折。

| 精品推荐 | 华文全球史 007 |

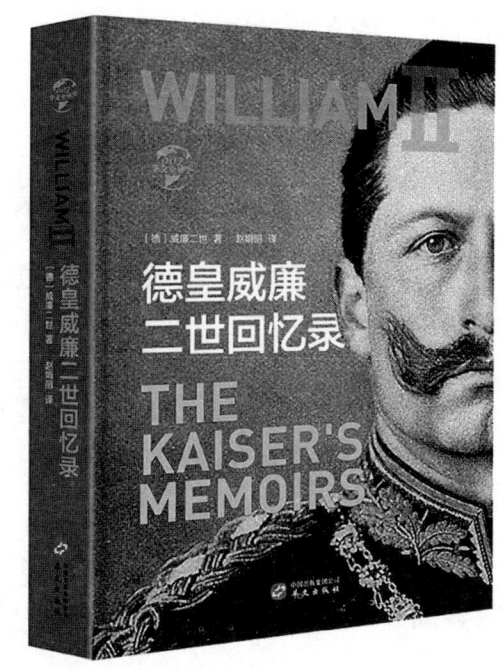

编辑推荐

研究德意志第二帝国历史无法回避的史源性文献

内容简介

《德皇威廉二世回忆录》是德意志第二帝国末代君主威廉二世流亡荷兰期间,对德意志统一、德意志第一帝国崛起、第一次世界大战、德意志革命、德意志第一帝国灭亡等重大历史事件的回忆。威廉二世是怎样对待和评价德意志统一和崛起的功臣俾斯麦的?德意志第一帝国的外交斗争在他的领导下为什么如此跌宕起伏、交锋激烈?第一次世界大战为什么会爆发?德意志革命发生的根源是什么?德意志第二帝国覆亡阶段发生了哪些不可思议或令人唏嘘的事情?本书都给予翔实、充分的解答。

精品推荐 | 华文全球史

016

编辑推荐

普利策历史奖作品

《纽约时报》《华盛顿邮报》联袂推荐的佳作

内容简介

《美国内战史：1861—1865》引用大量官方记录、日记、传记、回忆录、书信等资料，讲述了北方联邦军和南方邦联军之间长达五年的战争，揭示了美国南北方矛盾的本质以及北方获胜、南方战败的深层原因。林肯上台为什么会引发内战？战争初期，北方联邦军因何节节败退？被邦联军多次包围的首都华盛顿如何一次次化险为夷？保持中立的英国对美国内战产生了哪些影响？势如破竹的南方邦联军缘何一步步走向失败？内战给美国南北方人民造成了哪些伤害？本书将一一解答。

精品推荐 | 华文全球史 017

编辑推荐

圣约翰学院印度研究所所长
"印度帝国勋章"得主
牛津大学出版社首版
文森特·亚瑟·史密斯作品

内容简介

《阿育王：一部孔雀王国史》以阿育王的一生为主线，援引在印度各处发现的阿育王时期的大量石柱法敕、碑文与洞穴石刻，以法显和玄奘等中国求佛者的游记为佐证，讲述了公元前323年到公元前232年孔雀王国的重大历史事件，理清了孔雀王国转变为佛国的历史脉络，对阿育王的转变、阿育王时期佛教的发展及阿育王时期孔雀王国的疆域、军事和行政机构等做了详细的描述和合理的分析。

华文全球史 019

精品推荐

编辑推荐

普利策历史奖作品

哥伦比亚大学欧洲史教授

"古根海姆学者奖"获得者

牛津大学客座教授

加勒特·马丁利经典作品

内容简介

加勒特·马丁利，普利策历史奖得主，哥伦比亚大学教授，牛津大学客座教授，主攻欧洲史，尤擅 16 世纪欧洲外交史。他毕业于哈佛大学，先后获得哈佛大学学士、硕士和博士学位。他深受西班牙历史学家罗杰·梅里曼的影响，开始主攻 16 世纪欧洲史。先后四次获得"古根海姆学者奖"。